《电商的战国》续篇

电商大时代

李芏巍 / 著

①

THE ERA OF
E-COMMERCE

社会科学文献出版社
SOCIAL SCIENCES ACADEMIC PRESS (CHINA)

大时代，要有大担当（代序）

有人说，近代以来，以计算机、互联网、手机等为代表的高新技术是中国少有的与全世界同步的技术，而电子商务也是唯一与世界同步发展的产业。

在迄今并不长久的生命周期内，中国电子商务经历了磨难、挫折、失败，但仍然在不断地进行着颠覆式的创新，寻找创造和刺激增长的途径，创造出巨大的价值，成为一个具有无限活力和吸引力的新兴产业。中国电子商务在不断进行着惊天动地的变革，在角力和博弈中实现了精神的洗礼、高度的发展以及智慧的开启。因此，现在我们所处的这个时代，是一个前所未有的时代，是名副其实的"电商大时代"。

大时代，要有大担当。对中国电子商务来说，市场、话语权竞争的冲撞，似乎没有停止过，以一种方式，宣示着自身的存在于发展。越有争议，越易清醒；越是诋毁，越能坚定。可以说，中华民族从来没有像今天这样，如此接近民族复兴这一伟大目标。

2013 年的电商行业，真实、全面、有看点。虽然依然有着 6·18、"双11"、"双12"这样抢夺市场的价格战，似乎火药味儿并没有 2012 年那么浓烈，尤其是马云退居幕后、刘强东游学美国，使得行业里似乎少了一些口水仗。但是整个行业中明显的多元化及差异化发展现象已经清晰地展现出"电商大时代"的特征：大融合、大跨越、大创新、大变革。

大融合

2013 年，随着余额宝的横空出世，金融行业开始与电商密切融合。银行、证券、基金、保险，都在以各种方式牵手电商。平安集团董事长马明哲在 2014 年新年来临之际写给全体员工的信就是以"科技，让综合金融更精彩"为标题的。

O2O 更是实体产业与电子商务融合的一把利剑。2013 年，团购不再是 O2O 模式仅有的辉煌，而是在引领着传统产业的新生。苏宁云商"向左走"，拥抱互联网；国美电器"向右走"，线上线下齐拓展。曾经叱咤风云的红星美凯龙等家居卖场，曾经无比辉煌的电脑城，已经走下坡路的服装零售、百货商店遭遇了电商危机，而 O2O 成为拯救他们的"英雄"。阿里不仅联手传统零售合谋 O2O，而且马云与张瑞敏直接牵手，从此海尔"务虚"，阿里"做实"。

电商改造的不仅是零售业，而且更多地改造着传统服务业、传统工业制造业甚至传统农业。就连海尔集团董事长张瑞敏在谈互联网思维时，也认为"这是制造业最好的时代"。快递业巨头——顺丰集团也积极开拓电商业务，其网上商城"顺丰优选"已经越来越受到认可。真可谓"无产业、不电商"。

与电商的成长相辅相成的是物流产业的发展。阿里牵头成立"菜鸟网络"，即"地网"，以便解决物流干线仓储的瓶颈问题，其物流"天网"解决物流数据化问题，最后二者要相互编织在一起，达到"天地合一"。京东 2010 年便提出"亚洲一号"仓储计划，现在已经进入实施状态，其自建的仓储与物流系统不仅自用，而且可以向外提供服务。其他电商也纷纷自建物流队伍甚至物流园区，"智慧物流"的提出更将对电商产生深刻的影响。

2013 年帅哥（雷军）与美女（董明珠）的 10 亿元赌局新鲜热辣，实乃 2012 年马云与长王健林亿元对赌的效颦之举。"鼠标和水泥"的对决言犹在耳，而 2013 年"双 11"淘宝销售总额 350 亿元的亮丽数字，似乎在证明未来的胜算并不在由钢筋水泥武装起来的传统商业一方。

大跨越

电商平台之争格局基本已定，未来的玩家不会超过 3～5 家，刘强东如是说。从 2013 年的发展状况看，天猫已经再次通过"双 11"证明了其在平台方面的地位，而 B2C 自营方面，京东也以 1000 亿元的交易额稳居第一。但是，这些并非 2013 年电商的全部。因为，在这一年，电商行业更多的新贵崛起：腾讯电商借助微信名噪一时，方兴未艾；"坚持互联网思维"的小米强势崛起；去哪儿成为在线旅游的骑兵；58 同城，以其神奇的分类信息占据了一席之地；唯品会，更是获得高速发展的奇葩。与此同时，当当、凡客等传统电商豪门均受到不同程度的冲击，电商行业的游戏规则已经发生改变，过往"得渠道者，得天下"的定律将被彻底颠覆。

大创新

移动电商毫无疑问是 2013 年最热的话题。由微信引领的移动互联网以及由此形成的移动电商业务是正在形成的一片新的"蓝海"。借助微信强大的用户黏性，腾讯在布局移动电商时，似乎更容易；春节期间，微信红包更是成了一种新的贺岁礼。而这让马云都深深感到了威胁，以至直接出来为阿里的"来往"站台。阿里在"双 12"促销时，采用 3600 万元买下双色球彩票发放给手机淘宝用户的策略，来推动手机淘宝的下载和使用。对于阿里而言，不仅仅要推动移动购物的发展，更希望布局整个移动产业链，所以阿里投资了微博、高德，包括不断对支付宝进行升级，尽集团之力推广来往，希望在社交电商及 O2O 上进行更深入的布局。就在阿里抢占"移动互联网船票"时，游学美国回来的刘强东却说这是个伪命题。当然京东的摊子并没有阿里铺的那么大，刘强东的逻辑是，电商最重要的本质依然是后端体验和物流，只要这些做得好，用户不会懒到懒得去下载个 APP。

移动电商的发展催生了移动支付的发展。支付宝钱包、微信支付、阿里的手机声波支付、新浪的信用支付，令人眼花缭乱；支付江湖，波澜不断。支付圈内的老大哥"中国银联"也放下身段加码移动支付；快钱、汇付天下等支付老兵们，更倾向于"私人订制"企业支付解决方案；银行也不甘落后，互联网系支付企业推出什么产品，银行皆进行"山寨"，抢着建立支付话语权，催生了平安的"壹钱包"、光大银行的"阳光 e 付"、中国银行的"中银移动支付"、中信银行的"异度支付"等等。

互联网金融，简直是无限风光，颠覆传统。为草根量身定做的余额宝暴富，现金宝、零钱宝、活期宝等"宝宝们"不待孕育，快速出世，纷纷抢夺传统金融看不起的"屌丝"们。在 P2P 面临行业洗牌的同时，比特币正在书写着自己的传奇人生。

大变革

诸多"淘宝村"的出现，使得中国二元经济有了来自民间的新的破解方式。电商在国内强大发展的基础上，打造着驶向国际电商"蓝海"的船舶。电商的大发展倒逼政府对它重视起来。来自工业和信息化部的《电子商务"十二五"发展规划》将电子商务纳入国家产业发展的范畴，政府和高层领导开始关注行业发展，电子商务已被赋予转变经济发展方式、优化产业结构并形成新的经济增长点的诸多产业使命。电子商务前景看好，这一点，就连从事实体经济的格力集团董事长董明珠也看得很清楚，"如果能和阿里巴巴这样的电子商务企业合作，世界就将是属于格力的"。

中国电子商务经历了"战国"的纷争，迈向新的"大时代"。本书拨开电商行业纷纷扰扰的是是非非，深刻解读电商大时代的内涵，在有大事件、有小细节的基础上进行理论分析，不仅让读者"笑看"电商江湖风云变幻，而且透过现象探求产业发展的本质。

未来，电商江湖依然精彩不断。

目　录
CONTENTS

电商大时代 ①

THE ERA OF
E-COMMERCE

第 一 篇

大融合

第一章　无产业　不电商

一　金融行业：电子商务的再造

（一）引子：疯狂的余额宝

2013年，以余额宝为代表的搅局者大举入侵传统理财市场，它的出现告诉人们：啊，原来金融和互联网可以这么玩！余额宝在创造自身奇迹之时，也极大地激发出这一轮互联网金融热潮。互联网金融颠覆了传统思维，互联网与金融的融合在悄然加速，因此2013年被称为互联网金融爆发元年，有理由相信，2014年这一领域将有更多"想不到"的事情发生，互联网与金融界大佬们主导下的新一轮竞争格局进一步升温。

2013年6月的一天，有个叫"余额宝"的增值功能悄然在支付宝页面上出现，这是支付宝的一个新功能——销售天弘基金旗下的天弘增利宝货币基金。"马云卖基金了？""怎么是和天弘基金合作？"……一系列疑问从业界人士中涌现。同时，对经常使用支付宝完成交易的淘宝达人而言，余额宝的出现，既新奇，又怀疑。但是，6个月过去后，一组令人心跳的数据化解了大多数人的怀疑与不安：截至2013年三季度末，余额宝资金规模已达到556.53亿元，第 3 季度规模增长近 10 倍，客户数突破 1300 万，这一惊人的增速让市场再一次见证了互联网金融的神奇。

在巨大的"诱惑"面前，互联网企业、传统基金机构都按捺不住了。定期宝、活期宝、现金宝、收益宝等类似产品不断涌现。它们以各自所绑定基金的高额收益、托管费手续费的优惠、快速取现赎回等方面的优势，作为吸引互联网用户的法宝。东方财富最初推出了活期宝、定期宝来抢占市场，后来又推出岁末专享理财产品，约定年化收益率高达 10% ~ 11% 来吸引投资者；基金销售机构众禄也绑定海富通货币基金推出了现金宝，并称收益将是活期存款的 8 ~ 13 倍；喧闹一时的还有百度在 10 月推出的一度宣称"8% 年化收益，保本保收益"的"百发"产品以及稍后推出的"团购金融"产品。

"那一天早晨，从梦中醒来，侵略者闯进我家乡"，面对"入侵者"，传统金融机构开始寻找自己在新形势下的坐标。余额宝的"疯狂"引起的不仅是互联网理财产品的热潮，而且也给 2013 年整个互联网金融市场的迅猛发展注入了新的活力。在这场大潮中，不论是互联网公司，还是传统金融机构，都开始试图以互联网思维来探索业务的发展，凭借各自的优势重新寻找各自的位置，重构行业格局。

互联网技术的革新使互联网企业、第三方支付机构在这场创新中的优势越来越明显，它们正在逐渐打破银行等金融机构的特权，变成新的支付、理财渠道，并借助互联网商业模式，一步步深入金融业务。2013 年的市场环境已经发生了巨大的变化，以基金、保险为代表的传统金融产品销售的电子商务化取得突破性进展，这意味着第三方支付企业、电商平台的市场地位得到认可，互联网企业正在成为重要的金融渠道。

互联网金融迅猛发展的 2013 年，对传统金融机构而言，用一位业内人士的话来说，是"备受煎熬的一年"。传统金融机构在互联网金融大潮中，开始努力寻找自己的坐标。它们手中有两张王牌，一是积极主动"触网"，二是借互联网公司发力。

民生银行在 2013 年首家推出小微手机银行，独创公私账户集中管理、大额汇款、乐收银账户管理、代发工资等小微客户专属移动金融特色服务。"在此之前，电子商务一直是互联网公司的势力范围。"一位互联网人士称。平安银行也推出了"平安盈"产品，该款产品首期与南方基金合作，没有传统银行理财产品的起点，而且可以实现随时取现。而民生银行之后又推出一款电子银行卡，该卡将活期储蓄与货币收益挂钩，用户可以购买并获得一定的年化收益率。此外，新浪、腾讯标榜高收益的类似产品也在筹划中……

如果银行牌照获批，阿里银行2014年有可能成为国内第一家没有实体店的银行，这将改变中国金融生态。阿里巴巴在未来除了会围绕支付宝、余额宝等产品继续发力外，一旦政策放开，酝酿许久的多种业务将同时出炉：针对个人用户的消费信贷业务"信用支付"，以及针对小微企业的各种小贷业务，等等。

经过2013年的"混战"，业内人士认为，互联网金融未来的趋势是产业化，由数百种产品、模式形成产业集群，因此，对未来的互联网金融而言，不是彼此颠覆，不是相互补充，而是加速融合。加速开发用户喜闻乐见的金融产品，以此布局互联网金融，已经成为有心染指这一领域的互联网公司的共识。在2013年年初尝甜头后，2014年互联网公司或将走得更远。

腾讯的布局也同样迅猛。马化腾已经表态，未来腾讯在前海的投资不会少于100亿元，具体运营业务包括互联网金融、微信支付、小额信贷、股权投资和外汇业务等。另有消息称腾讯将打造一个开放的平台，未来还将与更多基金公司，甚至券商、保险机构合作，而微信版类余额宝产品也将推出。

起步较晚的百度也不甘落后，公司方面已经明确表态，未来将会根据用户的需要和相关金融机构合作，推出更多具有良好回报的百发产品。另外，百度未来会将自己的搜索和大数据能力延伸至互联网金融领域，在用户和金融机构之间搭起一座桥梁，将用户需求和金融机构的产品设计能力对接起来，形成双方谁也离不开谁的互联网金融平台。

传统金融机构也试图在2014年市场上争得一杯羹。各家银行正从手机银行、微信银行到自助银行，从网上支付拓展到O2O模式，开辟新的业务领域。

中国工商银行推出了基于4G网络的自助银行服务；平安银行宣布升级公司业务微信平台，率先推出微信开户功能，试水以O2O方式，打造公司客户的"虚拟营业厅"和"随身智囊"；民生银行将携手汇添富基金和招商基金推出一款新型电子银行卡；招商银行尝试涉足P2P业务；广东发展银行等试图通过淘宝店销售理财产品。

正如银河证券副总裁朱永强所说的："目前我们拼命在自己内部自我革新，同时我们又面临整个金融行业的剧变，因为是互联网企业带来的金融行业剧变，我们只能在大的金融行业剧变这样一个背景下重塑商业模式，这个是我们要反思的。""互联网金融和传统金融各有各的优势，传统金融体系已经积累了很多数据，互联网拥有大数据、海量数据，到底哪一个可以跑得更快，我的看法是，大数据并不在于数据量够大，而是需要完整，如果要有完整数据，各互联网企业之间尤其是这些掌握大量数据的互联网企业之间必须开放和共享，否则都不足以构建好互联网上的金融体系，从这个角度来讲，在互联网的开放和共享下，大家能够合作共赢。只有这样，互联网金融才会比现在我们看到的更加迅猛，更加有颠覆性。"平安陆金所副总裁黄黎明指出，"未来决定互联网金融和传统金融胜败最核心的是信用体系的建立"。

对于眼花缭乱的互联网金融的快速发展，监管存在空白在情理之中。从监管当局于惊诧中反应过来后的态度看，宽容与必要的监管应是主基调。

中国人民银行行长周小川在接受媒体采访时表示，央行对互联网金融采取支持发展的态度，其本人对互联网金融的看法也是乐观的。但是，互联网金融的风险是客观存在的。正像周小川所说，对互联网金融"要履行好依法办事，防范风险，保持稳定的责任"。

对第三方支付引发的案例，周小川认为，互联网金融行业还要防范经营失败时的社会效应。他举例指出，比如中国人民银行给第三方支付发了牌照，关键的一条就是要求不能把客户的支付资金"吃掉"，而且不能在经营失败的时候才发现。所以，央行要求支付资金一定要在银行开专户进行托管。

"互联网金融在促进金融创新方面功不可没，潜力巨大，但是一定要遵循金融的规律，一定要研究金融的风险怎么防范。"国务院发展研究中心前副主任卢中原这样指出。互联网金融的风险主要有两个层面，即安全风险和合规风险。安全风险是指互联网金融会涉及客户的资金安全、信息安全以及系统安全。相对而言，目前更突出的是合规性风险，即一些互联网企业超范围经营，同时还存在一定的套现、洗钱等方面的风险。"P2P网贷公司如果离开做信息中介的定位，而做了信用中介，做资金池、做担保等，就很容易出问题。因为像银行这样的信用中介，都需要计提资本，有风险拨备，而 P2P 网贷公司没有这些方面的管理。"

2014 年 4 月 2 日，据《第一财经日报》报道，由中国人民银行牵头组建的中国互联网金融协会已正式获得国务院批复。该协会由央行条法司牵头筹建，旨在对互联网金融行业进行自律管理。目前，该协会正上报民政部批筹。中国互联网金融行业监管正式起航。2014 年 4 月 10 日，在第二届中国电子信息博览会（CITE2014）新一代信息技术产业发展高峰论坛上，中国人民银行金融市场司司长穆怀朋发表讲话"风险防控是互联网金融的首要"①，他说：中国人民银行一直支持和鼓励互联网的创新，一贯遵循党中央国务院规范金融服务的要求，始终尊重业界和市场主体的精神，引导市场机构，优化产品创新机制，加强金融基础设施建设，促进互联网持续、健康稳步发展。但是，由于互联网没有边界，风险容易快速传播和蔓延，金融和互联网结合以后，把创新的思路和风险控制在可预期可控制的范围内，是我们必须坚持的原则。互联网金融监管的总体要求是鼓励创新、趋利避害。中国人民银行将按照这一要求，完善监管。

穆怀朋说，中国人民银行一直积极支持互联网金融的创新，同时认为监管要遵循以下 5 个原则，一是互联网金融创新必须坚持金融服务实体经济的要求，合理把握创新的界限和力度。包括互联网金融创新必须以市场引导下更好地服务实体经济，更好地为百姓创业、就业提供支持为根本目的，不能脱离监管、脱离实体经济抽象地谈金融创新。二是互联网金融创新应符合宏观调控，包括互联网金融在内的一切金融创新，均应有利于维护金融稳定，有利于稳步推进利率市场化的改革，有利于中国人民银行对流动性的调控，要避免因某种金融创新导致金融市场价格剧烈波动，增加市场经济融资成本，影响银行体系流动性转化，降低银行体系对实体经济的信贷支持能力。三是要切实维护消费者的合法权益。互联网金融企业应有充分的信息披露和风险提示，任何机构不能以直接或间接的方式承诺收益，误导消费者。四是要维护公平竞争的市场秩序，在市场经济条件下，把线下金融搬到线上来必须遵循资本约束。机构不得采取任何措施诋毁竞争对手。五是要处理自律管理的关系。

---

① http://tech.china.com/news/company/domestic/11066129/20140411/18441968.html.

（二）银行电商：路途漫漫

民生银行电商高层震荡

仅仅开张 3 个多月就面临董事长"闪人"，民生银行电商的高层震荡再度引发了市场关注。民生银行电商董事长尹龙辞职的消息于一个月前已有市场传闻，距该公司的成立不到 3 个月。作为民生银行电商董事长，尹龙对企业的未来发展曾勾画了"宏伟蓝图"。在短短 3 个月的时间内发生"360 度转弯"，令市场深感意外。业内人士称，民生银行电商目前可能面临一些窘境。"摊子铺得太大，产品悬空，人才缺失，导致企业短期目标难以实现，再加上民生银行社区银行扩张遇到障碍，可能也让电商发展思路不得不转变。"

步伐慢与快

2013 年 12 月 18 日，民生电商内部所有员工收到了一封意外的电子邮件，被告之公司董事长尹龙正式离职。"董事长的辞职在公司内部很意外，此前也并没有听说。就尹龙个人来说，他对民生电商的发展是抱着一些期许的，至少从公司员工大会上看很乐观。"民生电商一位内部人士表示。民生电商的成立时间并不长。从实际情况来看，2013 年 8 月注册，9 月起步，10 月才真正开始各项业务筹备。"内部的构架是事业部制，目前公司总人数 200 多人，业务涉及的范围和领域都很广。"与民生银行业绩考核压力大不同，民生电商内部发展的节奏要慢一些，更加求"稳"。"公司员工很大一部分是从别处挖来的，业务上还都比较熟悉。"公司刚刚搭建好企业构架，事业部现在有 10 多个，具体业务包括小区便利店、B2B、B2C、网络商城等。部分业务甚至还没有上线和对外推广，董事长尹龙就提出离职，让人觉得很奇怪。

作为学者型的民生电商高管，尹龙其实一直对电商行业发展有很多疑问。在 2013 年 11 月的一次活动上演讲时，他就直接抛出了 6 个问题，其中包括"电商热，但不赚钱，为什么投？""互联网金融对传统金融取代性如何？"对民生电商高层的变动，市场上流传着种种猜测。但是，这无疑与民生电商发展现状不无关系。"发展了 3 个月，但是市场上基本上没有看到产品。就短期的业绩来说，肯定是得不到民生银行的认可。"一家电商行业人士表示。他认为，民生银行是一家以业绩说话的银行。作为其旗下的电商企业，它们也是不愿意在没看到产品和成果前长期"烧钱"的。

电商诱与惑

民生电商涉及的领域太多，想做的东西也很多，摊子铺得太大可能是一个重要的不利因素。作为一家后进入的电商企业，民生电商虽然实力雄厚，但是劣势也很明显。由于它做得杂，所以要和目前行业内的专业化公司竞争，有一定的难度。以 B2C 业务为例，民生电商产品至今尚未上线。在市场竞争已经白热化的情况下，民生电商也担心这项业务推出后的接受度。更重要的是，民生电商的社区发展战略是民生银行社区扩张的一个"补充"。但银行方面的社区网点被银监会叫停，影响了民生电商的发展思路，尹龙离职与此也存在较大关系。民生银行希望逐步加强对这类创新业务的控制权。民生电商和民生银行的直接关系在于客户的黏度。这是银行发展电商的一个重要原因，而两者的共同点是在社区。通过社区和互联网渠道将通道打通，发挥"小微"优势。民生电商在发展思路上，更多的还是依靠了银行，是一种银行的业务配合，也就是服务于银行。民生电商还是基于线下，互联网模式应用太少，没有摆脱传统发展模式。实际上，尹龙此前也公开表达过相似的困惑："互联网金融到底能不能代替传统金融业务"，至今也没有谁能给出答案。尹龙"闪电"离职将银行系电商发展推到了风口浪尖，而市场关注更多的是互联网与金融的融合出路在哪里。

2012 年下半年，各家商业银行纷纷涉足电商平台，包括建行的"善融商务"、农行的"E 商管家"、交行的"交博会"等，其功能基本是集网上购物、投资、消费信贷于一体。简单的运营模式确实给银行带来了不菲的收益，截至 2013 年 9 月，建行"善融商务"平台交易额超过 170 多亿元，已经在利润上有所贡献。表面上，银行争抢做电商不失为明智之举，因为银行掌握了资金和支付环节。然而，银行做电商需要投资大笔资金，甚至需要招揽非常优秀的互联网和金融人才，这可不是每一家银行都能够负担得起的。

从现状来看，银行系电商平台的发展是银行客户需求的延展，而通过电商直接独立吸引客户，这种情况还是比较少。电商最终看的还是商业模式，现在银行都看好这个领域，但是还并不明确到底怎么做才最好。因此，银行电商还有"相当长的路"要走，这相当长的路不一定指相当长的时间，而是指要做的准备、尝试和探索还很多。

（三）证券业：迈入电商时代

1. 广设网点之路难走

2013 年，《证券公司分支机构监管规定》（以下简称《规定》）正式发布。多名业内人士表示，分支机构设立门槛的大幅降低以及非现场开户政策的推出，将对证券经纪业务影响深远，尤其是对区域性券商而言，其以通道为主的赢利模式面临持续挑战。未来券商在营业网点的开设上将更加谨慎，相比而言更加看重非现场开户实行后互联网金融带来的赢利模式的改变。《规定》取消了对证券公司设立分支机构的数量和区域限制，只要经营规范、具备管理控制能力、不存在重大风险的证券公司，均可设立分支机构。同时，《规定》还拓宽了分支机构的经营领域，以往总部层面才能开展的业务均能在分支机构平台上实现。

事实上，在政策正式落地之前，业内已开始有所预热。据悉，多家华东的大中型券商组织了与放松营业部设立限制相关的培训活动。一家区域性券商经纪业务人士表示，未来将在北京、上海、深圳三地开设上百家新型或轻型营业部。新设网点的功能将以满足客户投资需求为中心，通过网络及实体的线上线下相结合的方式，侧重于对地区客户需求的挖掘，强化网点的差异及个性化，提升对特殊客户群体的渗透力，但部分券商却持谨慎态度。某营业部家数行业排名前三的券商经纪业务副总指出，此前公司设立的营业部是按照现有监管政策设置的。政策全面放开后，公司在网点设立上的基本原则也将从传统的以计划性设立转变为以市场为导向设立。而市场导向的营业部从设置到经营，还需要不断摸索、创新，公司不会在开闸后便大规模开设网点，而是考虑市场竞争需要，以实现赢利为主要目的。某中型券商经纪业务总经理也表示，公司近两年来新设营业部可以说是"多设多亏"。因此即便现在全面放开，也会采用因人设点的策略，先找到对当地市场、投资者结构等都有深入研究的团队，然后根据其赢利模式搭建营业部。他透露，公司新设的 10 余家营业部至今无一赢利，拖累了经纪业务的整体经营业绩。那些一次性投入数百万元的营业网点，按当初设想回本期为 3~5 年，但现在看来，没有大牛市，个别营业部 10 年都难。

多家券商经纪人士表示，相比于分支机构设立的放开，公司更加重视非现场开户全面放行后，网络经纪和网络综合金融业务对传统经纪业务带来的巨大冲击。继《规定》发布后，《证券公司开立客户账户规范》也随之发布，正式放开非现场开户限制，明确证券公司不仅可以在经营场所内为客户现场开立账户，也可以通过见证、网上及中国证监会认可的其他方式为客户开立账户。一些中小型券商人士表示，网上开户、销户只是网络经纪业务的第一步，未来随着网络经纪的逐渐深入发展，证券业能以更低成本展业，则不可避免引发新一轮的佣金价格战，使通道型经纪收入更加难以为继。而公司在资本中介和财富管理等创新业务上尚未步入正轨，未来赢利堪虞。

2. 券商上网成大势

完成传统业务的互联网嵌入，成为当下券商展业的一大关键词。网上开户、开设网上商城，与银行实现对接等，券商的"触网"模式已显现多样化。与大型互联网门户合作、自建金融理财商城、入住大型电商网站建立理财超市，成为券商业务互联网化的三种主流模式。

自建网上金融商城是券商的有益尝试，国泰君安、华泰证券、华创证券、方正证券、齐鲁证券等走在了行业前列。国泰君安的君弘金融商城就很吸引业界的眼球。华泰证券的"涨乐网"与国泰君安的金融商城类似，客户可以网上开户，也可以投资基金产品、信托产品。华创证券的网上商城更另类。2013年 2 月上线的华创证券网上商城中，已上架的 4000 余种商品中仅有为数不多的几款是金融类产品，其余均被服饰、化妆品、珠宝数码等占据，其中也不乏奢侈品牌。华创证券网上商城真正的创新在于它引进了"证券账户"支付功能，可能盘活了券商现有客户资产，但主销奢侈品的这一做法，又感觉它们的互联网金融创新好像跑偏了。华创证券的这种做法虽增加了客户黏度，但并非真正涉足互联网金融。

选择进驻天猫商城销售产品的券商也不在少数。方正证券"泉友会旗舰店"2013年3月即已正式入驻天猫商城，主要定位为业务展示及服务产品销售，该网店总销量最好的一款产品，是从2013年12月9日开始阶梯价预售的"金克拉量化解盘及金股推荐之解析军工板块"，截至12月12日累计销售292件。长江证券则选择在天猫经营旗舰店，主要提供资讯与投资建议等。与方正、长江证券做法类似的还有齐鲁证券。齐鲁证券选择了成本较低的淘宝网，店名为"齐鲁证券融易品牌店"，在"宝贝与描述相符"这一项指标上，高出同行业水平57.51%，店铺信用级别不低。

而国金证券牵手腾讯的合作相当令人瞩目。只有27家营业部的国金证券，在2013年11月底传出与腾讯合作的消息。国金证券称，将与腾讯旗下腾讯网在网络券商、在线理财、线下高端投资活动等方面展开全面合作，合作有效期为2年。同时国金证券将向腾讯支付每年1800万元的相关广告宣传费用。

那么腾讯会有哪些后续动作？市场传言腾讯未来可能会以约10亿元的大手笔参股国金证券。国金证券即刻公告澄清称"公司、控股股东、实际控制人未就腾讯入股公司的事宜与腾讯进行沟通洽谈"。事实上，关于国金证券与腾讯的合作究竟是类似阿里联手天弘基金打造"余额宝"的颠覆式创新还是普通的业务合作模式，尚未有一个公开明确的说明。国金证券内部人士也表示："合作是有步骤的，不可能一步到位。""战略合作和参股是完全不同的概念，前者是一个业务增色的范畴，可以说是一个网络平台的意思，后者则会让人联想到网络券商。"深圳一家中型券商电商部相关人士认为，国金证券联姻腾讯最让人期待的是合作的程度。

国金证券付出的千万广告费值不值？一家曾多次接触腾讯相关部门，希望能进行电商合作的券商内部人士认为千万元级别的广告费用物有所值。"战略合作先入为主，以后国金证券可能复制天弘基金的路程。"上述人士认为。"我所接触到的腾讯渠道，主要是他们的开放平台，推广效果很明显。"一家第三方理财机构负责人透露，该公司 2013 年在腾讯网、社交渠道投放广告后，用户数量增长比较明显。"比传统的电话营销更有针对性。"该负责人称。据国金证券内部相关人士透露，与腾讯的合作不仅仅局限于网络交易、金融产品销售等，未来还会在政策允许的情况下与其进行多样化的金融创新尝试。"除了网络平台，还有手机、微信等服务端都会有不同程度的合作。"上述人士称。长江证券分析师刘俊认为，国金证券与腾讯合作开展线上业务将在一定程度上弥补其线下资源的不足，提升经纪业务和资管业务的市场份额，提高业绩增速，但具体的提升幅度还依赖双方合作的深度和广度。

从对行业的影响看，国金证券与腾讯合作的领域主要包括网络券商、在线理财等，在网络经纪方面，华泰、国泰君安等券商已提早布局，并初见成效。"可见网络经纪业务的竞争将愈演愈烈，这将驱使券商由传统的通道佣金向附加咨询等专业服务的经纪模式快速转变。"刘俊表示。业内人士指出，虽然互联网公司不具备资产定价、风险管控等金融专业服务优势，但凭借庞大的客户数据、黏性较强的用户习惯和广覆盖的用户流量入口，将在经纪、碎片化理财等低门槛的金融服务领域具备优势。

从国外经验看，证券公司的经纪和理财业务在网上开展合作已经衍生出至少三种比较成熟的模式，包括美林模式、嘉信理财模式和 E - trade 模式。华泰证券研究员认为，目前国内还处在互联网金融浪潮的初期，与线下业务冲突较少、机制灵活的券商更容易切入。"参考国外发展经验，我们认为大型券商将采用自建网上金融平台或收购纯粹的网络金融服务商；中小型券商将采用与 IT 网站合作，由于中小型券商实体网络较少，客户资源（尤其是零售客户资源）相对较少，与 IT 网站合作可以迅速以低成本扩大服务渠道，扩大客户规模，与 IT 网站形成优势互补。"上述华泰证券研究员指出。

实际上，随着国金证券宣布与腾讯建立合作，未来将有更多的券商参与进来。业内人士预计，植入互联网基因后，券商经纪业务将首先获得颠覆性的改变。

短期内，券商的互联网之路并不如意。不论是从网上开户客户体验，还是从产品与资讯服务的网上销量、口碑来看，都并不被广大投资者认知。商城访问量、产品多样化及交易量都不尽如人意。真正了解互联网的券商不多，券商互联网业务的开展尚在摸索中，赢利模式也还有待探索。

《证券时报》随机对 200 多名个人投资者进行了券商网上金融商城满意度问卷调查，调查结果令人尴尬，超过 50% 的接受调查者表示"不知道券商开设了各类互联网金融商城"。有趣的是，甚至有一些券商后台部门的工作人员也对所在券商开设了互联网金融商城一无所知。"券商网上商城主要做什么？卖理财产品吗？"这是做调查时，被问到最多的一个问题。令人难以乐观的调查结果不在少数，50.67% 的接受调查者表示从未逛过券商的网上金融商城，41.26% 的接受调查者表示偶尔看看，表示经常逛的占比仅有 8.07%。即使那些经常登录券商网上金融商城的接受调查者，在对功能设置及出售产品满意度的评价上，也有四成左右接受调查者表示"一般"，甚至有少数被调查者表示"不满意"。对网页产品介绍、销售便捷度、支付功能的快捷性满意度不高，是被调查者反馈的主要问题。受众对券商各类金融商城反应冷淡其实并不意外，一是由于券商宣传不够，缺乏运营网上商城的经验；二是由于券商并未深入吃透互联网业务精髓，设计产品难免水土不服。在国泰君安君弘金融商城发布会上，国泰君安网络金融部总经理马刚也说，"券商一直称自己以客户为中心，但更多的是功能导向，所以现在证券公司的交易、行情、咨询、投顾的服务仍是割裂的，没有按照客户需求的场景提供相应的理财解决方案"。"目前券商触网还处于尝试阶段，并没有指望网上商城能有多大的客户访问量和销售量。"当前券商触网更多的是在自我摸索阶段，无法投入更多的人力物力对接客户需求。不过，这将是未来努力的方向。

"互联网时代，怎样黏住客户，提供有针对性的服务将成为金融服务商的核心竞争力。"中国的 BAT（百度、阿里、腾讯）成功的原因，一是能精准掌握用户需求；二是将产品、服务和用户体验做到极致，超越用户预期；三是用循序渐进的开发方法，在持续迭代中完善和更新产品，使之与时俱进。券商将业务搬到网上只是迈出了第一步，它们的投入和产出短时间内无法形成正比。此外，券商业务互联网化虽然打开了很大空间，但要想马上取得突破性成绩并实现赢利，还有很漫长的路要走。从现有的信息技术角度来看，券商要想通过互联网思维真正服务客户、留住客户并不难，难的是如何将金融机构保守的风控文化与互联网企业激进的进取文化相融合。以客户网上自助开户为例。客户虽然可以坐在家中轻按鼠标便能实现证券开户，但网上操作流程极为烦琐复杂，很难让其得到良好的客户体验。一位在网上开户的客户称："走完网上注册流程，要耗费大半天的时间，还不如去营业部现场办理来得轻快，客户体验太差了。""自助开户要填写那么多表格，同时还要做实时视频认证，面对如此烦琐的开户流程，券商想把用户体验做好都难。"证券公司往往把风控放首位，在注重合规的同时，又要规模化地为客户提供个性化服务，是当前券商把业务搬到互联网上的难题之一。

"当前券商网上金融商城最大的问题是在同质化竞争中，怎样将原有实体客户吸引到互联网中，为网站导入长期有效的客户访问量及销售量。"一个网站如果没有客户大量的访问，没有很好的客户体验，一切都是徒劳。"在目前阶段，券商只是将互联网作为业务的一个销售平台。"证券行业做互联网业务主要有三个层面，第一层就是简单地将传统业务搬到网上来实现；第二层是向综合理财或综合性投资方面发展；第三个层面就是运营层面。目前许多证券公司都已经完成了前两个层面，第三个层面则还在试水阶段。证券行业如果向第三个层面发展，就是把更大范围的应用或者业务搬到网上来做，针对客户需求提供个性化产品，这就进入更深的一个层次。

券商把业务搬到互联网，主要目的是唤醒其存量客户，增大存量金融客户的金融需求黏性。同时，还要使增量客户一次使用后留下深刻印象。在此过程中，上手快、体验佳是互联网券商的主要诉求。"目前券商网上商城提供的大多是标准化金融产品，在个性化金融产品制造环节不具备竞争力。"中金公司在其研究报告中提到，互联网在替代传统金融企业的风险管理职能方面还存在局限，打造合理的金融生态成为关键。

未来券商的竞争力更多的表现在通过大数据的服务和挖掘，简化业务流程，有针对性地为客户推送客户想获取的产品信息、产品组合，实现更好的适当性销售。金融商城不是金融超市，不是一个简单堆砌商品的平台，而是把证券公司最具专业性的服务力量移植到互联网综合金融平台上。未来标准化、规模化的服务将采取纯线上模式，而个性化、订制化服务将采取 O2O 模式。对金融企业来讲，拥有数据的规模、灵活性，拥有收集、运用数据的能力，将决定公司的核心竞争力，数据将成为企业的核心资产。

（四）基金联姻互联网：得屌丝者得天下

2013 年：基金的盛宴

得屌丝者得天下。余额宝的持有人给出了最好的答案。户均 3000 元左右的用户共计贡献上千亿元的规模。天弘基金资产管理规模 2013 年年底达到 1943 亿元，跻身国内基金行业前五。天弘基金和阿里牵手，不仅改变了天弘基金的命运，也给基金行业带来了巨大变革。

在互联网金融大战中，天弘基金是引领者。"天弘基金是个意外，他的成功具有不可复制性。"深圳某基金公司电商负责人表示。"除却天弘基金之外，电商方面成绩斐然的仍旧是规模居前的大型基金公司，像华夏基金、嘉实基金等，本身资金实力雄厚，所以在互联网大战中，投入的资金、人力都超出一般基金公司的水平，所以电商方面也取得不错的成绩，这是和投入相匹配的。"上述人士如是分析。

2013 年年初，华夏基金推出活期通，彼时华夏基金相关负责人给出的目标是 2000 亿元；当时，华夏基金整个市场团队都觉得匪夷所思。这个数据真的实现了，只是不是华夏基金的活期通，而是天弘基金的余额宝。事实上，如果剔除余额宝，华夏基金活期通的"吸金"效果在业内已经是无人能比。早在 2011 年，华夏基金管家移动客户端就已经推出，并在 2013 年继续推出了基于货币基金的现金理财客户端"活期通"。据了解，截至 2013 年 7 月，华夏基金移动客户端的客户数量已经超过 50 万，仅 2013 年上半年通过移动客户端完成的基金交易量就已超过 50 亿元。目前移动端客户数已经超过了 100 万。除此之外，和百度的首发合作也带来了十多亿的资产规模。华夏基金的电商团队高达数百人，包括为华夏基金服务的团队人员。

在华夏基金推出移动端之前，基金公司比拼的货币基金直销主要集中于 PC 端。截至 2012 年年底，最为领先者为嘉实基金，直销规模大约为 80 亿元。然而这一情况在被改写。货币基金直销，2013 年应该不是嘉实基金领先了。华夏基金、南方基金、汇添富基金也做得很好。不过，嘉实基金在努力保持自己原本的领先地位。"嘉实基金目前看来虽然并没有太多举动，但是其实默默做了很多事情，属于厚积薄发型"，业内人士如是评价。于是，终于在2013年岁末，嘉实基金和百度的合作浮出水面，嘉实基金和百度合作的"百发"规模上限为50亿元。随后，百度将推出百赚，直接和嘉实货币基金对接。除此之外，嘉实基金也升级了多项功能，比如，通过优化后台，将垫资资金利用率提高数十倍，这意味着嘉实基金可以提高实时赎回资金规模。同样是在12月中旬，嘉实基金成立了金融互联网总部。金融互联网总部不仅包括原本的电商部，原嘉实基金IT、清算团队的一部分员工直接被划入了金融互联网总部。

2013年"高大上"的基金公司在电商大战中，纷纷将目光转向屌丝。汇添富电商负责人杨纲曾说，基金公司的电子商务，首先是"电子化"，这也就意味着相关的系统配备要到位，把电子商务的基础打好，比如网站建设、交易系统的改善。只有"电子"方面的基础打好了，才能打造扎实的平台，吸引客户，增强客户的黏度，然后向真正的"商务"发展，也就是以异质化的产品服务好客户，增加客户的体验。但是基金公司的电子化则是一个烧钱的项目。金证股份曾经为天弘基金开发与互联网对接的"新型直销系统"，后者支付的项目费用为300万~500万元。"这对不少中型基金公司来说，压力不少，而规模百亿以下尚未实现赢利的基金公司更不舍得砸钱。所以不少基金公司已经落下一大截，即使是看起来电商项目进度比较快的公司，人员的投入也是个位数，设备、系统的投入亦是有限。第一批上线淘宝旗舰店的多家基金公司，其电商团队不足5人。"深圳一位电商人士表示。在这场互联网金融大战中，不舍得烧钱的中小基金公司掉队不奇怪，但也有财大气粗的大型基金公司掉队。

当天弘基金和支付宝联手开发余额宝的时候，博时基金可能会困惑。在此之前，支付宝一直是博时基金的"小伙伴"。早在2006年，博时基金就与支付宝开始了基金第三方支付业务的尝试，2009年双方签订战略合作备忘录，确立了合作伙伴关系，合作向证监会申报基金销售支付结算资格。博时基金2012年5月15日宣布，开通支付宝支付渠道，成为首家在直销网上交易中引入支付宝渠道的基金公司。设有支付宝基金专户的投资者可通过博时直销网上交易系统开户，通过支付宝申购博时旗下基金。正如杨纲所言，电子商务大战中电子先行。博时基金是国内最早建立IT部门的基金公司。2000年，"老十家"的基金公司博时刚成立不久，就建立了 IT 部门，这与时任博时总经理肖风关注 IT 在基金公司的应用密切相关。而后，博时基金给其他基金公司输送过不少 IT 人才，此前有媒体统计，有 9 家基金公司的 IT 总监出自博时基金。博时基金 2004 年就开始探索电子商务，亦是基金行业第一批公司探索电子商务业务的公司，并在 2010 年建立了电子商务部，重点发展网上销售业务。2013 年年初，博时基金、广发基金、鹏华基金等均在筹备淘宝旗舰店。然而，博时基金并未成为首批登录淘宝旗舰店的基金公司。目前，博时基金拥有独立的电子商务部，其负责人为总经理盛震波，团队为五六个人，电子商务部承担的仍旧是网上直销的部分职能。知情人士透露，2014 年之后，博时基金的团队将会扩大，业务也将逐步拓展。

深挖客户成新考验

依靠货币基金，互联网金融带来了大量客户，如何判断这些客户的其他需求，如何细分产品背后的客户特性，推出什么产品接替货币基金留住客户，成为基金公司在做大规模之后亟待解决的细节。

由于渠道的禁锢，基金销售多年以来一直停留在 80% 利润来自 20% 客户这一传统模式上。2013 年受益互联网搭桥，基金行业得以接触 80% 客户这一广阔的蓝海。然而，问题随之而来，基金的客户服务如何紧跟客户人数的增长？北京某基金公司主管客户服务的人士坦言，目前的客户服务确实无法兼顾所有。"我们测算过，现在有些客户管理费贡献每年只有 0.7 元，公司人手、成本有其边界，因此互联网客户维护主要以客户网上咨询为主，目前确实很难在售后主动与之交流。"在大多数基金公司看来，如何做好客户维护不是目前考虑的首要问题。现在还是冲量。另一位基金公司电子商务部总监也表示，目前淘宝店的客户量并不大，当下核心资源与营销重心依然放在互联网入口的争夺上。

"双十二"上线聚划算活动，给 4 家基金公司带来了一定的"人气"。截至 2013 年 12 月 14 日，广发天天红货币基金共有 587074 人购买，购买鹏华亲亲货币基金的客户也达 116761 人，工银瑞信现金宝货币基金及富国天时货币基金"战绩"稍逊，两只基金引来的客户分别为 16689 人及 2181 人。与天弘余额宝已经积累 3000 万客户相比，17 家基金公司在淘宝店平淡开场之后，现在也在奋力前进。截至 2013 年 12 月 14 日，以广发基金为例，月销量第一的广发货币基金，共销售 884 笔，合计购买 4952869 份；位居第二的广发天天红货币基金合计售出 405 笔，购买量达 4303165 万份。整个淘宝店月销量总数则为 5943 笔。其余 16 家销量居前的基金公司中，国泰基金共上线七只产品，排名首位的国泰淘金互联网债券型基金月销量 2450 笔，而据国泰基金淘宝店页面显示，淘金互联网债券基金 11 月前 15 天共计销售量为 6500 笔。"现在除了天弘基金外，基金公司在互联网金融上积累的客户量并不大，首批'触电'的基金公司淘宝店体量还小，谈不上客户维护有何难点。"华南另一大型基金公司电子商务部总监称。"未来若是这一大趋势成真，这一问题或许可以通过技术手段解决。"在他看来，呼叫中心、短信这类方式都属成本过高。"目前微信是个好方法。"

如何开发此次由货币基金带来的新客户，也是摆在基金公司面前的一个颇为现实的问题。上海某基金公司电子商务部总监坦言，对以往的货币基金客户，基金公司并没有进一步"维护"。一方面，"货币基金中的资金都是客户的闲散资金，是流动资金，做资产配置或者投资引导都不合适。"而且此前认识货币基金，进而购买的客户群体相对成熟。同时，货币基金客户占比偏低，基金公司并没有太多开发这批客户的动力。另一方面，在过往银行渠道主导基金销售的格局之下，无论哪类基金，都是银行渠道下的同一批客户，银行对客户资产规模、风险偏好、投资需求，都有相对清楚的认识。此外，基金公司官网销售累积的客户挖掘经验，对新形势也没有太多适应性。"能够主动找到基金公司官网，忍受烦琐的开户流程，成功购买基金的客户，无疑事前都对基金公司品牌、基金经理以及基金产品特性有比较深入的了解，因此，客户维护以及持续营销相对容易。"另一基金公司人士分析指出。脱离了银行渠道维护，如何清晰地定位互联网入口涌入用户的特征，成为基金电商部门下一步需要细化的问题：货币基金背后的客户，是否有其他需求？是理财需求还是投资需求？利用"补贴造势"产品圈进来的客户，与此前用户的差别在哪里？淘宝提供的风险偏好测试，主动发送用户调查问卷，借助大数据分析手段，是基金公司目前提出的部分解决方案。

如何比别的公司更好地细分用户群体，决定了基金公司能否获得银行渠道之外新的蓝海。对基金公司而言，货币基金打开了这批新客户进入基金的"大门"，如果不能持续提供具有吸引力的产品，或者通过合理的资产配置引导，转换为基金公司长久的有效客户，之前的努力或将付之东流。

"互联网金融销售渠道能否扩展到如保本基金、分级基金 A 类份额等其他基金？如果不能，货币基金这杆红旗还能扛多久？如果拓展到其他基金，如何做好风险控制？"招商基金总经理许小松曾提出质疑。"数据显示，余额宝也好，其他各宝也好，这类产品不断热卖的背后，是以 80 后年轻人为特征的用户群体的簇拥，然而，从资产配置的原理分析，年龄层越低，风险承受能力应该相对更高，从这一角度看，这一现象是不是稍显错位？"另一位基金公司高管提出疑问。基金产品创新及应用模式如何接力也值得一提。依靠产品创新吸引大批客户的案例也曾有过，华安及汇添富基金 2012 年首推的短期理财基金就曾风光一时，此后由于流动性限制，收益不及货币基金，规模一度面临缩水危机。反观当下互联网基金热潮，在天弘增利宝货币基金对接支付宝之后，互联网销售基金一直依赖比拼单一收益率吸引人气，游戏上升至"补贴"模式后如何持续，仍需市场的回答。

（五）保险业：快速"上网"

1. 国华人寿：3 天 1 个亿

估计谁都没有想到，关于电子商务的话题会被保险业如此津津乐道：先是以国华人寿保险股份有限公司（简称国华人寿）为典型的行业新生力量以"3天1个亿"的业绩，刷新了中国电子商务发展 10 年来的首个单团纪录，让整个保险业走在了网络金融的前列；接着，三个掌舵人都姓马的中国平安、阿里巴巴、腾讯联手组建的众安在线财产保险公司获准批筹，大家都在观望，三个各自在细分领域中最具创新精神的企业合作，能给市场带来怎样的变革。但可以肯定的是，电子商务已对保险业产生了相当直接的影响，甚至可能成为保险企业新的业务增长点及其可持续发展的制高点。

"最近几年，包括电子商务在内的信息技术迅猛发展，给各行业都带来了相当大的影响，保险业也自然会深度参与其中。这种跨行业的结合，也必然会引起原本依靠个人代理、银行、电话等渠道的销售方式上的变革。"国华人寿电子商务负责人日前接受采访时称，电子商务这种新生模式对保险公司而言，其销售成本可以大大降低，无论是前台，还是对中后台的效率提升都有直接作用。对投保人来说，可随时上网比较保险产品，也可以提高选择产品的自主性，通过信息对比更对称透明，从被动购买转变为主动购买。"设计适合在网上销售的产品组合，用最通俗易懂的文字向老百姓解释专业名词，真正意义上解决传递错误概念和信息造成的销售误导。"另外，该负责人认为还有两大因素将是促使保险电子商务渠道快速发展的动力。第一，专业化经营差异化的产品，"保险公司各展所长，避免产品同质化竞争，将使电子商务渠道的保险产品更有吸引力。同时，让老百姓真正了解自己所需要的产品，对行业形象的提升也将起到至关重要的作用"。第二，是信息化带来更好的客户体验，这一点也是电子商务渠道客户最为看重的内容。"我们所说的不断提高客户体验就是如何更好地'一键完成'，试算、购买、查询、领取、退保都能在最短步骤下完成。"

国华人寿 3 天过亿的成绩，仿佛突然间为行业了打开了一片蓝海，搅动了整个保险业。以平安为首的大型保险公司加快了电子商务步伐，而一些中小公司也纷纷效仿，加入了保险网销及团购的行列。保险之所以能走在网络金融的前列，也是由于保监会鼓励创新的监管态度。但是，保险网销的火热是否也蕴藏着一些风险？

网上购买保险等理财产品，只需轻点鼠标，但是退保该如何处理呢？国华人寿电子商务部负责人介绍，正是由于没有"面对面"的沟通，因而监控退保率显得极为重要，"犹豫期退保率高了，肯定是客户没理解产品先买了。那就要毫不犹豫地退给客户，而且要以最快的速度'秒退'。这也需要合规高效的流程以及完美的 IT 系统间的数据流作为支持"。

网络无极限，一些新开业的地方性保险公司被限制两年内不能出省经营，而现在却似乎在不断挑战并突破保监会地域限制的底线——在淘宝开卖保险，并将销售区域拓展到全国，但在保险经营中存在是否被保监会批准经营的问题。因此，客户在网购保险时，应看清产品提供方被保监会批准开设的分支机构地区，超出这些地域的客户在购买产品以后可能会引起不必要的纠纷。

不无例外，目前在售的团购保险产品，均以高收益、低费用和越来越低的购买门槛吸引客户。据了解，目前有两款网络保险产品门槛低至 500 元，同时还赠送看似比例很高的前期促销奖励，因为单件价值低，保险公司可能只花了 1 块钱就变相地购买到了客户信息。相比传统渠道，电商渠道的中间成本大大缩减，有利于保险公司为客户提供更好的收益。但是需要提醒客户的是，保险公司的理财型保险产品收益是不确定的，客户在比较和选择产品时，还是应该更多地关注公司的投资能力和历史结算收益情况。

2. 中国人寿：大手笔豪赌电商

随着保险企业纷纷争搭电商顺风车，慢半拍的保险业老大——中国人寿集团后起发力，豪掷 10 亿元打造电商公司，欲扭转在新兴领域的颓势。电商渠道拓展很大程度上取决于险企内部客户、服务、数据等资源的整合力度，而中国人寿集团内部资源能否有效整合及各子公司间如何协调将成为其电商发展的关键。

尽管中国人寿电子商务有限公司（以下简称"中国人寿电商"）于 2013 年 12 月 6 日低调挂牌，但因注册资金庞大而备受关注，这被市场解读为中国人寿集团正在互联网金融领域战略布局，欲凭借强大的资本实力争夺电销、网销市场。中国人寿集团旗下子公司中国人寿股份的副总裁刘英齐出任中国人寿电商董事长兼总裁。这也是目前保险市场上第四家正式成立的电商公司。

在此之前，平安集团为了抢占电商先机，于 2008 年设立平安渠道发展咨询服务有限公司，着手建立大数据平台。2012 年，太保集团和太平集团分别设立太平洋保险在线服务科技有限公司和太平电子商务有限公司，借此整合集团资源来发展电商业务。所不同的是，上述电商公司注册资本金均未超过 5000 万元，而中国人寿集团的出手阔绰足显其大举进军电商领域的信心。

目前，保险电商主要包括电销业务和网销业务，引入大数据平台进行资源整合。已有近 50 家险企开设电销渠道，43 家险企开设网销渠道，其中包括泰康人寿和人保集团分别于 2008 年和 2009 年设立的电销和网销事业部。正是因为众多险企纷沓而至，电商业务在短短四年间增长了 7 倍之多，保费收入由 2009 年的 146 亿元猛增至 2012 年的 1027 亿元。2013 年年末中国人寿电商加入角逐，新华人寿电商也获准筹建，2014 年电商争夺战将再次升级。

在挂牌仪式上，中国人寿集团董事长杨明生在谈及中国人寿电商的发展时表示，要立足服务整个集团的经营，做到"一个平台，多种产品，交叉销售，利益分享"。也就是说，中国人寿电商进行资源整合，对兄弟公司——中国人寿股份、中国人寿财险、中国人寿养老险等的客户再开发、再服务，并顺应网络营销发展，建立自己的大数据平台。事实上，中国人寿集团此前就已开设电销、网销部门，如中国人寿股份于2006年采用各省级分公司自建形式，有别于其他保险集团的集约式区域中心，各自为政，资源整合受限；中国人寿财险也于2009年在长沙设电销中心。但是中国人寿这艘"保险航母"转向显得迟缓而艰难，电商业务发展并不尽如人意。

保险业内一项最新统计显示，在寿险电销领域，平安集团的座席达到1.6万人，而中国人寿集团仅为3400人；在财险电销领域，中国人寿集团的座席更是少得可怜，不足400人，而人保集团达到1万人，平安集团高达2万人。从2013年保费收入来看，平安集团寿险电销新单保费入账超过30亿元，而中国人寿集团不足4亿元；财险领域的差距更加明显，平安集团、人保集团均超300亿元，而中国人寿集团不足40亿元。保险分析人士认为，这一方面归咎于中国人寿集团电商投入不够，另一方面在于其各子公司数据交融存有壁垒。中国人寿股份作为寿险业老大哥，截至2013年年中已有1.55亿份有效的长期人身险保单，客户资源优势明显，这很大程度上归功于近70万的寿险营销员。然而，从集团层面来看，庞大的客户群对车险、财产险等的需求还有待开发。再则，从网销方面，越来越多的保险企业除了在官网直销保险外，还通过大型电商网站保险频道，以及专业保险中介销售平台在线销售保险产品，而这些网站却鲜见中国人寿的影子。此次中国人寿电商的建立，有望扭转中国人寿集团在电商领域的颓势。

一位电商人士解释，随着电子商务技术的发展，越来越多满足个性化需求的保险产品会产生；同时，信息化将带来更好的客户体验，电销网销可避免营销员的骚扰，足不出户即可在线签单。快速发展的电商业务对险企而言极具吸引力。

在2013年年初工作会上，中国人寿集团明确提出"创新驱动发展战略"，其中对中国人寿电商的成立在创新方面寄予了厚望。中国人寿集团官方表示，可以借助这一平台，推动形成不同业务板块的协同效应和金融综合经营格局，持续增强中国人寿集团的整体竞争力。一旦中国人寿电商盘活寿险领域庞大的客户资源，对中国人寿集团财险、中国人寿集团养老、中国人寿集团基金来说无疑是助推剂。刘英齐表示，要充分发挥中国人寿集团现有资源，把各项优势用好、用足；尽快探索出一条具有中国人寿集团特色的低成本、市场化、跨越式保险电商公司发展之路。

中国人寿集团仅在官网搭建了网上商城进行销售，电商平台搭建正在推进，"中国人寿掌上保险"手机移动平台的功能也不断增强。中国人寿电商的成立，很有可能进行电销、网销集中管理，与专业电销、网销企业加强合作。值得一提的是，中国人寿电商未来还可以通过收集越来越多的客户数据进行分项分析，从中发现客户的需求，为未来产品设计提供精算支持。在中国人寿电商成立时，保监会发展改革部副主任何肖锋就指出，互联网有海量的客户、海量的交易习惯，它对商业保险的大数法则归类、对客户的开发提供了很多方便，要在发展中真正把这个工具用好，这也将成为中国人寿电商未来探索的方向之一。

尽管中国人寿电商被寄予厚望，但其能否实现集团内部资源的整合仍不得而知，打破各子公司间的壁垒是首要问题。"刘英齐为中国人寿电商掌门人，同时兼中国人寿股份副总裁，她能不能直接调动集团旗下各子公司的资源，这都不好说。"一位保险分析人士如是表示。资料显示，刘英齐自2003年起担任中国人寿高管，主要负责寿险方面的管理工作，自2006年起担任中国人寿股份副总裁一职。

与中国人寿集团状况类似，此前太保集团因寿险、财险难以很好地协调导致交叉销售停滞不前，而太平洋在线的成立使此项业务出现转机。太保集团2012年年报显示，其电销、网销及交叉销售等新渠道业务收入在财险中的占比为18.6%，同比上升6.7个百分点。太平洋在线对集团资源进行了有效整合，这很可能与太保集团高管空降不无关系。据了解，太平洋在线党委书记、总经理俞斌同时兼任太保集团助理总裁。同时，平安渠道发展公司和太平电商同样使用了类似的高管架构。如平安渠道发展公司的创始人、原董事长顾敏掌舵时，也兼任平安集团副总经理等职务；太平电商成立时，其董事长李劲夫同时担任太平集团副总经理、太平财险董事长，李劲夫调离后，继任者宋曙光更是太平集团总经理。上述保险分析人士认为，集团高管掌舵电商公司更有利于协调工作，提高效率。与此相比，刘英齐能否支撑国寿电商顺利推进国寿集团内部资源整合还有待观察。

3."三马"联合的鲶鱼效应

"众安在线"获批

2013年2月28日，中国保监会正式对外公告，批复筹建众安在线财产保险股份有限公司。在保监会批复中显示，同意浙江阿里巴巴电子商务有限公司、深圳市腾讯计算机系统有限公司、中国平安保险（集团）股份有限公司、优孚控股有限公司、深圳市加德信投资有限公司、深圳日讯网络科技股份有限公司、北京携程国际旅行社有限公司、上海远强投资有限公司、深圳市日讯互联网有限公司9家公司共同发起筹建众安在线财产保险股份有限公司，进行专业网络财产保险公司试点。公司注册资本为人民币10亿元，注册地为上海市。批复指明，"业务范围限于互联网相关的财产保险业务，不设分支机构"；且批文中特别提及"进行专业网络财产保险公司试点"，业界认为，这意味着中国互联网保险开始试水。据悉，几年来递交筹建保险公司的申请已经超过了100多份，此次保监会批筹众安在线，试点创新的意图明显。

有统计发现，目前国内保险行业至少已有16家财险公司、23家寿险公司开设了通过互联网销售保险产品的业务，而国寿、平安、太保、人保、阳光等保险集团已悉数开设了保险超市、在线商城等网上销售专属平台。

据众安在线方面介绍，新公司对互联网的依托除了体现在销售渠道上外，还是一家专注互联网领域财产保险的风险整体解决方案提供商。众安在线针对网络交易安全、网络服务等方面进行产品创新，为互联网用户提供解决方案，在经营模式及业务流程上有深层次的创新，具有尊重客户体验、强调交互式营销、主张平台开放等新特点。

据悉，从财险市场来看，存在严重的产品结构不合理现象。全国保险监管工作会议上披露的数据显示，在财产险中，非车险占比不到30%，责任险、家财险、货运险等业务发展更不充分。上述人士指出，随着汽车保有量逐渐趋于饱和状态，单靠车险业务维持保险公司的生计已不可能长久。保险行业急需开拓除车险以外的业务，寻求平衡、稳定的多样化发展。

一家保险公司的研究人员表示，保监会业务拓展一系列新政的最主要目的还是希望能够推动行业发展，促进产品创新，增加保险行业的竞争力，这对保险业非常必要。此次众安在线的获批，也预示着差异化发展肯定是未来的大方向，一窝蜂拼价格、经营同质化产品的小公司肯定没有竞争力。

2013 年新年伊始，保监会接连发布了《保险销售从业人员监管办法》《关于规范财产保险公司电话营销业务市场秩序禁止电话营销扰民有关事项的通知》，分别对保险代理人制度和电销业务下手，并发布了《中国保监会关于进一步发挥保险经纪公司促进保险创新作用的意见》，鼓励保险经纪公司充分发挥优势。在加强渠道监管的同时，保监会也在审慎探索新的业务模式。

众安在线在渠道上完全摒弃了保险行业传统的人海与电话战术，从产品需求到服务流程都依托互联网，不设分支机构，目的是探索出一条全新的、精耕细作的业务模式。在名为"众安在线官博"的新浪认证微博上，该公司发布了公司财务负责人和法务负责人的招聘启事，而并不是传统保险公司中人员占比最大的销售人员。对此，业内资深人士分析说："经过近几年的高速发展，中国保险市场的传统销售渠道已趋饱和，业务增长逐渐放缓，而电话推销、隐私泄露、骗购陷阱等恶性竞争行为更是对传统保险业务在用户心目中的形象造成了负面影响。在这样的大环境下，轻人力、重科技、基于用户自主选择的在线销售渠道成为保险行业新的增长点。对新成立的保险公司来说，或可成为其迅速赶超的重大机遇。"

众安在线定位于"服务互联网"，产品需求来自互联网，保险流程通过互联网的技术手段来解决，有望成为互联网金融渠道新的发展形态。

首先，众安在线全线上的交易模式避免了传统保险推销员强行推销和电话骚扰的弊病。互联网保险是一种公开、透明的销售方式，主要靠产品优势去吸引人们主动了解保险，并选择适合自己的保险产品，不是去盲目拉客户推销保险。从卖保险转变为让客户自助买保险。

其次，从产品设计角度来说，众安在线针对网络交易安全、网络服务等方面进行产品创新，为互联网用户提供解决方案，在经营模式及业务流程上有深层次的创新，具有尊重客户体验、强调交互式营销、主张平台开放等新特点。与传统保险相比，线上保险能最大限度地满足不同客户的个性化需求，根据客户需求设计出真正让客户满意的产品和服务，完全是"以客户为中心"的。

事实上，互联网保险不是简单地将传统保险产品移植到互联网上，而是根据上网保险人群的需求以及在线的特点设计产品，为客户的网上生活提供全面保障。其经营模式不同于目前传统的在线保险销售，并不只是单纯地"通过互联网卖保险"，而是基于互联网经济参与方的需求，为互联网的经营者、参与者和用户提供一系列整体解决方案，化解和管理互联网经济的各种风险，为互联网行业的顺畅、安全、高效运行提供保障和服务。

对此，互联网行业资深人士指出："正如同电子商务不只是把线下货品搬到网上一样，互联网金融也不是人们理解的销售渠道变迁那么简单的事情，它实际上用互联网的模式改变了金融行业运作的逻辑，改变了原来整个行业所遵从的价值体系。"在新的监管理念下，保监会更注重行业的合规发展，注重创新，而非单纯的规模和速度。

引险企泄密恐慌

众安在线首个互联网保险产品"众乐宝"获批在淘宝开卖。众安保险的杀入，不仅引起了业界对其瓜分财险市场的猜想，也让其他财险公司意识到了互联网信息安全带给它们冲击的风险。为了防止作为众安保险股东之一的腾讯监控造成商业机密泄露，人保财险已经禁止员工使用 QQ、微信等第三方软件作为内部业务交流、传输数据的工具，部分公司已经禁用 QQ 软件，而使用公司自己的系统"人保 P 通"。

国寿财险一位 IT 人士表示，目前无论是寿险公司还是财险公司，都有自己的内部交流平台，这种业务交流平台或购买由专业公司开发的软件，或下载免费的信息共享软件，或使用由本公司开发的交流软件，视公司实力以及管理风格而定。不过，一般情况下，保险公司会请专业软件公司开发一款适合本公司的信息共享平台，方便数据的传输和公司员工之间的交流，这种系统安全度较高，适合保险公司内部信息的梳理和汇总。该人士同时表示，虽然如此，但是 QQ 因其便利性还是被作为一个很重要的交流工具，被国寿财险很多人使用，该公司内部系统使用的人就较少。虽然人保财险要求员工使用内部交流系统，可是登录公司内部交流系统的人特别少，使用起来很不方便，界面呆板，甚至部门设置不健全。

其实，在财险公司封杀 QQ 之前，作为众安保险三大股东之一的阿里巴巴就要求阿里员工使用该公司的交流软件。6 月 24 日，集团首席风险官邵晓锋发布内部邮件要求阿里员工使用阿里巴巴的通信产品进行业务交流和资料传输。"这不仅关系到阿里巴巴集团自身的业务安全，也牵涉到几亿消费者，上千万企业、商家的数据安全，甚至会影响未来市场的走向。"此外，腾讯参股众安保险之前，就有媒体报道称微软、IBM、英特尔、百度、360、新浪等互联网公司明文规定公司内部禁用 QQ。

有网络传言称这样的规定是源于腾讯 QQ 会偷窃用户隐私。而腾讯 QQ 产品团队表示，针对近日有竞争对手恶意造谣，称腾讯 QQ 会在后台偷窥用户隐私、窃取可用信息这种恶劣行为，腾讯公司将对其进行公证和起诉。并称"我们谴责这种无底线的恶劣抹黑行为，呼吁竞争应在阳光下"。

尽管如此，在腾讯"开卖保险"之后，部分财险公司依然打算"年前封 QQ"。

目前无论是工作还是休闲，QQ 交流群是一种便捷的方式，即使不存在监听、监控等信息泄露问题，依然存在账号丢失、被盗、中毒等问题，同时也存在部分竞争对手、同业"间谍"或恶意分子冒充或混入 QQ 群窃取重要信息的问题。由于部分财险 QQ 群里面有共享文档，里面有每个季度或月度的市场拓展计划、人事安排、公司财务制度等方方面面的信息，一旦落入竞争对手之手，对本公司就很不利。但使用公司自己开发的交流平台安全性更可靠，目前多数财险公司在员工转正后都会为其配备一个工号，这个工号对应的个人信息是唯一的，财险公司使用工号登录内部交流平台，安全性更有保障。

对财险公司封 QQ 等第三方软件一事，某大型财险人士就表示，财险公司封 QQ 可能不仅出于泄密及竞争方面的考虑，还可能出于通过更换企业内部即时通信系统来解决员工效率低下的问题。该财险人士表示，保险公司需要一个专业的内部即时通信软件来代替个人聊天软件，它不但要沟通无阻，而且要剔除所有娱乐因素。当然，它作为企业内部即时通信的工具，不但要有文字消息、文档传输等基础功能，更需具备一切办公特性，如异地办公、电子公告、员工通信等，尤其是视频开会等功能；该系统不但要专人专号，而且还要受企业统一管理，它不仅是一个账号，更是一个资源。此外，目前多数保险营销员或者保险内勤人员的电脑上都装有 QQ、MSN 等个人即时通信软件，这些软件的主要用途是聊天和娱乐，个人聊天软件为员工带来了沟通的快捷、文件传输的便利，但是其搭载的诸多休闲娱乐内容容易让员工流连忘返，浪费大量的工作时间。这也是为何看着员工整天忙忙碌碌，但是其工作效率却不高的原因。对财险公司员工来说，看似微不足道的个人聊天软件，也许会瓦解员工的工作积极性，导致公司效率持续低下。个人聊天软件其本质就是娱乐，它不仅提供了亲朋好友间即时的沟通方式，还有很多休闲的娱乐活动。此前就有数据显示，平均每个员工用在这些交友、游戏、股票等娱乐上面的时间占据了整个工作时间的 20%。

近年来保险公司对企业内部交流系统的投入并不少，但是开发一款高效、纯净、稳健的即时通信和办公协同服务软件并不容易。尤其是满足员工直观地了解企业的部门结构和人员情况，不受娱乐弹窗、游戏、股票、团购等娱乐休闲活动影响，心无旁骛地与企业同事、上下游客户间实时沟通的软件并不多见。

---------------------| 八方说词 |---------------------

互联网，能拯救保险业的臭名声么？

绿竹巷

《新浪专栏·创事记》　2013 年 12 月 10 日

三马卖保险，一下让互联网保险这个词儿热了起来，大家都纷纷盘算着平安、腾讯、阿里分别能从这块新蓝海中淘到多少宝贝。

所谓内行看门道，外行看热闹，作为一枚除了社保，只顺手买过航空险和运费险的保险业小白，我显然还没有能力从业务层面去为三马操什么心。但是，作为普通用户，我对互联网和保险的结合倒是真有几分期待，我最想看的是，互联网，究竟能不能拯救保险业那已经完全臭掉了的名声。

卖保险的 = 骗子?

说起卖保险的,你会联想起什么?反正我的第一反应是,骗人的不?

为什么会有这样的联想呢,因为无论从媒体上还是从亲朋好友的口中,我得到的关于保险的信息都是负面居多。最近听说的一条是,某人拿了一份寿险的介绍册,正读得感觉不错,结果发现册子装订部分的夹缝里还有字,哥们儿硬掰开,结果发现,夹缝里写着的居然是一堆的免责条款!瞬间火大啊,心里不由暗骂,这帮孙子!

"把用户当傻瓜",这是互联网界的一句名言,大家觉不觉得这句话放在金融界也很是适用?只不过,互联网界说这句话的意思是,要从小白的角度考虑问题,做出最简单易用的产品,而金融界的不少高富帅们,是真的把用户当傻瓜了,当傻瓜来耍!

为什么金融界敢这么玩,是因为我们绝大部分的人,在保险这样的金融产品面前,确实是小白,这个领域的专业性太强了,里面的道道儿太复杂。在一个信息严重不对称的行业里赚钱,向左走,你可以教育用户,填补信息鸿沟,让用户满意并心甘情愿地为之埋单;向右走,你可以蒙骗用户,利用信息鸿沟,让用户上当并稀里糊涂地为之埋单。同为赚钱,路径不同。可惜的是,在利益面前,道德通常都没有什么抵抗力,我主观而不负责任地说一句,这年头,是向右走的人多!只是蒙骗的程度深浅罢了。

和讯保险频道在 2013 年年初对近 3 万名保险营销员做的一次调查,问到你认为开展业务时最大的困难是什么?结果,排在第一位的答案是保险业形象有待提高,比例远超其他选项。若不是大伙儿以往被坑得太多太厉害,保险业的形象何至于沦落至此?

互联网的力量

对保险业来说,互联网会是一剂良药么?我觉得有希望!

首先,互联网有一个很宝贵的特质,就是透明。在线上,各种商品信息、评价都是公开的、被记录和可查看的，加上用户的迁移成本极低，所以互联网的世界是更加充分竞争的，讲求产品为王。对保险业而言，在线下，你可以往夹缝里塞免责条款，在线上，你试试看？网页最下方来一排密密麻麻的免责条款啊？用户会直接叫你负分滚粗（网络用语，"离开"之意）。在线下，你可以极尽口舌之能，将一个70岁的老太忽悠得找不着北，在线上，麻烦你将保险条款清楚明白地放上来，多少双眼睛盯着呢，想把大家集体骗倒，那还是有点难度的哦。我相信，光是减少欺瞒因素，对保险业声誉的回升就是不小的帮助了。

其次，在互联网的世界里，保险可以找到产品创新的巨大空间。保险的本质是让大家为风险埋单，是让更多的人一起来承担风险，从而当某个个体真的被风险击中的时候，可以得到补偿，减少损耗。而风险这个词儿，边界就大了去了，绝对不仅仅是车毁人亡这些。

来看淘宝保险的几款产品：早年推的运费险：针对可能的退货风险；和安联合作的赏月险：针对中秋看不到月亮的风险；众安的首款产品众乐宝：用保费的形式替代保证金制度，针对的是卖家不肯给消费者赔付的风险。

这些，都是在传统保险业里完全不存在的险种。理论上，有多少风险，就可以有多少保险。值得提一下赏月险，这个险种由于过于奇葩，推出后被诟病不少，其实，淘宝也不傻，赏月险就是个娱乐项目，拍脑袋想想，靠这个赚钱也是不可能的嘛。但是，就像造车，要弄一款概念车，我私下问过，其实淘宝是想通过赏月险告诉大家，尤其是保险公司，打开你们的想象力吧，别再盯着车毁人亡了，互联网上，什么风险都可以投保，哪怕是看不到月亮这种听上去很二的风险。

最后，在网上，保险的销售模式可能会有大变。包括我在内的小白，为什么会买运费险和航空险？因为顺手……想深一层，这其实是场景驱动。有些风险，平时我们也不觉得怎么样，但是处于一个特殊场景下，好像就觉得是个风险了。飞机是多么安全的交通工具啊，每次那20块钱，回头想想，根本就是捐献给保险公司嘛，但是在买机票的时候，在那个场景下，我就会觉得，买一个吧，万一呢，反正也不差这20元了。

而像这样的场景，在电子商务的场景下，可能会很多，比如买个电器，包修一年，可万一第二年出了问题呢，嗯，有点风险，要不买个保险？如果性价比 ok，起码我会考虑的。关键在于，这种售卖模式对一款保险产品来说，是零成本的，是不需要额外的人力的，很多险种，在传统保险业没有被开发出来，一个重要原因是覆盖不了成本，5 毛一份的运费险，这要怎么卖啊？但是，互联网可以啊，它从来不拒绝小生意，5 毛一份的运费险，卖得欢着呢。

如果说，在互联网的助力下，保险在产品创新上能有突破，能够给用户带来靠谱的产品，那么，我相信保险业的口碑就会慢慢好转的，反正，我到现在还没听到过谁骂运费险坑爹的。

坎在哪儿？

当然，希望和现实之间总是有鸿沟的。互联网要改造保险业，难度还是巨大的，如果不难，淘宝保险也不会成立三年，才憋出这么几个产品。商务是个链条很长的东西，一件普通商品上网，还要解决售前咨询、售后服务等问题，更别说是金融产品上网了。新险种的开发、风控模型的构建、用户习惯的教育和培养、理赔部分的线下配合，通通是难点。而最困难的，我想恐怕还是整个思路的扭转。

互联网的打法是先圈用户，不介意前期亏损，精髓是把用户价值放到首位，坚信把用户伺候好了，自然能赚到钱，BAT 现在赚得盆满钵满，成立那会儿，根本连应该怎么赚钱都没想好。这种玩法，以往赚钱赚得挺舒服的保险公司肯玩么？

再者，所谓互联网金融，站在产业链核心位置的是腾讯、阿里这种互联网巨头，金融企业不免有被后台化的感觉。老实讲，阿里推运费险、众乐宝这样的产品，阿里是稳赚的，这不一定指金钱，而是说，这些东西对阿里的买家卖家是有好处的，对其电商生态的健康是有帮助的。但是财务上的风险呢，谁担着，是保险公司担着哦，这种陪太子读书，有可能跟着吃肉，但搞不好也会独自喝粥的事儿，保险公司的高富帅们愿意干么？众安？众安到底也不是阿里一家的。

在不同的文化和利益相碰撞的时候，大家是否能有好的融合和迁就，这也挺重要的，保险公司得俯下身段，阿里、腾讯们也别仗着用户量和数据太强势了，要是只给别人喝粥，是很难驱动行业的。好在互联网金融的大风毕竟已经起来了，互联网保险能走多快，走多远，就拭目以待吧。

································｜ 档案存底 ｜································

科技，让综合金融更精彩

平安董事长　马明哲

各位同事，大家新年好！一元复始，万象更新，我谨代表集团董事会、执行委员会，向全体平安同人、平安家属，以及所有长期支持平安的广大客户和社会各界人士，致以最诚挚的问候和最美好的祝福！

2013年是极具挑战的一年，也是收获丰富的一年。保险、银行、投资三大传统金融业务均取得好于各行业的发展，综合实力不断增强，协同效应继续深化。寿险产品结构持续优化，利润增幅超越市场；养老险不断尝试业务创新，年金规模持续扩大；银保业务坚持价值转型，规模领先市场；银行深化战略转型，多项核心指标取得超市场的增长；信保业务赢利能力增强，领先优势进一步巩固。租赁公司首年开业就取得赢利，创行业先河；资产管理公司转型取得初步成果，各项业务全面超越市场；信托资产管理规模继续领先行业，高净值客户数量获显著增长；证券信用债承销家数保持行业前列，经纪业务改革成效显现；基金业务模式转型，走发展专户业务的新模式，成效显著；新渠道业务稳健增长，稳居行业前列；不动产新增投资规模大幅度增长，房产基金发行取得突破；综合金融进程加快，协同效应不断增强。

与此同时，集团按照"科技引领综合金融"的新的发展战略，围绕人们生活需求，建立"医、食、住、行、玩"的门户和平台，积极开拓全新业务模式。陆金所战略及组织架构进一步落地，交易规模显著提高；平安好车全面上线，业务布局高效展开；金科成功孵化多个创新项目，"万里通"商圈及交易规模快速扩大；健康险制定了全新的互联网转型战略，将快步加入科技创新发展行列；科技公司"天下通"移动社交金融门户正式上线，助力传统金融发展。

尤其值得向大家隆重推荐的是，我们将在 2014 年春节前向市场正式推出一个神奇的电子钱包，它正式的名字叫"壹钱包"，它是一个可以帮助客户进行财富管理、健康管理、生活管理的移动社交金融服务平台，也是我们平安员工离不开的移动工作管理平台。"壹钱包"将是整个平安互联网金融的核心平台，为广大客户与全体平安人提供全新的移动智能服务体验，这将使中国平安综合金融的发展步入一个新的时代，在此，我希望全体平安同人们支持它，一起来把它推向客户、推向社会，让它成为员工工作生活的伙伴，服务客户的桥梁，公司差异化、核心竞争力的利器。

2013 年，也是平安 25 年来危机感最强、经营作风转变最大的一年。现代科技进步、互联网金融快速崛起给传统金融业务带来了革命性影响。这对平安而言，是挑战，更是机遇。新的一年里，我们将一方面继续深化综合金融战略的探索与实践，一方面大力推动"科技引领综合金融"，促进互联网技术与传统金融的结合，多方面培育非传统金融创新业务模式。我们有信心、有能力走出一条传统与非传统业务相辅相成、齐头并进的创新道路，为平安赢取更加辉煌的未来！

"在竞争中求生存、在创新中求发展"是平安人的座右铭，危机、竞争和创新意识是平安的基因。让我们在这个风起云涌的时代，同心协力，共创未来！

最后，在新年到来之际，祝愿全体同人，身体健康，工作进步，生活美满，平安幸福！

二　O2O：引领传统产业的新生

O2O 是实体产业与电子商务融合形成的一种新的商业模式。包括"线上线下"（Online To Offine）和"线下线上"（Offine To Online）两种模式。

线上线下是线上（Online）的用户接上线下（Outline）的商家的模式，其核心是把线上的消费者带到现实的商店中，也就是让用户在线支付购买线下的商品和服务后，到线下去享受服务。

线下线上是随着网络的飞速发展，O2O 发展出的另一种模式，是线下的商家接上线上的用户的模式。主要核心是利用线下的信息展示渠道（包括二维码等）及各种线下推广活动等，将用户引导至线上。随后可能再有线上到线下的反向转移，促进线下销售。

O2O模式作为线下商务与互联网结合的新模式，解决了传统产业的电子商务化问题，是传统产业焕发生机的好机会。真正的O2O立足于实体店本身，线上线下并重，使线上线下成为一个有机融合的整体，你中有我、我中有你，信息互通资源共享、线上线下立体互动，而不是单纯的"从线上到线下"，也不是简单的"从线下到线上"。

最近几年，O2O模式在我国取得了巨大的发展。包括电器、餐饮业、传统零售业等纷纷涉足，并取得了很好的效果。

（一）电器零售渠道的嬗变

1. 苏宁向左走

苏宁的转型之路

已至"知天命"之年的张近东，看上去却越来越"青春"逼人。隐藏在他稳健表面下的激情，这些年日益显现。"我个人的创业梦、苏宁员工的幸福生活梦、苏宁企业及零售业的发展梦始终是交织在一起的。苏宁是中国零售业发展壮大的见证者、推动者、受益者，在中国这个成长前景广阔的市场上，我们希望能够培育出世界级的零售企业，培育出领先世界的零售模式。"张近东表示。为实现这个伟大的商业梦想，他也在2013年描绘了清晰的"一体两翼的互联网路线图"——以互联网零售为主体，以O2O融合的全渠道经营模式和线上线下开放平台为两翼，推进苏宁的互联网转型。"主动转型"与"拥抱互联网"是张近东追梦路上的两个核心动力。

在外界看来，经过20多年的发展，苏宁已经成为中国最大的民营企业，功成名就的他应该享受生活，没必要去冒险转型。从美国硅谷——全球互联网与创新圣地——归来的他，袒露了心迹："对我来说，创业是一种终身的职业，每一次转型都是一次新的创业，是研究新技术、开创新模式、追逐新目标、实现新价值的过程。"

转型，不仅契合着中国经济新一轮改革的深层动力，也是全球商业巨头应对新兴时代的不谋而合的选择。在新的转型路上，张近东相信借助大数据、云计算和智能搜索等技术的运用，让融合线上便利性和线下体验的全方位需求有了实现的可能。他表示："传统电商只是一个过渡性模式，O2O 模式唤醒了消费者潜藏内心的深层次、全方位的购物需求，必将引领中国零售业的第三次变革。苏宁希望在这方面的积极探索和实践，在全球范围带来零售业新的发展模式，成就世界级的零售服务品牌，并在推动自身的互联网转型的同时，带动更多的传统企业拥抱互联网。"

主动求转型

2013 年 11 月的美国之行，张近东除了宣布设立"苏宁美国研发中心暨硅谷研究院"外，还来到斯坦福大学向一批拥有创业梦想的"互联网一代"进行了演讲和交流。当他站在演讲台上时，张近东仿佛回到了 23 年前刚创业之时。那时候，他也只 20 多岁，和台下学子差不多年龄，却敢于丢弃当时中国人眼中的铁饭碗，办了一家 200 平方米的空调专营店，实现了自己人生路的首次转型。"从小到大、从区域到全国，再到中国香港、日本，今天又来到美国，苏宁的经历并非一帆风顺，有过竞争对手的围追堵截，转型的迷茫阵痛，也有后发制人的弯道超越，但我们都执着坚定、自信从容，每跨越一个困难都会脱胎换骨，获得飞跃成长的机会！"飞跃成就梦想。张近东带领苏宁在中国零售行业耕耘了 23 年，历经供不应求的短缺经济时期、供大于求的充分竞争阶段，以及参与全球竞争、互联网技术竞争时代。如今发展成在全球拥有1600 多家连锁店，线上线下年销售额 2300 亿元的现代零售企业集团。对很多企业家来讲，他所取得的成绩已是可以仰止的高山之巅；可对张近东来讲，他却觉得只是走到下一次起跳的平台。

在 2008 年，他就明确提出中国零售业必须要转型，苏宁必须要转型。到2011 年，为顺应互联网技术的发展潮流，以及消费者需求的演变，更是明确地提出了"科技转型，智慧服务"的新十年发展战略。"为此，这两年我老往美国跑，就是为了把握最前沿的技术和商业潮流。"他说，2012 年 5 月，自己去西雅图参加微软全球 CEO 峰会时，就同比尔·盖茨深入探讨过新技术对行业的改变。他还记得晚上在比尔家宴会时，与"股神"巴菲特的见面，"老先生一如既往地充满激情和活力，一见我就说早就开始关注我们企业了，并半开玩笑地掏出自己的皮夹要送给我，意思是要投资转型的苏宁。"

当一头大象公司转型时，除了面对莫测的未来，原有优势也许成为负担。张近东破题的关键词是"责任感"。"我个人的性格和团队都有强烈的责任感，从最初的个人致富到十多万员工发展，再到行业责任，苏宁是肩负责任前行。苏宁这些年经历了两次大的转型和变革。当我们选定一个目标，一定会坚定不移地向着目标努力，既要有抵制诱惑的毅力，也要有经受挫折的勇气。我们可以直面挫折，可以承认错误，但绝不轻言失败，更不容许放弃！跌倒了可以再爬起来。如果一味地求稳怕输，那就很难成功了。"言及此处，他的激情跃然而现。

拥抱互联网

张近东推动苏宁自 2009 年开始的转型，以"拥抱互联网"为核心。几年走来，风雨兼程，彩虹也开始初显。特别是 2013 年，苏宁的互联网战略转型驶入了快车道。2013 年 2 月，苏宁对外发布新模式、新组织和新形象，推出云商新模式，打造线上线下协同团队，实现了组织融合；6 月，在全国推行线上线下同价，实现了价格融合；9 月，推出了 3.0 版本开放平台——苏宁云台，实现了商品融合；而最新的消息则是苏宁在全国重点城市推出了首批 1.0 版本互联网门店，实现了线下线上购物体验的融合。用张近东的话说，2013 年苏宁基本完成了互联网零售战略的多项布局，下一步关键是具体执行和深化。日程表安排以分钟计算的他说，空闲时自己都会到网站上去看一看，对页面展示、产品选型、活动设计等进行了解，他在公司内部要求相关部门，对用户体验的追求要像极客对技术的追求一样狂热才行。

面对未来，张近东选定了 O2O 作为深化的切口，把它视为引领中国零售业第三次变革的力量和路径。为了满足 O2O 中消费者全局、全域和全需三个维度的体验需求，他带领团队正在做好三件事。一是建立 O2O 融合的、多终端互动的全渠道经营模式，满足消费者突破时空，不同情境、随时随地购物的全局体验需求。二是建立全资源的核心能力体系，满足消费者在售前、售中和售后自由顺畅的全域体验需求。三是积极研发前沿的互联网技术，精准推断、分析消费者的所思所想，满足消费者轻松快速获取所需商品信息的全需体验。

这些商业策略背后，其实是他对"互联网思维"系统、深入而创新的思考。"互联网思维要求一切围绕客户需求来运营，用开放与共享的理念服务于每一个客户，满足消费者个性化体验。不断地提升服务客户的能力和效率，实现用户至上，体验为王。"他给出了自己对此的定义。而苏宁也在按照互联网的思维推进工作方法、管理流程、思维方式与团队能力的全面转型升级。这也回答了他硅谷之行的一个目的——为了能与国际互联网最前沿保持同步创新。用他的话说，硅谷研究院将成为牵引苏宁战略转型、增强技术创新能力、提升供应链效率和服务体验的前沿基地。而更远大的目标在于"将能够与这里顶级的高科技企业和最具创新精神的团队共舞，携手研究包括智能搜索、大数据、云计算和互联网金融等在内的前沿技术，并在此吸引和培养高级商业、科技人才，推动前沿课题研究、商业合作、企业并购、投资等方面的中、美合作。"他说。作为有社会担当的企业领袖，张近东更把互联网思维与苏宁履行社会责任联系到一起。通过互联网技术的应用、市场化方式的运作，连接更多爱心和专业力量加入公益活动中。他透露，苏宁未来会把自身的商业运营资源向非营利的公益组织开放，计划 2014 年在苏宁易购开设公益频道，与国内众多基金会洽谈开设公益商店，向公益组织提供物流配送、IT 技术支持等，搭建一个互联网时代人人参与公益的桥梁。"智慧不在一个层次，较量就不在一个层次；格局不在一个层次，未来就不在一个层次。"张近东总结说，自己希望与更多人推动转型，探索互联网前沿，用脚步丈量美好的未来。

重构互联网零售模式

谁是最容易被忽视的中国电子商务公司？答案也许是苏宁云商（下称"苏宁"）。没错，这家由传统零售起家的公司，正在重构互联网零售模式。在全球互联网浪潮中，苏宁正借助 CSR（企业社会责任）驱动力，回归零售行业本质，开创性地推进一种全新零售模式——O2O。苏宁董事长张近东认为，苏宁提出的 O2O 模式，既超越了传统实体零售的信息化管理水平，也超越了传统纯电商平台的技术局限，不仅在中国国内找不到可以参考的样本，即使在全球也难以找到成熟的榜样。事实上，这个模式不仅是对传统零售业态的一种探索性重构，也是苏宁积极延展其 CSR 生态圈在互联网时代的新价值。

创业以来，苏宁逐渐形成以"阳光使命"为核心，价值使命、共赢使命、服务使命、员工使命、环境使命、和谐使命六大模块为分支的 CSR 体系。在 O2O 的全新模式中，电子商务和传统零售将真正实现无边界的融合，形成线上线下一体化的泛零售概念，实现供应商、消费者、股东、员工等利益相关方共赢的局面。"我们首先看（O2O）这个事业是不是一个趋势？（是的话，）如果不按这个趋势去做，就辜负了这个时代。"苏宁副董事长孙为民表示。苏宁始终认为，为零售行业和全社会创造更多的价值，是推动苏宁不断向前的责任根基和原动力。事实上，换个角度来看，在传统零售行业面临互联网强烈冲击的大背景下，苏宁的 CSR 也主动适应零售业业态进化：从简单捐赠到实际执行，从构筑公益网络到延展 CSR 生态圈，借助全新的 O2O 商业模式，向互联网经济的纵深全面演进，创造更大的社会共赢的价值。

"技术推动产业进步"，互联网化正在推动各个传统产业模式的全新再造。互联网对零售业的影响，已经从早期的销售额分流、定价权抢夺，向重塑整个产业链、改变赢利模式升级。美国零售界有个专用名词：Showrooming（商品展厅），即当消费者在线下卖场体验商品，却转身回到线上购买，使卖场陷入"管道化"的尴尬局面。在中国的现实是，纯电商平台祭出近似"烧钱"的低价战略抢夺消费市场，这给线下传统实体零售商造成了不小的冲击；在这种市场情形下，以标准化商品、综合电器起家的苏宁，需要在互联网时代走出一条新道路。事实上，苏宁也做好了准备。基于全球零售业的发展判断，张近东认为零售行业大体经历了 3 个阶段：分别是以连锁经营为代表的实体零售阶段，近几年兴起的以电商为代表的虚拟零售阶段，以及加速到来的虚实融合的 O2O 零售阶段。

面对互联网的趋势，张近东强调"坚持创业的精神"，"把握行业的本质"，"谋定而后动"。

2009 年，苏宁成立苏宁易购，成为转型探索的先锋队。但当时的策略是独立的组织，按照孙为民的形容，线上线下一个陆军一个空军，而自家的陆军和空军多多少少也会"打仗"。彼时，作为传统零售企业，苏宁最大的优势就是全国 1600 多家门店，在过去这是引以为傲的资本，但在电商时代却被认为是苏宁进军电商的最大包袱。"我们认为互联网在发展过程中，会对传统零售业产生冲击，但冲击并不等于替代或消灭。冲击本身，只是深刻的颠覆和影响，即你一定要按照互联网的思维来开实体店。"孙为民认为，苏宁管理层从来没想过实体店会不会被（互联网浪潮）淘汰，"我们想的是：在互联网时代，实体店怎么转型"。在孙为民看来，对苏宁而言，电子商务就是一个工具——利用其改造传统渠道，拓展新的渠道，将苏宁打造成为互联网零售公司。至于新工具怎么用，这确实有挑战性。

他坦言，苏宁认识到这个问题，花了些时间，真正转型也需要时间。"苏宁 20 多年来始终坚持做服务，服务是苏宁的唯一产品。"孙为民说，虽然服务是唯一产品，但单纯依靠服务态度早已经不足以解决问题，现在的服务一定要靠服务的能力和手段，来创造性地满足消费者的需求。2013 年年初，苏宁电器正式更名为苏宁云商集团，加速"去电器化"，推出实体产品、内容产品和服务产品的全品类商品。更为重要的是，线上苏宁易购不再独立运营，而是与线下实体门店合二为一、彻底融合。在中国电子商务研究中心网络零售部分析师莫岱青看来，此次更名及架构调整首次明确体现了苏宁转型的决心。但在当时，线上线下左右手互搏问题仍存在，直到 2013 年 6 月，苏宁正式实施线上线下同价策略，强调两个渠道在商品、服务、价格方面的融合，才形成 O2O 零售闭环。

张近东将 O2O 视为未来零售业的主流趋势，并认为这是苏宁引领零售业创新的重大机遇。在他看来，与传统实体零售和传统电商相比，唯有 O2O 才能让消费者体验到"鱼与熊掌兼得"的好处；而传统零售业一旦插上互联网的翅膀，曾经被认为巨大包袱的线下资源转瞬之间就能点石成金，天平将重新向拥有线上线下全渠道的零售商倾斜。"我们在 2013 年做了很多结构性的大事情；到现在为止，我认为结构性的事情基本告一段落。"孙为民表示，布局节点基本结束了，往后是优化的问题，2014 年将进一步长期深入地执行。具体而言，据孙为民介绍，在云商模式实现双线融合后，接下来的重点是，怎么围绕新组织，让更专业的人做更专业的事。为了吸纳更专业的人，苏宁大改以往传统零售业的招聘风格，开辟了大量新鲜岗位和前沿职务，包括交互设计、数据库工程师、前端开发工程师、用户体验分析师等，甚至直接到中国香港、美国硅谷等地揽才。根据初步规划，2014 年，线上线下两个平台发挥各自优势，体现各自的价值。即两个平台将分别聚焦各自擅长的产品，"能够突出产品形象的产品更多地聚焦线下（线下门店），长尾产品则更多放在线上平台推广"。其次，苏宁将借助遍布全国的门店网络，引导消费者在 O2O 时代新的购物习惯的逐步形成。在前述"互联网路线图"中，在店面布局进一步优化的基础上，苏宁将全面建设互联网化的门店，构建 O2O 竞争中的最大比较优势。

孙为民表示，店面互联网化是一个更加持续长远的工作，这项工作在我们看来，也是阶段性的，会有 1.0 版、2.0 版、3.0 版，既有苏宁的自身积累，也要有各种技术支持，并兼顾投入与收益的平衡。相应的，苏宁线上开放平台目前还有很大空间，"即使有些商家达到期望的理想数量后，还要思考如何让这些商家做得更大、更强"。孙为民表示，2014 年会引导传统零售商家在开放平台逐渐设立某些品类的销售目录，助力其向互联网转型。

2. 国美向右走

线上线下齐拓展

"借助中国家电行业逐步回暖态势，国美继续贯彻执行线上线下融合的多渠道零售商战略，全力拓销售、控费用、强化供应链。"国美电器总裁王俊洲表示，面对未来中国家电零售市场蕴含的巨大潜力，国美在 2013 年实施了多渠道零售商战略转型，并取得了出色的业绩。

2013 年前三季度，国美电器上市公司部分实现销售收入 416.6 亿元，同比上升 8.0%，经营费用率同比下降约 1.6 个百分点，综合毛利率达 18%，处于历史高水平；上市公司部分实现净利润 5.82 亿元。2013 年第三季度，国美运营能力继续改善，多项指标均呈持续上升趋势，第三季度净利润达 2.6 亿元。

从 2013 年整体业绩来看，国美继续优化门店网络，新增门店 65 家，关闭门店 110 家，门店总数达 1063 家，覆盖全国 256 个城市，同时国美还有 542 家非上市公司，因此国美集团总门店为 1605 家。国美上市公司部分优化门面面积约 5.9 万平方米。第三季度单店销售、每平方米销售以及同店销售增长方面均实现了同比增长，第三季度单季可比门店销售收入实现同比增长 8.8%。

线下连锁优化管理

2013 年，随着城镇化建设进程的不断加速，城市交通网络更加便利，一级市场新型商圈和区域经济综合体逐渐增多，消费市场也变得更加活跃。国美不断以消费者需求为导向，进行门店改造，使之成为现代化智能型多元化门店。在二级市场，以"中心店"带"卫星店"的网络开拓模式，先核心区县核心商圈，后区域区县商圈，先中心店后卫星店，进行快速网络布局，打造长期驱动力。2013 年前三季度，同店增长达 12.4%。

在强化供应链方面，国美在订单、库存、对账、结算等环节与供货商实现信息共享，增强新产品推出的快速反应，通过门店快速补货促进产品销售，把握市场机会加快销售周转；通过提升物流设施，加强供应链能力以支持分销直配。此外，国美在 2013 年上半年为前十大品牌建立优化管理项目，加强了与客户的关系。国美在强化供应链方面的举措使存货周转天数同比下降 14 天，经营效率有效提升，产生正向现金流 10.9 亿元。

实现电商可赢利发展

在线上电子商务方面，国美 2013 年全面推进高毛利的差异化产品及扩充新品类发展，提升电商综合毛利率。同时启动线上线下供需链共享体系，通过精细化运作管理，提升消费者购物体验，实现电商的可赢利和可持续性发展战略目标。在商品拓展方面，国美通过自主经营和平台经营模式进行新品类的扩充，提高商品丰富度；同时，进一步推动以 ODM/OEM、独家包销商品为主的差异化商品开发和销售。2013 年，国美差异化产品销售占比达 22%。

-------------------------------- | 档案存底 | --------------------------------

2014 年全面发力移动　布局 O2O
——国美在线董事长牟贵先 2014 年规划（内部邮件）

致国美在线全体员工：

大家辛苦了！

跨年盛典，辞旧迎新，在过去的一年中，我们全体上下夜以继日，以消费者为核心，不断提升各项工作标准，打造了一个最强的供应链模式。在过去的一年，我们在客户体验的各个环节上有很大的改善，在以家电为核心的生活圈打造方面，我们走出了踏实的第一步。国美在线目前已经成了稳定、健康发展的电子商务公司。

放眼 2014，国美在线将在五大方面整体推进。

第一，全面提升客户体验水平。2013 年，我们确立了十四个提升客户体验的关键环节。经过半年多的时间，其中部分我们已经做到了业界领先。而在 2014 年，我们将全面、大幅度提升各个关键环节。特别是要充分利用国美沉淀的大数据和技术优势，强化搜索和个性化推荐等关键指标，全面做到行业领先水平。我必须提醒，国美在线要秉承零售服务精神，不能像某些同行，用户"双 11"订货现在还没送到。出了问题，我不会让高管道歉了之。

第二，打造家电最强供应链。我们已经摸索出一套深度整合厂商优势资源的协同供应链体系，形成了 OEM、ODM、一步到位价、包销买断、反向定制等最先进的采销模式；在采购规模上，国美每年采购规模达到上千亿，其中彩电便已超过 300 亿，而某号称自主 B2C 老大的电商企业尚不及我们的五分之一。因此，不论是从采购模式的多样性还是从采购规模上来讲，我们在行业领域里已经形成了最强的供应链模式，这种优势必将转化为商品的价格优势，从而最大让利给消费者。

在这里，我还想与各位分享一个振奋人心的消息，在2014年伊始，国美在线即将与海尔、格力两大家电品牌巨头达成深度战略合作，其中与海尔的全年合作规模量级非常巨大，史无前例。同时，我们还将与格力在全国范围内展开深入合作，在所有的家电零售巨头中，我们是唯一和格力采用直供的方式进行合作的企业。除此以外，我们还得到数百家国际国内知名供应商的明确支持，如索尼、夏普、西门子、三星、创维、海信、TCL等。所以，在最强家电产业链的支持下，国美在线必将扛起大旗，成为整个家电网购市场的领导者。

第三，打造一流物流体验。我们必须在物流环节注意到消费者的细节需求和体验，并逐步提升服务人员的服务细节和态度。同时，在即将到来的春节购物高峰期间，我们要全力确保春节前下单的消费者即使在除夕夜，也都能按时、放心收货，商品实现顺利安装。在其他节日期间，我们也要保障执行平时的配送标准。我相信，这是大多纯电商难以做到的。我们拥有覆盖全国的自有物流配送体系，无论是在大家电配送时效、配送范围，还是在售后服务专业度等方面，国美在线都将打造行业领先的家电物流体验。

第四，全面发力移动互联。如果说移动互联在2013年获得了突破性发展的话，那么，2014年将是国美在线的移动互联元年。我们的目标是，通过一年的努力，在移动互联的客户体验方面，进入行业领先水平。在用户数量上，我们要位于行业前三。此外，移动互联的各项应用必须能够充分链接到我们的各项具体业务中。

第五，深化O2O布局。这是我们的核心战略，也是我们的传统优势。O2O主要体现在两个层面，一方面我们要充分利用集团线上和线下的优势，在销售、体验、服务、物流、会员、推广等方面推进O2O的融合。另外一方面，在外部的行业合作与行业联盟方面，我们也将有大的进展。

正是因为以上五个方面的战略基础与深厚的积累沉淀，我们信心满怀能够带给消费者最低价的商品和最好的购物体验，因此特别推出了隆重的跨年盛典活动。在此次跨年盛典中，家电行业标杆价当仁不让。以单品为例：海尔32英寸智能LED彩电可以做到1299元，三洋40英寸彩电首次跌破两千元大关等，多款标杆商品将击穿家电行业底价。与此同时，还将有国际国内数百家知名家电品牌，以书面的形式表示对我们的全力支持，具体的支持还将体现在海量的低价商品上。

最后，我号召国美在线全员都参与到标杆底价的审查中来，如果哪位同事发现我们的 4 万多类商品，哪一款价格比主要同行高，请务必直接上报；如果哪位同事发现多款，公司将给予"国美在线卫士"的荣誉及物质奖励。

2014，任重道远。我坚信，只要紧紧围绕集团战略核心，坚持零售本源、坚守用户价值，我们的生活圈打造就一定能实现，我们要让每位员工实现"国美梦"！

牟贵先

2013 年 12 月 30 日上午

（二）家居卖场的艰难变革

当"马云"们的手伸向"车建新们"的口袋时，纷争由此爆发。这场发生在"双 11"前夕，传统家居卖场和电商之间的争斗，成为 2013 年度家居行业最富争议性的话题。

长期以来，国内的大家居卖场以线下体验为核心竞争力，特别是昂贵的大家具，很少有顾客在线上直接购买。同时，家居产品属于"半成品"，其远程配送、安装的成本高，家居卖场在本地化配送、安装方面，独具优势。过去十年，家居卖场作为家居行业的主流渠道，成为家居产业链条中无法绕开的一环。特别是门店网络覆盖面积较大的连锁卖场，长期把持着家居行业终端渠道的话语权。2013 年"双 11"前半个月，天猫方面对外公布作战计划——首次打破线上线下商业界限，而家居行业也包括在此计划中。天猫在电商平台上集合多个家居品牌企业和各区域经销商，采取线上下单、线下取货的方式，一起大促销。10 月 23 日，包括红星美凯龙、居然之家等在内的 19 家传统家居卖场，集体向旗下各个卖场下发抵制天猫的通知。在继"双 11"多家传统家居卖场对天猫等电商平台发出"封杀令"后，一场关于家居行业如何应对电商的大讨论，在"第十届中国家居业发展高峰论坛暨2013广东家居业年会"上展开。传统家居卖场对天猫等电商平台的讨论话题也从"封杀"进一步上升到"革命"上。

集体"封杀令"

事实上，天猫在2009年开创的"双11"购物狂欢节，历年均创下惊人交易记录。2013年，天猫的"双11"购物节以350亿元的单日成交量震撼零售业界。榜样的力量是无穷的，在家居行业普遍不景气的大环境下，天猫平台巨大的销售驱动吸引着家居品牌。在往年的基础上，2013年，天猫"双11"促销有了新玩法。天猫通过天猫无线客户端及高德地图，将品牌商店线下店铺与线上天猫旗舰店打通，300多个品牌的3万多个线下门店加入进来，线上参与品牌数量达2万多个。众多家居品牌被纳入此项计划中。言下之意，天猫在电商平台上集合各大家居品牌和该品牌的区域经销商，一起玩"双11"促销的游戏，而家居卖场等终端渠道却被撇在了一旁。虽然天猫方面表示和线下实体店是合作关系，但也不尽然全是和谐的。10月23日，包括居然之家、红星美凯龙、月星、欧亚达、集美在内的19个知名家居卖场联合发出"封杀令"。居然之家"关于规范厂家和商户电商工作的意见"显示，禁止未经卖场书面许可，利用卖场，或使用卖场的商标、商号进行电商推广和宣传；禁止未经卖场许可，安装或使用他人电商POS机将卖场的业务转至他处；禁止在未报卖场备案并将卖场价格调至与线上一致的情况下，在线上以低于卖场的价格进行促销。而红星美凯龙方面则表示，严格禁止任何商户以任何形式在卖场内传播或推广其他电商线上的"双11"活动；严格查处商户使用天猫POS机给线上做销量；严格禁止商户为工厂在其他电商线上的订单送货安装。19家卖场的联合抵制似乎起到了作用。随后，天猫被迫叫停家居O2O促销计划。家居卖场方面取得"第一阶段对战的胜利"。其实，在天猫启动的大家居O2O中，红星美凯龙、居然之家等卖场才是O2O的主体，天猫选择与卖场商家直接合作，实际上是绕开了O2O主体，这让红星美凯龙、居然之家等认为自身利益被抢。天猫只能提供"下单"和"支付"的功能，而产品销售必备的线下体验和安装，还需依赖红星美凯龙等卖场来完成。天猫与商家直接合作后，卖场的线下体验功能支持天猫的交易，却不能给卖场带来直接收益。传统卖场抵制"双11"是两股力量的博弈。阿里巴巴方面称，这是"一场传统零售业态与新型零售业态的直接干脆的交锋"。

家居卖场的电商难题

传统卖场的赢利模式主要是通过向商户收取租金，而天猫的家居电商与卖场本身没有直接的利益冲突。在外人看来，传统家居卖场联合抵制天猫的原因无非是"不甘心为他人作嫁衣"。但在东莞厚街举行的"第十届中国家居业发展高峰论坛暨2013广东家居业年会"上，红星美凯龙家居集团董事长车建新如此解释天猫等电商平台对家居产业带来的影响，家居电商是一场"打土豪的革命"。在其主题演讲"电商陷阱"中，车建新如此描述这场革命："革了家居工厂、经销商、卖场的命。"2013年"双11"，家居的线上销售额为24亿元，其中，中高档家居的销售额为5亿元左右。虽然在多重"冲突"下，多家传统家居卖场联合抵制淘宝等电商的"双11"活动，但并不代表传统家居卖场会与电商"死磕"到底。实际上，近年来，从各大家居企业，到红星美凯龙、居然之家等家居卖场，已经纷纷开始自建电商平台，并且花费不菲。不过，月星集团董事长丁佐宏表示，家居行业的传统模式正在接受现代网购、电商的挑战，虽然很多家居企业在做电商的探索，但现在还没有一家真正研究出线上线下能够相得益彰的好办法。

2012年7月，红星美凯龙正式推出电商平台红美商城。半年之后，红星美凯龙电商项目发生人事变动。2013年3月，红美商城更名为星易家。尽管红星美凯龙方面对电商项目三缄其口，但关于红美商城烧钱巨亏、运营不佳的传言，一直都没有中断过。10月22日晚上9点多，牛窝网创始人兼CEO刘洋在其认证的微博上称：目前项目暂停，投资方收回了公司所有资产。这家由传统卖场武汉欧亚达投资，刘洋等互联网创业团队合作，总投资几千万元，一期筹备600万元的牛窝网，一夜之间全员被裁。不过，知情人士透露，牛窝网项目只是暂时喊停，目前在换管理团队。在不久的将来，牛窝网会重新复出。和红星美凯龙一样，专业家居建材卖场吉盛伟邦、金海马也已推出专门的电商平台，居然之家也在 2013 年年内上线了其电商平台。但是，由于运营经验不足、物流成本高、线上线下价格差异，以及售后服务等一系列的问题，传统家居卖场的电商之路至今都不顺利。其实，传统家居建材卖场做电商，有不可取代的优势，那就是拥有网络庞大的线下实体卖场。对家居行业而言，非标准产品所占的比重较大，线下的体验和售后安装服务尤为重要。从这个角度看，在全国各地拥有庞大实体店渠道的红星美凯龙等家居卖场，一旦理顺电商模式，前景应该不错。

（三）电脑城遭遇电商危机

"电脑城的交易量正在以每年 20% 的速度下滑，且不见谷底。"这是一份来自调查机构的调查数据。与此呼应的是，北京中关村、深圳华强北等全国知名电脑城集中地的身影，在消费者心中日渐淡化和模糊，而以京东、天猫等为代表的网上商城正日益兴盛。这是"狮羊论"的又一块线下试验场。不过电脑城的式微，却不仅仅源于"电商狮子们"的凶猛，3C 产品结构的内在变革或许才是"谋杀"电脑城的那只隐形的手。

电脑城转型路径在哪儿？转型电商、去 IT 化以求自救，抑或其他？目前，由于电脑城的管理模式各异，存在不同的转型尝试。一种强调以体验、社交、互动，以关系链经营为核心的商业模式，适合开店时间较长、客户资源较多的老店；一种是开辟特色餐饮，来为 IT 产品销售增加附加值。然而，那些刚刚试图转型电商的电脑城商户，正在陷入"做还是不做"的两难。

深圳市华强北路，一个平常的下午。销售员王斌正在新华强电子世界一家商铺前和人聊天，和卖场里的其他商铺一样，摆着琳琅满目的数码产品的柜台，却鲜有顾客光顾。上述一幕，在华强北辉煌时期是难以想象的。有着"中国电子第一街"称号的电子市场交易商圈华强北，早在 2007 年 10 月，就诞生了中国电子市场价格指数，使深圳成为中国电子市场的"风向标""晴雨表"。光景变迁。如今的华强北，顾客稀少到要商户雇人到街头招徕。守候在路边的销售员拿着印刷好的电脑配置单，拉拢顾客。从事批发业务的华强电子世界等市场尚未有明显的衰落迹象；但面向消费者的 DIY 及数码市场，则面临生意冷清和严重的"空铺潮"。

生意清淡外出"堵客"

学会计专业的王朋,因为"这份工作很有挑战性,很能够锻炼人"而从事街头销售。每月底薪 1500 元,邀请顾客在店里装机之后,按照销售额提成。在销售业绩达到 4000 元之后的增量,以与单位三七分成的比例,分享销售利润。据王朋介绍,现在生意太难做,旺季的国庆节假期前三天,她的成交业绩为 0,而 10 月前半个月,她的业绩只是一台电脑。这正是华强北人气加速下滑的缩影。根据华强北街道的数据,商圈中 14 家代表性单位,2013 年夏季有 13 家日均人流量下降 10% ~ 20%,4 家营业额比 2012 年同期下降。

除了对潜在客户进行"围追堵截"外,价格战也打得难解难分。在笔记本卖场,一台笔记本的利润也就 200 ~ 300 元,"赔本赚吆喝"的事很常见。比如,一台在戴尔官网上售价为 4299 元的电脑,在新华强电子世界一楼某戴尔笔记本专柜,销售人员报出了 3800 元的价格。这种状况已经很久了,即便在中秋、国庆假期这样的销售旺季,卖场里的人流也总是"稀稀拉拉"。

退租转租潮再袭

每年 9 月 15 日是各个商铺租约到期的日子,由于近几年 IT 卖场生意越发惨淡,不少小商户选择不再续约,那些再出租的商铺一般都是大商户扩大了的店面。卖场内商铺租金按地段和店铺面积进行划分,月租金在 3000 ~ 9000 元。离电梯口越近,楼层越低,店铺越大,价格越高。华强北商圈的曼哈数码城、远望数码商城、赛博数码广场等高楼层的很多柜台贴出"低价招租"的小广告,楼层越往上,空置率越高。

不仅仅在深圳,广州的此类电脑城也在承受类似的煎熬。

南方数码都荟位于广州岗顶数码商圈核心位置。要转手商铺的商家和销售商铺的房屋中介到处都是,他们在街边举着出租、转售的牌子。打听一下,那儿的商铺每平方米售价为 3 万 ~ 6 万元,一些面积稍大的商铺还有优惠。5 年前，岗顶商圈的电脑城还是一铺难求，一个旺铺光"顶手费"就能达到 30 万元。

与华强北不同，广州岗顶商圈因为产权分散，一些商铺由私人购买产权，委托给中介公司统一租赁经营。如今铺面人气大落，私人业主便集中抛售。同属岗顶商圈的百脑汇数码广场销售员吴威最近觉得上班很无聊，"看店近一年了，每天来店的人里，三个有两个是问路的。想买东西的人里，三个就有两个是来比价的。"吴威还遇到过纯粹为打发时间而来的客人，"我把机子从仓库里拿出来，帮客户调试好，要付钱的时候对方却说不要了"。

广东财经大学流通经济研究所所长王先庆说："数码产品这类标准化产品，受电商的冲击尤其严重，年轻一代的消费者都已习惯网上购买。而电脑城这个行业已进入成熟期，利润越来越薄。加上外部原因，比如商业地产铺租不断升高、人工成本升高等，经营实体店的竞争优势显然远不如电商。"

商户试水多种转型

被电商动了奶酪的传统电子商城如何转型？

华强北远望数码城 A1—220，经营手机配件的陈洛豪正在盘点库存。2008 年 4 月，陈洛豪在曼哈数码通信广场开了自己的手机配件批发店，至今已有新曼哈数码广场、远望数码城等 3 家门店。3 间门店似乎不那么热闹，但是每天的交易量惊人，日销售量接近 2000 件。他的秘诀就是利用互联网平台来强化关系链经营。陈洛豪的批发生意主要是熟客生意。基于这一点，他在 2012 年 7 月开发了一个类似进销存的网站系统，专门面向熟客做批发业务。起用这一销售平台后，效率大大提高，减少了 10 多名销售管理人员，门店的定位也随之重构。陈洛豪介绍，早在 2012 年，他就觉得门店已经少有新客户了，自己手上唯一的竞争资源就是几年积累下来的熟客关系链。陈洛豪决定通过互联网来强化关系链，"现在门店只是当作线下发货配送点而已"。

2013 年年初，陈洛豪将网站平台开发成电子商务网站，"居然有很多零售客户注册下单，我们都拒绝了。因为我们只做 B2B，不做 B2C 业务"。从实体店使用进销存软件进行信息化管理，再到自行开发在线销售平台，最终推出专用电商网站，陈洛豪的转型之路，就是利用互联网将手中的关系链做实做强。陈洛豪只是华强北庞大转型队伍中的一员。据他介绍，华强北大部分商户退铺后并未退出 IT 行业，"电脑城原有的主业 PC 产品生意确实非常冷清，我身边很多 PC 店老板要么改做手机及配件业务，要么去从事上游生产加工行业。实在没转型门路的，才直接退出这个行业"。目前华强北所有撤柜的商户中，有一半以上转行从事电子配件加工，真正退出 IT 行业的为数很少。

餐饮为 IT 消费增值

"如果 2008 年就开始做电商，或许还有机会再争到一席之地。但是到了 2012 年才想去做，显然已经晚了，转型电商必死无疑。所以百脑汇的转型措施将是做大众消费领域的餐饮美食。"百脑汇市场部主管吴小姐表示。广州百脑汇的整个第五层都将用来开美食店，主打台湾美食。百脑汇广州店总经理黄仁豪表示，"商户认为美食区只是相关的配套设施，其实现在消费者都喜欢将购物与休闲结合起来。IT 电脑与餐饮是两种不同的业态，消费模式怎样结合需要探索，我们希望有更多 IT 消费者在购买 IT 产品的同时，也顺路去美食区消费，这样可以创造更多收入"。

有消息称，广东省电脑商会近期将召集太平洋数码广场、展望数码广场等商城的负责人座谈交流，寻求商圈的转型升级之路。广东省电脑商会会长陈芝华表示，岗顶商圈即将与邻近的天河商圈一样，开始走"体验式购物"路线。

除了对经营范围进行调整，百脑汇还在 2013 年上半年重新布局了"百脑汇服务中心"，提供相关产品的免费检测和退换服务。二楼商铺开始转向体验店模式。研究商业地产的王先庆认为，朝着展贸型和体验型的方向转变，或许对岗顶等 IT 商圈来说是一条可行的出路。

（四）服装零售的 O2O 改造

在过去 20 多年间，跑马圈地式的外延扩张为服装业带来了 20% 以上的年增长率，"渠道＋营销"的终端策略在其间可谓屡试不爽。但不可否认的是，随着市场日渐饱和及消费终端的低迷，昔日的"黄金法则"很难继续奏效，进入 2011 年后的服装行业库存高企、关店频频，可以说是在为此前的粗放式发展埋单。

经过了一轮"摧枯拉朽"式的调整，服装品牌正在扔掉沉重的包袱，对庞大的销售渠道也进行精简，更重要的是调整了以往迟滞的订货模式，终于在 2013 年年末看到了回暖的曙光。但国内经济结构已经进入了温和增长的时代，服装行业也不例外，未来若干年内企业还将停留在深刻变革、增长缓慢的阶段。

2013 年服装业最火热的关键词无疑是"线下体验线上购买"的 O2O 模式。2013 年全国网络零售总额预计将突破 1.8 万亿元，网购渗透率达到 7.8%，一跃成为全球网络化程度最高的零售市场。而随着移动互联网兴起、移动端购物成为趋势，服装企业纷纷调整商业模式进军这片"蓝海"。

与 2012 年订单量动辄下滑 20%～30% 的尴尬局面相比，运动品牌在 2013 年的订货会表现终于开始有所提振。

2013 年第一季度，安踏体育用品有限公司率先走出低谷，公告称当季订单获得高单位数增长。第二季度，安踏继续保持增长，而此前因"模式调整"不再公布订货会数据的匹克体育用品有限公司则在三季度宣布获得高单位数增长，特步国际控股有限公司的订单跌幅也连续三个季度缩小。

颇为难得的是，这一切并非依赖终端环境的改善。从全国百家重点大型零售企业服装零售额和全国 50 家重点大型零售企业商品零售额的数据来看，服装品类增速日益放缓甚至不时出现下滑迹象。对此，前瞻产业研究院分析师欧阳新周分析，服装企业订单增长、行业回暖等趋势是企业从商业模式着手进行深刻调整、实现内生突破的结果，而随着变革的推进，相关效益还会继续释放。但在马岗看来，服装行业目前已经很难重现"黄金时代"的突飞猛进，整体环境和个体企业的温和增长还将持续 3～5 年，"在这个过程中企业还会遇到很多瓶颈"。华安证券分析师韩君认为，当前时点企业去库存化渐入尾声，2014 年春夏订货会数据好转显示市场信心有所恢复，2014 年居民收入增速企稳也将帮助零售终端回暖。韩君同时表示，能实现线上线下互融互通，更加高效的 O2O 模式将成为服装企业未来的主要发展方向，也将重构市场对服装品牌零售企业的成长预期。

根据 IBM 的统计数据，截至 2013 年 6 月，移动网民的数量达 4.64 亿，比 PC 网民高出 13%。而 2013 年 9 月这一数字已近 8 亿，与 PC 端差距日益拉开，移动互联网购物蔚然成风。在这样的大背景下，电商业务发展已经相对成熟的服装企业纷纷开始转战移动端，尝试"新玩法"。

2013 年 12 月 6 日，休闲服饰品牌佐丹奴宣布与支付宝在手机支付、公众服务与会员系统方面达成战略合作，在佐丹奴华南地区的门店内购物均可通过智能手机来进行付款。在此之前，美邦服饰已宣布将此前剥离的电商平台"邦购网"收回自营，并在全国布局了 6 家大型体验店，高调宣布启动 O2O 战略。浙江森马服饰股份有限公司也计划 2014 年推出 O2O 业务。前瞻产业研究院的数据显示，目前美邦的微会员已超过 60 万，客单价超过普通线下客单价70% 之多，O2O 布局已初见成效。但马岗直言，目前国内很多服装品牌在 O2O 战略的实施方面有"先天短板"。例如，加盟占比偏高、IT 系统对线上线下资源整合能力弱、供应链反应迟缓等。美邦服饰也坦承，O2O 模式对企业进行互联网化经营策略、互联网化管理模式、互联网化价值观的创新转型提出了更高的要求。对此，一众服装企业在 2013 年大力提高直营店比例，尤其是改善门店、提高体验性，同时积极试水移动端支付手段。目前服装品牌的 O2O 战略还停留在终端层面的改进上，更接近商业本质的线上线下无缝连接，深度融合还有待发掘。

（五）阿里联手传统零售商合谋 O2O

2013 年 12 月 30 日上午，阿里巴巴在杭州召开淘宝 O2O 微淘运营战略共创会，包括宝岛眼镜、远梦家纺、绝味鸭脖、美特斯邦威等二十余家在线下拥有门店，且已经开始 O2O 布局的商家与手机淘宝进行沟通，研究如何实现 O2O 的转型和线上线下体系的全面融合。

线上线下会员统一管理是首要难题

"我们在线下有 6000 多家门店和加盟商，也有自己的会员体系，却很难实现对这些门店消费者的管理"，绝味鸭脖运营负责人龙心紫表示，别看平常门店中顾客来来往往，但除了简单的买卖行为以外，很难有更好的管理和沟通方式，"实体门店要实现线上线下融合的 O2O 模式，首先要解决的就是如何更方便地管理会员"。同样的问题也存在于服装、家居、化妆品、医药等行业。当用户完成一次买卖行为后，门店想再次留住该用户并不容易。知名化妆品渠道品牌"丽人丽装"CEO 黄韬表示，"化妆品行业有品牌商、商场、代理商、门店，大家各自都有自己的会员体系，我们需要想办法把这些不同的会员体系和淘宝的会员体系打通，实现线上线下会员的统一管理"。

商家把自己期待的解决方案寄希望于手机淘宝的公众账号平台——微淘。淘宝已经是目前中国最大的零售商圈，这里有数亿用户的日常消费行为，商家除了能够更好地通过微淘平台积累自己的老用户之外，还能够通过这个平台获悉用户在淘宝上的消费数据与行为，做出更好的营销方式的选择。

微淘负责人承志还透露，微淘平台接下来即将发布的新功能能够让商家在"粉丝"的管理上更加多样化和个性化。比如，微淘后台的粉丝管理功能，不仅可以实现人群筛选，让账号运营者自由筛选用户指标创建分组并针对分组用户发送定向内容；针对线下实体店商家，更会上线一个"自定义"分组功能，由商家自己创建和维护自己的分组会员。

实现用户回流与利益的共享

除了会员管理和精准营销方面的问题外，商家面临的另一大问题是线上线下渠道和利益冲突的问题。

"我们线下有上万人的营销团队，其实在移动互联网时代他们每一个人都能够变成一个移动店铺，如果用户进店后不购买，但后期在线上产生了交易行为的话，利益应该回归这些销售人员。"有商家表示。实际上，微淘官方也开始了线上线下融合的尝试，让用户"从网店走进实体店"。2013 年 12 月底，手机淘宝定向针对杭州地区的商家和用户启动了一次名为"千店狂欢"的活动。

据透露，报名参与该次活动的商家有 125 个品牌，GXG、美特斯邦威、欧瑞家具、百草味、天福茗茶等品牌均在其中，覆盖了 1019 家杭州本地的店铺。用户也能够在客户端首页看到活动页面，只要关注了商家的微淘账号，用户就能到这些品牌的线下店铺中领取相应的优惠和礼品。参与本次测试活动的商家"优宁可红酒"透露，通过其策划的"线上销售、线下服务"活动，其商家实体店和线上店铺的客流都有全面增长，"一天下来，线上店铺的 PV 上涨600%，UV 上涨 300%，成交金额上涨近 100%，客单价上涨 36%，交易前三名都是微淘活动的活动产品"。而到实体店的用户也纷纷反映，大部分都是通过微淘看到活动消息过来的。"有些买家因为想把活动信息介绍给亲朋好友，还跟我们商量，希望我们延长活动时间"。

据了解，微淘正与美特斯邦威、绝味鸭脖、丽人丽妆等多个商家共同研究"线上交易分成给线下导购"的解决方案。"前期，主要通过数据跟踪具体门店或导购员通过二维码带来粉丝量，并跟进导购引导关注微淘账号的效果。后期则会扩展到成交环节，某个导购员引导扫码关注的粉丝在 15 天内（周期商家可以自定义）通过手机或者 PC 在该品牌旗舰店成交，导购员均享受一定比例的分成。"

依托"数据银行"的粉丝营销

对商家来说，从成千上万客户数据中找到潜在的需求，并将商品和服务匹配给用户才是获取用户信息背后的真正目的。"说到底，最终目标还是为了营销。门店以前大多有会员体系，但除了给用户的手机发促销短信、发 DM 直接邮寄广告传单之外，就找不到其他更好的方法了。"

与传统的会员体系相区别的是，微淘平台能够让商家洞悉自己账号"粉丝"多样化的消费行为，"如果我是一个服装品牌，除需要了解消费者年龄性别等基础信息外，还能够在淘宝数据中找到用户的消费时段、喜欢的尺码颜色、平常搭配风格等深度信息，这些大数据能够为商家提供更多的商业决策依据"。

宝岛眼镜电商总监马丕才表示，一方面希望能够把微淘与现有的会员体系打通，让用户可以把线下的积分在天猫店里也能使用；另外希望微淘能够提供一些基于地理位置的推送服务。"比如 2 月我们在厦门有一个萧敬腾的活动，希望能把这个活动推送给厦门的小伙伴,让各种活动、促销信息精准地触达消费者。"

"O2O" 把门店都搬到顾客手上
——访容易网创始人兼 CEO 陈从容

在线下传统零售业遭受互联网金融及电商平台巨大冲击的当下,O2O 模式被认为是零售业未来发展的大势所趋,许多品牌及商户都将目光聚集到这种将线下商务机会与互联网引导支付相结合的发展模式中。新一轮的大浪淘沙中,线下零售业究竟该如何利用互联网进行转型?怎样才能创造有效的多线互动?如何打造真正的 O2O 闭环并从同质化的竞争中突围?容易网创始人、分众传媒前首席营销官及首席运营官陈从容与《理财周刊》共同分享了零售业 O2O 的实战心得。

线下零售亟待转型

《理财周刊》:在互联网金融及网络电商的冲击下,您认为传统的线下零售业正面临哪些挑战?又该如何规划转型?

陈从容:线下零售的优势在于它的体验性。目前线下零售业确实正面临着极大的挑战。第一,物质稀缺时代早就过去了,卖方时代已经成为值得珍惜的回忆;第二,随着互联网金融及电商平台的冲击,人们购物方式有了更多的选择,不仅是线上带来的冲击,线下不同 shopping Mall 和百货公司、购物街、各类批发零售市场之间也存在十分激烈的竞争;第三,现在人们去商场不仅是为了购物,也可能是为了与家人朋友前去用餐观影。所以单一进行服装等商品销售的传统百货面临的最大的挑战就在于用户到店的频次开始迅速下降。我认为,线下零售商场的定位应该发生改变,向体验化、社区化、全生活业态化的方向转变,对其自身的目标区域、目标消费群以及目标消费群的到店频次进行深挖。未来零售消费的主力阵地是拥有 O2O 能力、整合了线上和线下优势的"店商",线下零售商应充分利用品牌影响力、会员忠诚度、供应链优势、体验服务优势在内的所有线下所长,结合线上空间、时间、信息密度、传播广度,实现全渠道布局。而我们想做的就是利用 O2O 模式为线下零售业提供从针对到店客户的智能化导购体系、手机与店内终端的互动技术,到管理长期客户的营销管理、会员服务体系,再到吸引线上线下客户到店消费的线上线下整合营销活动策略在内的整体解决方案。

多线互动新"闭环"

《理财周刊》:在 O2O"店商"模式之下,大型线下零售商场的消费体验会发生怎样的改变?

陈从容:对线下零售商场而言,O2O 模式可以将"有趣、丰富、便利"的互联网特征带到线下,让线下零售业主赢得更活跃的消费行为。事实上,许多线下商场都有制作线上商城、APP,或线下电子导购、展示体系的意图,但单店在自行尝试的时候投入成本很高,许多商场在巨额投入后也并未得到期望中的回报。因此,更好的解决方案是从节约整个社会成本的角度,由专业机构帮助综合商场完成电子化体系。比如我们的"容易逛"体系,能为线下零售商场提供基于人机互动的"O2O"导视/导购服务,集展示、导购、优惠获取、会员管理、室内导航、店内活动组织等服务于一身,其内置的电子会员管理系统还可基于二维码、NFC 技术识别商场会员身份,提供会员注册、积分查询、积分兑换、会员活动通知与报名。举个例子,我们近期正通过"容易逛"商场终端机帮助上海宏伊国际广场、深圳金基百纳南山广场等大型购物中心筹备圣诞活动。以往线下商场的传统圣诞活动都是以大力促销为核心,配合一些地面主题搭建。但商场不知道究竟哪些消费者来了,他们的需求是什么。而当我们把电子化互动元素融入商场的圣诞活动时,消费者就可以非常方便地通过手机或者二维码来参加如电子屏抽奖等电子化的互动活动,在闲逛之余收获额外的惊喜。

《理财周刊》:对品牌零售商户及个人消费者来说,O2O 模式能带来哪些新便利？

陈从容：我认为 O2O 模式可以让品牌零售商户的门店突破物理时空的局限，变得膨胀起来，让钢筋水泥通过鼠标键盘变得有弹性，变得性感。我们有一个"容易购"体系，专门为品牌商户提供店内的电子终端货架，有效解决品牌商铺单店展示空间有限、销售额下降、展示货品不全、库存积压、被线上分流等问题。对消费者而言，"容易购"电子货架集合了品牌当地店铺的商品、服务、活动、推荐信息，消费者可在选购过程中进行会员识别、会员注册，使在店内挑选商品变得更加方便，更加优惠，同时实现相关搭配推荐的获取及店内缺货品的现场下单、结算，等待线上后台配货快递到家。如果再结合相关的 APP，消费者还能在不到店或在身处三四线城市的情况下买到一线品牌门店的商品。也就是说，消费者既可以利用极为便利的支付方式线上支付，线下取货；也可以在线下看中货物时先行支付，然后等待线上的后台配送，享受线上线下的"O2O 闭环"。另外，消费者还可利用"容易逛"手机 APP 或容易网（rongyi.com）获取全国 50 多个城市、2000 多家商场、50 万家商铺、10000 多个品牌的基本信息以及优惠信息，在线下消费时利用 APP 的定位功能找到附近或指定的逛街及活动信息、获取导航路线，更便利地安排日常及周末的休闲消费路径和时间。

零售"O2O"的蓝海

《理财周刊》：O2O 已经成为一个热词，这种模式也被认为是今后商务发展的大势所趋，许多人都在进行这方面的尝试，您认为该如何从同质化的竞争中突围？

陈从容：事实上，我认为我们是最大限度地避开了同质化的竞争。首先，我们和团购不一样，也和消费资讯平台不同。容易网的方向是专注全生活业态的大型商场，产品和服务也更加丰富，集消费资讯网站、手机应用、商场终端机三端媒介于一体。其次，我们所针对的人群也有所不同，虽有说法主张"得屌丝者得天下"，但这不代表屌丝人群没有对品牌品质的要求，他们对线下购物体验也有着自己的品牌期待。要从"O2O"的竞争中突围，就要在最大程度上让各种类型用户享受到线上线下形成闭环后的丰富性和便利性。从市场定位到产品服务内容，我相信容易网可以和目前零售消费O2O领域里的兄弟企业形成互补，共同造福消费者与线下的零售业主。

《理财周刊》：您如何看待零售"O2O"模式的发展前景？

陈从容：我觉得零售"O2O"模式的整体前景十分值得期待。从2012年的消费数据来看，整个中国有20万亿元以上的零售业销售规模，而其中线上部分的占比在6%左右。有数据显示，92.6%的商品仍然通过传统零售渠道销售（美国为85%，且已多年没有改变），93.8%的消费者依然倾向于选择线下实体消费。这就说明，绝大部分的零售消费仍在线下，线下仍然是最主要的零售消费流量入口。事实上，绝大部分中国人长久的消费习惯还是举家或结伴进行某种消费和采购行为，这是一种乐趣。再者，如眼镜、鞋子、衣服这些体验性的商品是不可能被完全线上化的，但线下零售的空间有限，更好的模式就是在实体店铺有一个电子系统，让用户的消费体验和互动体验变得更加人性化，我觉得这是未来线下零售的发展趋势。说到底，零售O2O的本质就是让线下庞大的消费人群，能享受到互联网革命带来的红利，让购物变得丰富便利，同时保有线下的体验性、品牌品质的保障和服务的安全感，这种模式能带来比其他模式更多样的互动体验，而移动端的人机互动在某种程度上来说就代表着未来。

三　顺丰：物流电商的先行者

初涉电商江湖

顺丰速运（以下简称顺丰）这家低调隐秘的公司，用了20年的时间，颠覆了草莽层出的快递行业，也颠覆了中国快递行业的既有格局。根据第三方尽职调研数据，2012年，顺丰集团收入210.18亿元，3年时间差不多翻了一番。从市场份额看，顺丰在民营快递公司中市场占有率最高。截至2012年，顺丰集团的经营规模仅次于国企中邮速递，市场占有率为20%，"三通一达"中申通占 12%、圆通占 10%、韵达占 8%、中通占 6%。但"三通一达"并不是顺丰真正的竞争对手。从竞争格局看，顺丰与"三通一达"定位不同。顺丰走的是中高端路线，而"三通一达"走的是中低端路线。早在几年前，顺丰就把目标确定为"中国的联邦快递"。

"顺丰的模式是和国际惯例接轨的。顺丰在服务上很多已经和国际接轨，但在服务覆盖范围上还有很大差距。"快递物流咨询网首席顾问徐勇表示，"顺丰快递现在还不是中国的联邦快递，从数量、市场份额各个指标看，还不占据绝对领先地位。"

徐勇说，"差距较大的是在自动化方面。在一些代码运用方面，比如一个城市代码、区域代码方面，老外运用得更好一些。事实上，顺丰在信息化的一些应用方面已经开始和国外接轨了。比如运单查询，在顺丰快递总调度室，你可以根据识别条码，实时查询到任何一件快递的在途状态。从国际化程度看，联邦快递、UPS 已经覆盖全球 200 多个国家和地区，顺丰服务覆盖范围仅十几个国家和地区。顺丰创始人王卫更注重的是基础设施建设，倒不是说要把企业做大，而是把更多心思用在如何做强上。顺丰将来可以成为中国的 UPS 和联邦快递，但要成为国际上的 UPS 和联邦快递可能还需要很多年。"

快递以外，无论是顺丰银行，还是第三方支付，王卫都在布更大的局。

在顺丰内部，快递业务体系被称作大网，足见其在顺丰集团的核心地位。但是目前，最让王卫偏头痛的则是电商吹来的风。据中国电子商务研究中心监测数据显示，截至 2013 年 6 月，全国电子商务交易额达 4.35 万亿元，同比增长 24.3%。其中，B2B 交易额达 3.4 万亿元，同比增长 15.25%。网络零售市场交易规模达 7542 亿元，同比增长 47.3%。而在这个市场中，天猫依靠其影响力牢牢占据半壁江山，占 50.4%；京东占 20.7%，苏宁易购占 5.7%。而电商行业也在一定程度上重构原有的快递竞争格局。数据显示，2012 年整个快递行业增长率达到 50%，其中电商对快递行业的贡献达到 72%。这是一组让王卫头疼的数据。以天猫的物流需求来看，阿里物流数据中心显示，2013 年"双 11"当天，申通以 1210 万件居首位，圆通 1110 万件紧随其后，韵达累计达 1027 万件，中通为 1020 万件，EMS 407 万件，处于"三通一达"之后，而顺丰只有 316 万件。"顺丰很早就在做电商了，但是一直也没做起来，这与顺丰的快递基因有关。"一个前顺丰优选人士表示，"快递的基因使得顺丰和互联网需要磨合"。

"顺丰优选"于 2012 年 6 月 1 日上线，提供以食品类目为主的商品销售。于 2011 年 12 月设立公司，注册资本为 1000 万元。此前，顺丰是一家单纯的民营快递企业。自 1993 年成立以来，其创始人王卫多年专注快递行业，一直未曾涉足其他领域。直到 2007 年，顺丰涉足航空业务，自购飞机开展货运。

2009 年，一次偶然的卖粽子机会，让王卫开始有意涉足电商。2009 年，浙江嘉兴顺丰区部速递员借端午节之机，将当地风行的五芳斋粽子推销给江浙沪一带的客户，货源来自数家嘉兴当地知名粽子店。快递员在收派件时派发了一些广告传单来做推广。由于在端午节那天当地人几乎家家都会吃粽子，再加上"包邮"的吸引，销售业绩竟然意外地突破了 100 多万元。之后王卫便用相同的手法在中秋节卖月饼，在春节卖年货，就连大闸蟹也如此推销，都取得了不错的业绩。2010 年，顺丰端午节销售粽子 500 多万元。

粽子的热销证明快递员卖产品有天然的便利性，这让王卫颇受启发。2010 年 8 月，顺丰 E 商圈投入运营，提供以食品为主，少量 3C 产品等的购物服务，不过由于产品价格及服务问题，数月之后其停止在内地经营，仅保留香港业务，主营香港本地有机食品及部分进口食品。除了顺丰 E 商圈外，顺丰旗下还有一个名为尊礼会的礼赠平台，销售各类消费卡、保健品、工艺品及节令商品，主要面向中高端商务人士。不过这一平台也未取得明显业绩，一路呛水，生存困难。在王卫看来，E 商圈和尊礼会的受挫，是快递逆向发展电商必经的探索阶段。据顺丰内部员工透露，E 商圈与尊礼会的负责人均是从顺丰速运内部调来的干部，人才专业性上欠缺不说，快递业本身缺乏电商基因也是其受挫的重要原因。但这种尝试并不因受挫而停止，王卫坚持认为电商是一个机会，在电商行业，国内第一波机会是做服装的，如淘宝；第二波机会是做 3C 产品的，如京东、苏宁；第三波机会则是做食品，目前仅有为数不多的竞争者，属于"蓝海"领域。

而在新 CEO 李东起上任之后，顺丰优选开始在战略上做调整。

一直以来为高端用户提供健康生活的方案，在李东起来了之后被推翻，开始以线上营销为主，走中低价值路线。"顺丰选择食品行业为突破口是很正确的，电商很难渗透。顺丰利用运输优势，做冷链市场，是很明智的。"一位中国快递协会人士表示。顺丰内部工作人员也介绍，"我们想在电商市场提供差异化服务。我们研究电商的供应链特点、价格特点，然后对照我们现有的资源，看怎么样做一个更好的匹配。对电商，我们也在研究如何提高它们的产品附加值和客户满意度"。

无论是内部结构还是外部扩张，顺丰优选都在不断突破和调整，最大表现无疑是入股"菜鸟"1%、联手易迅。

很多年前，马云两次香港约见王卫，王卫避而不见。很多年后，电商彻底改变商业形态，王卫杭州约见马云，马云不见。马云和王卫，是两个极致。一个高调到极致，一个低调到极致。这两个男人的真正交锋，才刚刚开始。"你可能只听说过王卫拒绝马云的事情，其实他还不理马化腾。当然，也有很多人不理他，后来马云、马化腾也不理王卫。"上述顺丰优选离职人士表示。在他看来，爱玩户外极限运动的王卫"有点极端"。

"电商的发展应该是超过了王卫的预想，但是他应该不会后悔，他会努力找办法解决。"一位顺丰内部人士表示，"而且现在也已经开始了合作，可能还是担心马云做物流，毕竟从上面走下来容易，从下游走上去难"。而市场对马云也有很多猜想，"菜鸟网络"会不会让快递行业更艰难？"'菜鸟网络'主要做的事情是利用数据提供的平台，帮助整个快递行业提升效率的。'菜鸟网络'是不可能做快递的，我们最核心的竞争力不在做快递上。'菜鸟网络'主要是一家互联网公司，主要是希望通过互联网的方式，打造一个数据平台。""菜鸟网络"内部人士表示。

"马云可能想垄断市场，'菜鸟网络'把快递业拉进去，又不给决定权。他是想垄断快递下游产业，他不进入快递，它主要是通过'三通一达'占有的市场来进入，然后他利用自己的互联网优势让你进来，你不进来行吗？"一名快递行业分析师表示，"顺丰进的话，是锦上添花。'三通一达'70%以上的业务来自淘宝，不进的话肯定被边缘化"。

顺丰内部人士如此解释为什么参股"菜鸟网络"1%股权："（马云）他们需要，我们友情提供帮助。"而快递物流咨询网首席顾问徐勇更是毫不客气地指出："快递的低价恶性竞争，促成了中国电商的非正常繁荣。美国的网购并没有像中国那么发达，因为快递成本比较高。顺丰，包括'三通一达'都是恶性市场竞争的受害者。"

"顺丰不会降低自己的身段，参与到电商的价格竞争。既然和电商成为伙伴关系。我们要了解伙伴的需求，去满足他们的需求。大家是有商有量的一个关系，绝对不是谁依附谁的关系。我们为电商做物流做服务，不是用低价来侵蚀市场，而是以服务来满足。"顺丰内部人士说。

直采，打通电商的最后一公里

继1号店宣布借力沃尔玛上线直采商品后，2013年5月，顺丰集团旗下电子商务平台顺丰优选，上架了首批产地直采商品——台湾凤梨酥，成为国内第二家拥有进出口商品资质的电商（首家是沃尔玛1号店）。"台湾凤梨酥是第一单直采产品，接下来的6~8月，我们将会开始销售直采水果。"顺丰优选市场部负责人表示。

一盒产自台湾中部的12粒装凤梨酥，在台湾当地售价是300元台币，折合人民币约58元，经过顺丰"速运"到大陆，只需一周就能跨越海关重重环节，送到北京顺丰电子商务有限公司的仓库。在sfbest.com（顺丰优选）网站上，这盒凤梨酥的促销价格为109元。此款产品在内地属于独家销售，但在一些电商平台，类似产品价格比上述产品高50%以上。

按照规划，顺丰优选网站还陆续实现了各地水果、点心、饮料酒水等品类的直采，同时根据季节的变换，国内特色经济产品如樱桃、荔枝、螃蟹等，也借助顺丰全网物流纳入电商销售范围。

顺丰拥有全球快递网络，这是顺丰优选进行产地直采的重要条件。顺风优选可通过直采减少中间商的流通环节，为消费者提供省去代理费、价格更实惠的直采商品。比如前述的凤梨酥，虽然其实际销售价格比台湾高了近1倍，但对比内地大商场里摆放的同样货品的价格，却便宜得多。目前，顺丰优选在台湾省内部已经选聘了食品采购员，这些人原先负责顺丰的日常消耗品采购，懂采购操作流程。"公司设立了32人的采购部，他们需负责选择商品和销售地。比如，他们要知道凤梨酥在哪里好销。"

2013年5月中旬，顺丰优选的采购员开始忙着在广州周边农村走访荔枝种植户，他们希望采购到成色、品质均符合总部规范标准的荔枝。被选中为合格供应商的农户，会得到一个网站后台账号，登录到系统可以查看客户订单，只要用户下单，信息就会通过网站后台反馈到合作的果园，农户会根据订单流程规定采摘并打包发送给快递员进行配送。

发力冷链战略

冷链宅配业务是快递行业下一个增长点，目前这块业务的增速在100%以上。顺丰优选选择做冷链是不错的选择，因为没有强有力的竞争对手，如果能做成行业老大，那就非常厉害了。可以说，顺丰的切入点是比较有战略性的。顺丰切入该市场的选择和时机是正确的，但是要守住市场却很困难。因为冷链配送的技术、人才需求极其匮乏，投资规模也庞大得多，若没有清晰的战略目标，很容易失败。

2012年5月，时任顺丰优选CEO刘淼表示："顺丰做电子商务的初衷是希望做一个销售健康安全食品的网络平台。"当时并没有将进口食品直采业务作为市场差异化的定位。2012年10月，顺丰航空总裁李东起接任刘淼的顺丰优选CEO之职，对顺丰优选的市场定位力求有所调整，并强化了冷链物流的业务模块。此前，顺丰优选早期一直将1号店作为同业竞争对手看待。2013年3月后，顺丰将中粮我买网作为竞争对手看待。

2013年1月初，1号店就宣布借力沃尔玛直采进口商品，成为国内首家具备进口商品直采资质的电商，时隔3月，上线不足一年的顺丰优选也从外经贸部门拿到了进口商资质，充分运用自家物流优势，上马国内外直采业务，并对外声称将进口食品作为主营业务。

截至2013年5月，顺丰优选已有7000多个商品编码，其中大部分为进口食品。

冷链物流是顺丰优选着力要打造的网络。顺丰的冷链体系并不需要下沉到片区，因此，无须在点部设置冷藏设备。比如在北京，目前只建有一个冷链仓库，已足以满足全北京市的生鲜配送。需要重点考虑的问题是成本。B2C的冷链成本非常大，一个快递员配的冷藏箱成本达2000余元。即使每个点部只配一个箱子，全国配齐也需要上亿元的成本。当然，好处是相比B2B的业务，那种直接进家入户的冷藏快递服务，未来会形成强大的客户黏度。"用顺丰的物流缩短供应链，这对我们来说是很重要的商业模式。"李东起说，通过直采直供，"缩短供应链"才是电商的"创新"。李东起认为，零售业务的核心是供应链管理：缩短供应链、取消中间环节，最好能把供应商和客户进行双向对接，尽最大可能减少中间的物流成本。

目前，顺丰在中国香港、中国台湾、中国澳门、新加坡、日本、美国等地的分支机构从事物流业务。在当地的物流网点未来将分别建立起采购团队，由专门的人员负责直接采购。不过，对顺丰来讲，依然面临挑战。由于前期投入过大，成本较高，到目前为止，顺丰优选尚处于亏损阶段。"这是电子商务平台几乎都必须经历的阶段。集团目前也没有提出赢利目标。"顺丰优选市场部负责人表示。

-------- | 八方说词 | --------

解困生鲜电商"最后一公里"

陈硕坚

《二十一世纪商业评论》 2013 年 9 月 25 日

电子商务中，大量的传统产品早已是一片红海，唯独生鲜品（农产品）还处在起步阶段，原因是这个钱不太好赚。大部分农产品产值不高，每单零售金额小；产品庞杂，包装不便。从储藏到配送，必须全程冷藏，损耗也大，"最后一公里"的配送尤难解决。虽然很多企业蜂拥进入这个领域，包括天猫、京东、顺丰、易果网、菜管家等，动辄投资数千万元用于物流建设，但能做大的暂时没有，实现盈利的恐怕也是凤毛麟角。

生鲜品的市场不可谓不大，但生鲜电商行业呈现高成本、低利润的特点。要有好的赢利前景，路在何方？

专业化分工，物流和销售分离

目前许多生鲜品电商企业都在走自建物流的路。这就不得不在各地建大量冷库，购买大量的冷藏车。但除非单家生鲜品电商的规模就已经做得非常大（在近几年内，这几乎是不可能的），否则那点营业收入远远维持不了冷库和冷藏车的运作成本。当然，他们这样做很大程度上也是迫不得已，因为能做生鲜品配送，又有广大覆盖范围的第三方物流公司极其缺乏。

专业化分工可解开这个死结。让销售和物流分离，由专业的物流公司广设冷库，购置庞大的冷藏车队，但这个物流公司可同时服务多家生鲜电商企业。单个生鲜品电商的销售额不足以维持物流成本，但多个生鲜品电商的销售额加起来就足够了。以后电商企业就只负责宣传、推广、网上销售、组织货源等，储藏和配送就交给专业的生鲜品物流公司。随着形势发展，物流公司未来也有可能向上游整合，把"货源组织"这项工作也包揽下来。

这样，生鲜品行业的电商企业可能向两个分支发展，有的成为专业物流公司，有的成为网上销售公司。而网上销售公司又可以显著差异化，定位鲜明，专攻某些细分市场，有专攻某个城市的，有专攻某种品类的农产品的。

小区自提模式

生鲜电商配送最难的是从小区到住户的这个环节。没时间自己买菜的住户，很多都是要上班的双职工，白天家里没人，都希望黄昏时间送货。但物流公司的运力不可能把所有配送任务集中在黄昏那一个小时完成。数量有限的冷藏车不可能在黄昏时分同时出现在各个小区，送货员也无法在那一个小时内跑完大部分住户的家。

因此，比较可行的方案是"小区自提"模式。要做到这一点，物流公司可能需要跟各个小区的物业管理公司合作，或者跟小区附近的某个商家合作，把它作为小区客户的提货点。

利用数据挖掘技术提供增值服务

在熬过了最初的生存期之后，生鲜电商的竞争将从资本竞争转向技术竞争。数据挖掘技术将在这个阶段大派用场。电商企业记录了每个客人详尽的订购历史，利用数据挖掘技术，电商企业可以依托这些数据总结出每家人的饮食习惯。

电商网站可以提供"自动配菜服务"——在不超出该顾客的预算，又符合这家人的口味的前提下，从周一到周日，给他们家配好每天不同的菜色和合适的分量，再附送菜谱和烹调方法。

"自动配菜服务"实质上是一个推荐服务。这个推荐服务对电商公司节省成本、提高效率也有重大意义，电商公司就可以设计数量有限的标准配菜套餐，预先用流水线式的工作方式完成预分拣和包装，从而大大提高了配菜的效率。而且，这种推荐服务可使电商公司采购的生鲜品种更集中，有利于增加主打品种的采购量，在采购时有更好的议价能力，降低采购成本。

四 实体经济与虚拟经济的联姻

马云与张瑞敏终牵手

2013 年 12 月 9 日，海尔集团旗下香港上市公司海尔电器（HK：01169）与阿里集团联合发布战略合作公告：阿里集团对海尔电器进行总额为 28.22 亿元港币的投资。上述投资分为两部分，第一，阿里集团对海尔电器旗下日日顺物流投资 18.57 亿元港币，设立合资公司，包括认购日日顺物流 9.9% 的股权，金额是 5.41 亿元港币；认购海尔电器发行的金额为 13.16 亿元港币的可转换债券，该可转换债券未来可转换成日日顺物流 24.1% 的股份。第二，阿里集团以认购新股的方式对海尔电器投资 9.65 亿元港币，获得投资后海尔电器 2% 的股份。最终阿里集团可获得日日顺物流 34% 的股份，海尔电器 2% 的股份。

海尔和阿里两者合作的基础是优势互补，在大数据物流领域，海尔提供大件物流的仓储、干线运输、配送等服务，阿里集团提供平台；双方于两年前开始合作，战略投资后合作会更加紧密。海尔集团旗下包括两家上市公司，一家是青岛海尔（SH：600690），主营业务方向是家电制造业，一家是海尔电器，旗下主业务是渠道，即日日顺物流。海尔电器 2013 年第三季度财报显示，旗下营业收入 80% 来自渠道。

与京东等公司的物流相比，日日顺有三个优势，一是全网络覆盖，除了一级、二级、三级城市外，还覆盖四五级城市甚至县、乡级城市；二是 24 小时全天候配送；三是更好的配送体验。海尔建造了一套覆盖全国的像城市公交体系一样的物流网络，公交站点就是仓储中心，乘客不是人，是货物。目前做到这一点的唯有海尔。除了这套类公交体系外，日日顺另一项能力是进户安装与售后服务的能力。日日顺主要是大件物流，比如家电、家具、桶装水，产品送达之后需要安装。在安装的过程中，安装人员会与用户互动沟通，沟通内容包括固定的两项，一是通过移动 POS 机收银，二是通过 iPad 来保存与客户交流沟通的信息，最终服务于加盟日日顺的第三方公司，包括天猫、京东、宜家等加盟"日日顺商城"的厂商。目前差不多包括家电、家具、未来会扩展至其他品类。事实上，目前日日顺已开始试水百货。

日日顺旗下负责送装的汽车有 19 万辆，每一辆车包括一个司机，一个送货员。他们一起负责送达，送货物进楼入户、安装。送货员负责安装，司机负责收费，与售货员互动交流、沟通，了解用户需求，这些需求可以一键分享到云端。海尔日日顺最终要实现的，不仅仅是在保证最佳用户体验的前提下，将商品送到用户家里，而是将一个"商城"送到用户家里。这样，与京东、淘宝这样的电商相比，日日顺是离消费者更近的用户入口：与消费者面对面。离用户最近的互联网入口成为现实，日日顺则实现了张瑞敏的梦想：在日日顺物流这张实网的基础上，打造一张虚网（电商网站），实现其互联网战略。其他很多物流公司也送大件物流，大多是把货品送到楼下，不负责入户、安装，与消费者产生了许多矛盾，唯有海尔打通了所有环节而形成闭环。日日顺未来是做数据物流的标准：先从大件物流入手，然后扩展至其他品类，大件物流最难做，做好了大件物流，其他品类则不会成为问题。其他公司即使可以制定出日日顺这样的战略，但实现很难。海尔打造这一体系，始于 1996 年，用了 17 年的时间，投入了三四百亿元。

1996 年，苏宁、国美尚不知名，家电零售业由商场主导，比如西单商城、长安商城、王府井商城、上海百货等。张瑞敏那一年做了一个决定：在全国建立海尔专卖店。但专卖店的职能不只是销售，同时负责服务、配送、安装等。

海尔成为中国家电行业的龙头，以至成为全球最成功的家电制造业，源于张瑞敏 17 年前下的那个决定，那一决定为海尔奠定了"服务的海尔"这一基调。服务成了除品牌、产品、技术创新之外与竞争对手角力的第四张牌。截至目前，日日顺物流在全国拥有 9 个发运基地，90 个物流配送中心，仓储面积达 200 万平方米以上，另外建立了 7600 多家县级专卖店，约 26000 个乡镇专卖店，19 万个村级联络站。并在全国 2800 多个县建立了物流配送站和 17000 多家服务商网点，形成集仓储、物流、配送、安装于一体的服务网络。

2012 年，日日顺开始与天猫合作，当时主要是为天猫平台上的海尔旗舰店提供物流服务，2012 年"双 11"期间，海尔旗舰店在天猫拔得电器城头筹。天猫电器城的负责人满楼在阿里内部对包括马云在内的领导人吹风，海尔集团创始人张瑞敏很具有互联网思维，海尔整个集团都在向互联网转型，而且动作很快。

2013 年 1 月 6 号，阿里集团 COO 张勇来到海尔集团，那时候双方开始有了一个想法，即将海尔的营销体系与阿里集团的互联网体系融合起来，形成"实网＋虚网"的闭环系统。2 月 27 日，双方再次谈判，巩固这一想法。2013 年"双 11"，海尔集团与天猫的关系更近了一步：海尔集团旗下日日顺除了为海尔天猫旗舰店提供物流服务外，还加入了天猫物流宝，为其他厂商提供物流服务。整个"双 11"期间，日日顺物流共承担了 50 万件大件物流，动用运输车达 7 万辆（日日顺物流共约 9 万辆运输车辆）。"双 11"相当于一次实战预演，大件物流一直是电商的痛点，日日顺物流在"双 11"的表现让马云看到，自己找到了解决大件物流痛点的最佳合作伙伴。在电商物流中，大件物流、汽车、医药、冷链、生鲜是几座难以攻克的大山，其中大件物流发货需求量最大，是大难点。攻克大件物流这一难题之后，日日顺不排除进入上述领域，形成更多电商物流的标准。12 月 6 日，马云来到青岛，历时一年的接触、尝试，阿里正式入资海尔电器。

目前，海尔电器除了渠道业务之外，还包括一些家电制造业务，比如热水器。过去数年，一直有消息称海尔电器将剥离所有家电制造业务，业务百分百由渠道业务组成。这是既定的发展方向，但要等到时机成熟才会实施。对马云来说，看中的是渠道，即日日顺物流的价值。阿里集团投资海尔电器，会加速海尔电器剥离家电制造业务。这些业务被剥离后或将注入青岛海尔。日日顺物流的价值则在于电商物流的标准，传统物流是由线下实体资源构成的重物流，电商物流则是大数据物流，是"鼠标＋水泥的结合"。面对大数据时代的零售格局，马云与张瑞敏都需要突围。携手海尔，马云可以为"菜鸟"物流平台打造两个东西，一是第三方服务伙伴样板，二是大数据物流标准；牵手马云，张瑞敏同样得到很多，即布局电子制造业之外的新世界，也就是现代服务业，前者被张瑞敏称为旧世界，后者被马云称为新世界。在这一协议下，最失落的人应该是刘强东：马云与刘强东之争，可理解为开放与封闭的产业链模式之争，张瑞敏牵手马云，开放模式增多一个重量级筹码。这一结果多少与京东封闭的产业链模式有关：在京东体系下，商品定价权被京东强力控制，物流服务则优先选择京东自有物流，这使其排斥了很多合作机会。

2012年8·15京苏大战（指京东与苏宁的价格战）进行时，因为价格战导致产品价格太低，海尔曾计划停止与京东合作（配送体系继续合作，提供物流服务）。通过"菜鸟"物流、天网计划，马云的手早已经伸向了物流业，但样板缺失、标准缺失，是摸着石头过河。携手张瑞敏，马云找到了大数据物流时代的航向。

海尔"务虚" 阿里"做实"

一个回归实体，一个走向虚拟，马云与同是行业翘楚的张瑞敏相遇，注定是一个标志性事件。马云和张瑞敏都是极强的布局者。双方各自在自己的产业链条里深耕布局已久，如今显然已到了收网的时候。除了与阿里巴巴的合作，海尔目前还在跟北京一家上市公司洽谈合作，后期还会有一系列动作。根据海尔电器年报，其旗下主要有三块业务，分别是洗衣机、渠道综合服务和热水器，渠道综合服务业务包括分销、物流、售后及其他配套业务，分销业务的实施主体便是日日顺。从财务指标看，渠道综合服务是海尔电器整个营业收入的主要组成部分，但毛利率远不如另外两块业务。2012年，渠道综合服务业务实现营业收入507.69亿港元，而洗衣机和热水器分别创收132.77亿港元和44.89亿港元，毛利率则分别为8.2%、27.8%和43%。尽管阿里巴巴集团的一位发言人称不便置评与海尔的合作，但是其合作的重点被公认为日日顺。

"传统的快递多是小件为主，入股日日顺主要也是看中它在大件商品上的布局，它在供应、配送、管理等方面的经验也非常成熟。"同时，因为目前的物流体系在三四线地区非常欠缺，阿里希望这些地区的人也能享受到跟一二线城市同样的待遇。未来，三四线地区及农村市场蕴藏的商机无疑是巨大的，但物流是马云的一个短板，其本人在 2013 年 5 月也宣布投资"菜鸟网络"，整合"三通一达"＋顺丰及百世汇通，但是实现全网合作还需要走一段很长的路。

"日日顺前期有一个宣传，叫'七定'配送模式（即定单、定人、定车、定点、定线、定时、定户），与马云的理念不谋而合。"实际上，海尔也早有意与电商合作。其 2012 年年报称，"由于开放的用户服务平台和最后一公里解决方案，日日顺品牌以独特的市场竞争力吸引众多电商战略客户进入，并逐渐形成完善的 B2B 物流、B2C 物流、备件物流、返程物流等第三方物流运营平台"。

海尔向虚，阿里入实，但双方的目的却被认为是殊途同归。在海尔电器 2012 年年报的"主席函件"中，海尔电器董事局主席杨绵绵也称，"家电产品竞争由价格战转向用户价值创造，三、四级市场家电分销层层代理模式面临变迁，互联网对现有实体渠道带来冲击，虚实融合不可避免，这三个趋势不仅在 2012 年得到验证，在 2013 年仍将对行业产生重大影响"。不无巧合的是，此时，马云已开始思考从"虚"走向"实"的道路。马云称，真正的新经济是实体经济和数字经济的完美结合，是"虚"与"实"的完美结合。

2013 年以来，马云以迅雷不及掩耳之势分别入股或入主新浪微博、"菜鸟网络"、高德地图、天弘基金等，每次都堪称引领行业的大手笔，引发行业强震。而张瑞敏同样是引领行业的弄潮儿。现年 64 岁的张瑞敏早早玩起了互联网，力图实现用户的全流程体验，而日日顺则整合虚网、营销网、物流网、服务网优势，通过虚实融合战略，为用户提供全流程一体化的解决方案。阿里与海尔是两个集团的合作，很难说是谁在推动、谁在操作。与其说是一个趋势，不如说是必须，用户才是最大的撮合人，互联网经济到了一种地步就必须走出一个形态，到底是谁走出来就看各自的能力了。未来海尔应该还会有一系列动作，目前其正在跟一家大数据公司进行洽谈。张瑞敏的信息化战略离不开大数据。

海尔的生态圈之路

有人称海尔集团董事局主席兼首席执行官张瑞敏是一个商业思想家，也有人说他是企业家中的哲学家，也有人说他是梦想家。作为中国改革开放以来最早的一代企业家，近 30 年来，张瑞敏一直活跃在中国商界舞台上。他像一个引领者，带领企业熬过一次次高原反应，孜孜不倦于商业模式的探求。从1984 年创立至今，海尔一直在进行"流程再造"和商业模式变革。创新成为海尔的一个标签。海尔探索实施的"OEC"管理模式、"市场链"管理及"人单合一"发展模式都引起国内外管理界的关注。

张瑞敏说，三中全会用"创新驱动"描绘了整个发展战略。落实创新驱动发展战略，海尔就是要加快推进"人单合一"的模式创新，最终建立起一个平台型企业。张瑞敏解释，平台型企业就是一个快速配置资源的生态圈。这是一个生生不已的系统。这是他的一个梦想。

2013 年 12 月 6 日，海尔与阿里达成战略合作，张瑞敏跟马云讲了一段耐人寻味的话。他说，百年企业都是在自杀和他杀当中选择了自杀，都是自杀了若干次之后才能成为百年企业，否则早被他杀掉了。万事万物没有不灭的，但问题是你怎么延续它，怎么来自我颠覆。熟悉海尔发展史的人都会对张瑞敏的这番话产生共鸣。海尔一直在进行着自我颠覆，一直在进行着海尔式的"自杀"，才有了持续的发展。2012 年，海尔集团实现全球营业额 1631 亿元人民币，折合 258 亿美元，创造利润 90 亿元人民币，折合 14.2 亿美元。

如果说中国目前已经出现了第三代或者第四代企业家，而且多聚合在互联网行业，那么，比肩互联网的第一代企业家张瑞敏也同台出现在聚光灯下。甚至中国第一代企业家与中国第三代、第四代企业家频频握手。最近的一次握手就是在 12 月 6 日，张瑞敏与马云双手紧握。他们互相欣赏，进行了一番有趣的对话。张瑞敏说，阿里巴巴的生态系统以及开放的平台驱动模式等值得很多企业借鉴。马云说，正是因为有了像海尔这样优秀的实体经济的存在，互联网才得以飞速发展。阿里联盟海尔共同发展中国商业生态体系。这也并非双方的恭维。起码对张瑞敏而言，海尔正在进行打造平台型企业、生态圈的探索。眼

下，适应互联网需求、建立良好的商业生态圈是海尔正在推进的事情。张瑞敏
认为，在互联网时代，传统制造业必须触网，消弭与互联网的界限。海尔提出
了互联网时代企业转型的方向，就是建立一个平台企业。

"我们现在正在不断地自我颠覆。传统企业的驱动力是规模经济和范围经
济，就是做大做强。但是互联网时代的驱动力是平台。平台就是快速配置资源
的框架，平台就是生态圈。有人给平台下了一个定义，我觉得非常恰当：所谓
平台，就是快速汇集资源的生态圈。用最快的速度把各种资源汇集到一起，只
有互联网时代才能做到。"张瑞敏说。"所谓平台有两个特点：第一，开放，
第二，免费。比如电商，所有人都可以在这个平台上快速找到自己需要的东
西，卖方可以快速满足他们。互联网时代，企业的界限被打破了，失败者经营
的是带围墙的花园，成功者经营的是开放的平台。"张瑞敏说。

目前，海尔正在探索建立一个适应互联网时代的生态系统。张瑞敏说，这
个生态圈建设的目标有四个字，即"生生不已"。生生不已，绝不是只生不
死，任何生态圈都不能保证里面的物种可以长生不老。生生不已指的是整个生
态圈，而不是哪一个具体的物种。生态圈里的物种自有适者生存的机制驱动。
瑞士洛桑国际管理发展学院（IMD）管理创新学教授比尔·费舍尔在接受美国
Outlook 网站专访时称，现在海尔成了一个平台，旗下运营着数个海尔品牌下
的小微企业（自主经营体），更像是一种创业投资公司。这样运营更简单，也
更快速、更具创新力，因为它们在不停地寻找新的业务。

张瑞敏解释说，海尔在互联网时代的模式创新探索主要有两个方面，一个
是战略，一个是组织架构。打个比方，战略好比人的头脑，组织架构好比人的
身体，如果决定向右转，脑袋已经转向右边了，但身体还没有转动，那这个人
就不可能向右走过去。战略和组织架构两者是相辅相成的。海尔的战略就是
"人单合一"双赢的模式。所谓人单合一，简单地说，人就是员工，单就是员
工的用户，双赢就是这个员工为用户创造的价值，他所应该得到的价值。海尔
现在有 8 万多人，8 万多人在这个模式指导思想下就一下子变成了 2000 多个
自主经营体，一般最小的自主经营体只有 7 个人，一下子把这个组织给细分
了，把原来的金字塔模式给压扁了。在这个前提下，这个组织也改变了，我们
叫作平台组织下的自主经营体并联平台。传统企业是串联起来的平台，现在海

尔做的是协同起来的并联平台。"我们的探索花了很多年，正式提出人单合一双赢模式是在 2005 年 9 月，到现在做了 8 年，仍在继续探索。这一模式几乎把企业整个组织全部颠覆了。现在海尔的组织是一个网状组织。"张瑞敏说。

张瑞敏回忆这 8 年走过的路程，他说，"说起来很容易，做很难。我们提出人单合一转型 8 年了，有的时候走了弯路，有的时候走错了，有的时候走两步退一步。原因在于人的观念改变不是一下就能改过来的，改了还可能有回潮；再一个就是牵扯了很多人的利益。国家层面的利益分配不好解决，企业也是一样，只不过范围小而已。有很多人本来在薪酬各方面都不错，位置也比较安逸，比较高，一下子扁平化了，没了，这样会牵扯非常多的人。"

在张瑞敏看来，如果企业能够跟上互联网的发展变革，互联网时代对企业来说就是最好的时代，如果跟不上，被它抛弃，那么就是最坏的时代。他借用唐代著名诗人王维的诗句"行到水穷处，坐看云起时"。他说，现在传统企业、传统经济已经到了山穷水尽的境地，虽然到了"水穷处"，但互联网这个"云"起来了，这是契机。信息技术时代的原动力是平台，平台颠覆了规模和范围。张瑞敏说，我们的模式推进需要两个层面的颠覆，从企业层面看，要从过去的层级式颠覆成平台，而表现在利益共同体层面，就是要成为演进生态圈。

"不治已病治未病，不治已乱治未乱"是张瑞敏的基本想法。这也使海尔一直生存在变革当中，从未停止。而企业发展航向调整的关键，是抓住国家每一次重大政策调整的机遇，顺应发展大势。近 30 年的所有重大决策，张瑞敏仍然历历在目，如数家珍。

1984 年 10 月，党的十二届三中全会通过了《中共中央关于经济体制改革的决定》，启动工业经济改革，强调学习国外先进技术和搞活企业。张瑞敏说，那是一个供不应求的年代，中国众多企业引进了电冰箱生产设备和技术。当时电冰箱市场品种繁多，竞争激烈。海尔引进了德国利勃海尔电冰箱生产技术和优质管理，提出了"起步晚、起点高"的原则，制定了"名牌战略"。1985 年，海尔砸掉 76 台质量不合格的冰箱，砸醒了职工的质量意识。十三届三中全会提出要治理经济环境，整顿经济秩序，国家开始培育和发展资本市场，上海资本市场开始对中国的企业开放。1991 年 12 月，海尔合并了青岛电冰柜总厂和青岛空调器总厂，成立海尔集团，进入了多元化发展战略阶段。

1992 年 6 月，海尔贷款在青岛圈下 800 亩地，准备建立家电行业的第一个工业园，但遇到金融上的瓶颈。1993 年 11 月，海尔股票在上海上市，筹集到的资金使海尔工业园得以顺利建成。从 1993 年开始，国家推进经济体制改革，转换国有企业经营机制，积极探索建立现代企业制度的有效途径。为了贯彻多兼并少破产的方针，国家加大促进优势企业兼并劣势企业的政策力度。张瑞敏说，1997 年 9 月，以进入彩电业为标志，海尔进入黑色家电、信息家电生产领域。与此同时，海尔以低成本扩张的方式先后兼并了广东顺德洗衣机厂、莱阳电熨斗厂、贵州风华电冰箱厂、合肥黄山电视机厂等 18 个企业。海尔成为当时中国最大的冰箱制造企业之一，这是通过收购许多亏损的地方企业实现的。让张瑞敏不能忘记的是，1998 年 3 月 25 日，他应邀走上哈佛大学课堂的那一刻，"海尔文化激活休克鱼"的案例，成为哈佛商业管理学院的教材内容。中国企业管理者可以进入国外讲堂，中国企业也可以进入国外市场。

机遇来了。2001 年，中国加入世界贸易组织（WTO）；随后在 2002 年，党的十六大提出了企业"走出去"的战略。中国企业开始融入全球市场。海尔结合自身实际，再一次抓住机遇，加快了开放步伐。张瑞敏给海尔做出的顶层设计是"走出去、走进去、走上去"这"三步走"战略。1999 年 4 月 30 日，海尔在美国的南卡罗来纳州建立了生产基地，同年，还建立了"三园一校"（海尔开发区工业园、海尔信息产业园、美国海尔工业园、海尔大学）。2001 年 4 月 9～14 日，巴基斯坦海尔工业园举行奠基仪式，孟加拉海尔工厂举行开工仪式。同年 6 月 19 日，海尔集团并购意大利迈尼盖蒂公司所属的一家冰箱厂，这是中国白色家电企业首次实现跨国并购。在海外扩张中，海尔采取先难后易战术，打破先进入东南亚和非洲这样竞争不那么激烈地区的惯常思维，海尔选择先进入美国和欧洲等难度更大的市场。张瑞敏认为，最难的市场如果都能拿下来，都能知道如何满足世界上最复杂客户的需求，队伍经过这种锻炼之后，那么在全球任何其他区域的扩张中就变得信心更足、更加简单明确了。

让张瑞敏难忘的，还有 2008 年下半年，金融危机爆发，世界经济大幅下滑，国际市场需求严重萎缩，中国外贸企业遇到了前所未有的困难。海尔作为已经进入国际市场的企业，也受到冲击。国家推出了一系列经济刺激政策，在家电行业实施了家电下乡（2007 年 12 月开始试点）、以旧换新（2009 年 6

月）、节能补贴（2009 年 5 月）等政策，挖掘国内市场需求，帮助企业渡过危机。海尔紧贴国家政策，进行了三个方面的创新：一是产品创新，为用户提供解决问题的方案；二是商业模式创新，实施零库存下的即需即供；三是机制创新，建立人单合一的自主经营体。家电下乡政策推行三年，海尔在农村建立了完善的家电流通、服务体系，并开发了系列的针对农村市场量身定制的产品。海尔集团三年的销售额高达 250.5 亿元。

十八届三中全会召开之后，张瑞敏认识到，"市场配置资源"是海尔的机遇。"市场要起决定性作用"，这很好地解答了今后市场经济发展的方向。对企业来说，这种方向性的改变可能会提供很多的机遇。张瑞敏说，没有成功的企业，只有时代的企业，所谓成功只不过是踏上了时代的节拍。在每一个不同的发展阶段，张瑞敏都希望推动海尔，抓住时代机遇进行战略创新。为了踏准互联网时代的节拍，海尔彻底颠覆了原来的组织架构，进入"网络化战略阶段"。海尔将原来的"金字塔结构"变成"节点闭环的网状组织"，把 8 万名员工变成了 2000 个创业团队，正在搭建全球资源整合平台。"我个人从事企业管理 30 多年，我把这 30 多年的管理经验提炼为几个字，就是'企业即人，管理即借力'。人是企业的关键。如果把人抛到一边，资产负债表就没有多大用途。"张瑞敏说，管理即借力，就是看企业有没有开阔的思路整合更多的资源。特别在互联网时代，企业如果是封闭的，就会一事无成。

------------------------------- | **高端访谈** | -------------------------------

海尔张瑞敏谈互联网思维：这是制造业最好的时代

——访海尔集团董事局主席兼首席执行官张瑞敏

侯继勇

《21 世纪经济报道》 2013 年 12 月 29 日

将海尔从一个地方小厂打造成一个营业收入过千亿元（2012 年海尔集团收入约 1600 亿元）的家电巨头，张瑞敏堪称"中国制造第一人"。

现在互联网时代，张瑞敏被称为"隐形巨人"，这是与阿里集团马云、腾讯马化腾、百度李彦宏这些"显形"的网络巨子对比的提法。互联网、移动互联网的浪潮浩浩荡荡，席卷了所有产业。作为家电业龙头的海尔，也没能幸免。"这几年我关注得最多的就是互联网。"张瑞敏对《21世纪经济报道》（以下简称《21世纪》）记者说。

2013年12月9日，阿里集团宣布对海尔集团旗下海尔电器进行总额为28.22亿元港币的投资。有人认为海尔将放弃制造业，向服务业尤其是现代物流服务业转型。张瑞敏认为，这是外界的一种误读：海尔不是放弃制造业，而是换一种思维，用"互联网思维"做制造业。

互联网思维而非互联网工具，这是张瑞敏与传统制造业大佬的最大不同之处。他甚至也迥异于其合作伙伴马云，马云强调"互联网工具"，认为传统行业触网的最佳模式是与淘宝、天猫合作，利用电商渠道以及网络营销即可。张瑞敏的这一提法与小米科技的雷军类似，只是两者赋予的内涵略有差别，雷军强调生态链打造，张瑞敏则强调制造业的管理。张瑞敏的"互联网思维"包含两个层面：一是并行生产，即消费者、品牌商、工厂、渠道、上游供应商利用互联网技术全流程参与；二是经营用户而非经营产品，传统制造业的模式是以产品为中心，未来制造业需要通过自己的产品找到用户，与用户互动，了解用户的需求，然后确定新品开发，周而复始。

从家电制造企业到一家具有互联网思维的企业，海尔正在张瑞敏的领导下进行一场互联网时代的大迁徙。海尔集团旗下两家上市公司，青岛海尔主营家电制造业，负责在新型制造业方面的探索；海尔电器的主业渠道，即日日顺物流，负责新型物流的探索。携手马云，张瑞敏意在探索"实网＋虚网"的无缝O2O融合，打造O2O时代离用户最近的互联网入口。除了制造业的"互联网思维"，张瑞敏领导下的海尔还在尝试无灯工厂（无人工厂）、虚拟制造、3D打印等制造业的前沿技术。目前，海尔集团已经在沈阳等地试建无灯工厂，未来会投入洗衣机等产品的生产。

互联网时代，制造业前景不被看好，张瑞敏却认为这是制造业最好的时代，互联网对任何产品来说，将超过电的意义：电发明后，保存食物的柜子变成了冰箱，后来大部分装备都变成了电器；互联网之后，大部分装备都将变成网器。

张瑞敏是读书最多的中国企业家之一，每年精读图书近百本。上一次采访，他向记者推荐了《FaceBook 效应》，这一次则推荐了《当下的冲击》。

自组织企业

《21 世纪》：在互联网的冲击下，企业会变成什么样子？

张瑞敏：传统企业跟传统媒体一样，要改造成一个适应互联网的机制非常困难。互联网的冲击不只是电商、互联网营销等，它还将带来非常深层次的冲击。我觉得冲击到最后，整个社会都会变成自组织（自动生成组织）。

《21 世纪》：在自组织的形式下，CEO 的任务是什么？还有存在的必要吗？

张瑞敏：一是主观能动性。下级的任务不是上级下达的，是个人主动创造、能动争取的。能够争取的原因是给用户创造了价值，由 CEO 来判断"用户价值"。判断用户价值是我需要做的，当然现在我还没有做到。

我们希望自组织是自己冒出来的。某个人发现一个机会，有几个人志同道合，大家一起来做。海尔是一个平台，一个自然环境的生态，土壤很肥沃，水草很丰美。CEO 不保证一定冒出什么树来，但 CEO 要保证条件好。

海尔以前搞自主经营体，现在搞利益共同体，就是某种意义上的自组织。但有不足，即不是自然生长，大多是有规划的。先实验，培养这种意义。最终达到四个字，即"生生不已"，可能有些树会死掉，但总会有些新树冒出来。不管是死亡还是新生都要看市场，市场要是没了，那您就不应该存在。

《21 世纪》：你提到的管理无领导，就是这个意思？

张瑞敏：正是在互联网的冲击下，我们提出了"管理无边界，企业无领导"。实现"管理无边界，企业无领导"的前提是，企业变成了自组织。

我推荐你去看看《当下的冲击》。这本书针对的是阿尔文·托夫勒三十年前的《未来的冲击》。包括媒体、政府机构、商业公司，未来都会疲于奔命。比如马路上发生一个事儿，网上立马铺天盖地，机构媒体只能坚持应付，没有应付就活不下去。原因是每个人都是媒体、自媒体。媒体应该优化各种资源，成为平台；对企业只有自组织，没有别的出路。

《21 世纪》：这些年来，海尔最大的变化在哪里？

张瑞敏：日新月异倒说不上，但是思维肯定和原来不一样，变成了互联网思维。

《21世纪》：互联网给这个世界带来的最大变化是什么？

张瑞敏：我觉得德鲁克有句话说得很好，互联网最大的影响就是消除距离。如果是零距离的话，电商一定会战胜传统营销渠道，互联网媒体一定会战胜传统媒体，因为传统媒体做不到"零距离"这三个字，不存在谁好谁坏的问题。

（产值）大小和重要性是两回事。德鲁克的比喻非常好：比如铁路，铁路本身不会创造多少产品，但是铁路的重要性显而易见，互联网也是这样，趋势不可逆转。

《21世纪》：海尔怎么让这一百多个自主经营体形成向心力？

张瑞敏：其实是个目标的问题，目标不一致，很怕出现各自为政的情况。但是如果目标都是为用户创造价值，每个环节就会根据特长形成分工；作为个体，如果不能为用户、为其他环节创造价值，就会被整个生态链抛弃。

《21世纪》：也就是说，即使都属于海尔，但某个自主经营体可以不在海尔内部采购，可以向其他企业采购？

张瑞敏：如果现在大家都不向你采购，要不你就提高实力，要不就是解散。现在有的部门压力很大，就这么两条路，要不你就和别人竞争，如果再发展下去没有采购，就必须关门。关门的话你们这些人随便，没有人要你。

未来工厂

《21世纪》：制造在未来海尔的体系里是个什么角色？

张瑞敏：关于制造，我们内部自己定了5个字：智能无人化。第一，无人化，无人化就不用依靠这么多人，自动化程度很高；第二，智能，智能是效率很高。智能也是个性化制造，设计产品很快，但是生产出来的东西不是千篇一律的。

在过去的经验里，自动化就是规模化，与个性化相悖，智能化能克服这一点。

《21世纪》：怎么实现个性化？

张瑞敏：个性化应该是个永远的目标，它包括两个层面：第一个层面，模块式的个性化，2012年"光棍节"海尔卖的电视，你自己来选择，你想要什么颜色随便选。当时海尔电视收到了一万多个订单，电视并不是我们的优势产品；现在又开始订制空调。

个性化的第二个层面是，一对一生产。模块式的个性化是初级阶段，一对一的个性化是高级阶段。初级阶段现在就可以实现了，高级阶段还需要等待各种技术成熟之后才能实现，比如3D打印。

《21世纪》：你个人对3D打印持何看法？相信十年以后能普及吗？

张瑞敏：这个很难说，至少我觉得应该是向这个方向发展的。海尔从某种意义上推出过中国最早的一台3D打印机，我们最早叫激光冲印机。当时主要用于打印模件，没问题的时候再去开模。

1999年，江泽民总书记到海尔视察时，看了后觉得很新奇，他也没见过。这是个什么东西？用激光冲印机冲印一台冰箱，和真件一模一样的。

3D打印现在受到很多制约，有人发言说永远不可能。我觉得它是可以发展的，但有两个问题：一是前端材料可不可以随心所欲，比如是不是放上一些粉末就能打印出来一个玻璃杯？打印瓷器完了打印金属件，材料问题怎么解决？

二是如何和消费者的需求结合在一起。材料即使可以满足需求，但是价格太高了也不行。我觉得在小孩子的塑料玩具上可以先尝试，小孩儿的玩具上使用塑料很多，年轻的家长都是80后、90后，自己设计出来，会很有成就感。先发展起来之后，再进入其他领域。

《21世纪》：一百多年前福特发明流水线，开启了规模化生产，是一种进步，未来搞3D打印，回归个性化生产，是不是一种倒退？

张瑞敏：我感觉这就像哲学上的否定之否定：一开始就是小作坊，然后变成流水线，这是第一次否定；但现在这个3D打印，是否定之否定，它和原来那个小作坊又不一样了。好比你开小商店，后来变成大连锁，再变成千家万户的电商，但和之前的小商店完全不一样。我觉得它是一种进步。

全流程革命

《21世纪》：你对大数据怎么看？

张瑞敏：大数据其实现在炒得很热，但是我们内部觉得它很简单：如果你能把它变成有价值的就叫大数据，如果你不能把它变成有价值的就是大数字了。

《21世纪》：日日顺物流的数据采集做得很好，这算一个成功的大数据案例吗？

张瑞敏：海尔送装服务车即是一个销售终端与服务终端，也是用户需求获取的终端。以前说用户入口，未来线上线下融合以后，抢的是用户入口。用户入口在互联网上可能是搜索、浏览器，数据是不精确的；O2O时代，海尔送装车可能就是用户入口，数据是精准的。

国内的电商很有问题。互联网有三个功能，即平台、交互、支付；国内的电商可能更偏向于通过网络打价格战，是没有赢家的，这不是互联网的真正价值。互联网的价值应该是交互，了解用户需求，创造更好的用户价值。

《21世纪》：如何实现价值的交互？

张瑞敏：用管理大师加利·哈默（《管理大未来》的作者）的话说，就用户全流程体，从产品设计开始，到生产制造、销售、服务，用户全流程参与。完成一个循环后，再一起参与新产品的设计、生产制造、销售、服务。

亚马逊的案例就很好地说明了全流程参与：比如一个家长来买玩具，马上分析你为什么要玩这个玩具，买的是小飞机还是小军舰？喜欢军事玩具还是其他？亚马逊也会从小时候开始记录消费者的喜好，从两三岁开始，然后推荐产品。

另外就是亚马逊的电子书。电子书出来之后，不只是价格比纸质书便宜，而且电子书没有结尾，每个人都可以写结尾，这才是真正不一样的地方。

亚马逊只是在销售环节让用户参与，未来的制造业是用户、生产者、产品供应商都可以参与每个环节。全流程、全产业链、全生命周期会给制造业一个更好的未来。

现在的电商还停留在沃尔玛"天天低价"的层次，我觉得这不是互联网交互的本质。中国互联网不能老是停留在价格上，应向价值交互发展。

《21世纪》：全流程参与下的生态链有何不同？

张瑞敏：关于未来生态链的模式，现在还没有特别好的提法，我的提法是要变成"并联平台"，并联平台上的各方利益最大化。用马基雅维理的话说：如果你做一件事不能让各方都享有利益，那么就不会成功。

从前的串联平台不是这样的，串联各个环节只关心自己利益的最大化：比如从上游选最便宜的供应链商，卖给下游更高的价钱。利益最大化一定要有一个来源，来源是什么呢？你一定要给用户创造价值。

未来家庭

《21世纪》：你对智能电视怎么看？大家都觉得这是未来颠覆传统的电视。

张瑞敏：我觉得到最后就是电视不要钱，通过卖软件、卖服务收费。

《21世纪》：海尔很早就推出了家庭互联的标准e佳家，现在你对家庭互联网如何看待？

张瑞敏：我们觉得过去的方向有问题，应该在用户中间调研一下，用户最关心是什么？其实我们也做了，中国用户最关心的很多很多，第一位的是安全。比如说家庭的安全，很多年轻的家长担心，大人不在小孩会利用联网设备干什么；包括现在社会治安问题，联网后都会成为很大的问题。

海尔在家庭互联网方面有很多实验，但从用户的角度来看还是不方便。很重要的一点是，我们始终没有放弃。

《21世纪》：除了安全外，还有什么问题？

张瑞敏：就是现在最基本的怎么去遥控它，我拿一个手机就能控制家里的开关，其实我们也做了，做了用户好像也不怎么满意。所以我个人觉得可以从遥控到自控，就是家里的设备可以根据周围的环境自己来决定。

以前是人机对话，现在需要环境和机器对话，这还有很长一段路要走。

现在的状况有点类似德鲁克说的"需求在没有创造出来之前是不存在的"，安全、环境与机器的服务都需要被创造出来之后，再经市场的检验才知道。

《21世纪》：海尔的角色除了做硬件、服务之外，还有其他拓展空间吗？

张瑞敏：其实我们现在还不是这么思考问题的，我们现在不是思考做什么产品，我们现在是思考怎样与用户进行交互，传统经济下其实是没有用户的。

《21世纪》：过去只有产品，以产品为中心？

张瑞敏：那时候只有顾客，我生产出来的产品打广告、促销、最后有人购买就结束了，付款就是销售的结束。现在付款就是销售的开始，用户对你来讲就是永远的。往大里说就是，信息在你这里，你可以借用数据分析，这很不一样。

第二章　电商与物流织就的网络

一　阿里牵头成立　"菜鸟网络"

2013 年 1 月，阿里宣布组织成立"菜鸟网络"（中国智能物流骨干网，CSN），这再次引起了电商业、物流业对阿里物流战略的关注。综合阿里这几年对物流发展的表态来看，其实阿里的物流发展战略非常清晰，深入地研究后不难发现阿里物流所蕴含的称霸野心。社会化物流是阿里一直追求的发展方向，而"天网"物流宝＋"菜鸟网络"＋阿里服务站，组成了阿里大纵深的立体式物流战略。

阿里一直对外宣称不自建物流，但要做社会化物流平台。天猫总裁张勇对外表示，天猫要打造开放的 B2C 平台，构建一个由品牌商、供货商、零售商及包括物流商在内的各类第三方服务提供商进行分工协作、共同为消费者提供优质商品和服务的 B2C 生态体系，对 B2C 产业链上包括物流在内的各个环节，天猫不会大包大揽地做所有事情。对快递物流，天猫将更充分地发挥平台影响力和资源整合及调动能力，促使社会化快递物流资源分工协作更加优化，推动构建全链条式电商物流体系。张勇把电商企业和快递企业做了一种休戚与共的关系定位，谁缺了谁都不行，天猫在上游提供了订单转化成包裹，物流公司用它的服务能力把这个包裹送到消费者手里，实现了这个服务。在谈及对自建物流的看法时，张勇表示，天猫与淘宝是一个社会化的交易平台，需要社会化的物流平台，尽管目前京东商城等公司在自建物流，但长远来看，社会化物流是大方向。

2012 年天猫和淘宝一年的交易规模已达到 1.1 万亿元，日均 UV 上亿，日均 PV 已达 10 亿量级。国家邮政局数据显示，2012 年全国规模以上快递服务企业业务量完成 56.9 亿件，马云说其中 37 亿件是阿里做的，那 2012 年天猫和淘宝日均诞生的包裹数量已有 1000 万件规模，2012 "双 11" 当天更是超过 7800 万件，目前国内没有哪一家或者哪几家物流公司能够消化掉阿里如此大体量的物流需求，这也是阿里坚持做社会化物流的直接因素。另外，天猫和淘宝本身就是社会化的交易平台，必须有社会化的物流平台才能与之相称，这样才能支撑天猫与淘宝平台和产业的发展。张勇在 2012 年还曾对外表示："对阿里来讲，其实我们从来没有自建过物流，我们只是在一些战略要地进行一些仓储用地的投资，其实这只是产业链当中的一环，而这些投资最终也会提供给其他仓储企业，包括物流公司使用，并不是说我们要去建一个物流公司或者物流团队去做物流业务。"这一观点也是马云在 2011 年 1 月 19 日阿里物流一期战略发布会上对外表达的观点。张勇表示，阿里没有意愿自己做一家物流公司，自己去招几万个人，自己做一套体系，做一个车队去开展物流，阿里期望建立一个社会化的物流平台，利用产生的订单和信息与合作伙伴深入合作，通过向快递企业开放信息流来缓解物流压力。同样，马云在 2012 年年底 CCTV 年度经济人物典礼后的中国企业家俱乐部内部沙龙上表示，阿里所做的就是把中国现有的物流体系利用起来，而不是自己建一套物流体系。中国未来会需要 1000 万快递人员，任何一家公司都不可能管理 100 万以上的员工去做快递。互联网公司是做不到这一点的，如果一家公司什么都干，这家公司肯定干不长。电子商务公司是一个社会化的大配合。从马云到张勇到曾鸣，再到阿里物流事业部的内部人员，阿里已经形成统一的物流战略发展思路，一心要搭建社会化物流平台，这也是在 2011 年 1 月做好的既定计划，接下来是按照计划展开行动。

阿里物流战略主要分成两条线进行：第一条线是"天网"，主要是梳理、规划、搭建阿里物流网络，通过互联网形式对仓储物流服务进行数据化管理，也因此诞生了物流宝；第二条线是"地网"，也就是刚刚成立的"菜鸟网络"，阿里希望通过投资的形式建立干线仓储，进而围绕天猫和淘宝扶持下游的快递企业发展。物流宝是阿里天网战略中的重要一环，2011 年 1 月 19 日，阿里巴巴集团推出"物流宝"平台，大力推进物流信息管理系统。2012 年 5 月 28 日，阿里宣布与九大快递公司战略合作，大家的第一反应是阿里在为 2012 年的"双 11"做准备，实际上这也是阿里天网战略的进一步推进，目的是进一步提升物流宝的战略作用；而当月早前的 15 日，天猫电器城推出"次日达、迟到免单"的配送服务，更是对物流宝实际效果的检测。2012 年 5 月 15 日推出的活动得益于阿里集团技术平台——物流宝系统，天猫"迟到免单"服务通过和商家、第三方物流、仓储合作伙伴以及交易平台打通数据，可实现同城及城际快速配送。天猫将向物流合作伙伴开放相关信息接口以分享数据，并开发电子商务快递业务预警雷达、天猫物流指数等产品，将网络零售信息，结合快递公司运营网络状态情况等信息与物流企业、平台 B2C 商家和消费者分享。数据服务才是阿里"天网"物流战略最核心的部分，通过天网，阿里可以掌握（包括线上线下的）完整的信息流数据，对天猫和淘宝的运营可得到进一步强化，而天猫物流也可实现从内环境进一步外扩至整个物流配送行业。

"散乱差"的中国物流行业还存在"过度流动"的情况，这种矛盾使原本有限的物流资源因低效率的资源配置而被进一步浪费。物流行业有一条"能不流则不流"的行业原则，意思是指让物流资源在最大范围内得到最有效的配置，而不是一盘散沙般无序、重复地动来动去。天猫物流希望通过"货不动数据动"的方式来解决物流上"能不流则不流"的行业原则问题。所谓货不动数据动，就是通过物流宝这个连接商家、仓储、快递、软件的超大数据枢纽，实现物流资源的合理配置。物流宝担负了阿里物流大数据的重任。天猫已经推出了仓配一体服务计划，即天猫物流先尝试从天猫电器城、天猫超市以及品牌特卖三条业务线入手，这主要是考虑大小家电、快消品和服装三种类目对仓储配送完全不同的运营需求，通过物流宝加以磨合、提炼，逐渐让天猫物流能够有效运转起来。

2013 年 1 月 23 日，阿里巴巴集团联合银泰、复星、富春、四通一达、顺丰，以及相关资本市场的领军机构、银行和金融机构等计划联手建立中国智能物流骨干网（"菜鸟网络"）项目，该网络能够支撑日均 300 亿元（年均约 10 万亿元）网络零售额，让全国任何一个地区做到 24 小时内送货必达，目前该项目已经进入具体实施阶段。这是在阿里"天网"物流战略两年之后，正式展开的配套式的阿里"地网"物流战略。如果说阿里天网战略在过去两年不断进行数据化进程的话，那阿里地网战略过去两年做的是根据天网提供的数据梳理地网战略路线，并选择地网主干线路。其实早在 2011 年 1 月，阿里推出"物流宝"平台的同时，就计划投资 200 亿～300 亿元人民币着手兴建全国性仓储网络平台，逐步在全国建立起一个立体式的仓储网络体系。中期以后，阿里巴巴集团希望能与电子商务生态圈中的其他合作伙伴共同集资超过 1000 亿元人民币，来发展物流系统；而从目前来看，中期所指的正是阿里的"菜鸟网络"，那么阿里组建"菜鸟网络"就标志着阿里物流中期战略开始进入全面实施阶段。早在阿里宣布组建"菜鸟网络"之前，就已经开始着手在全国范围内拿地了。2012 年在谈及百亿元投资的项目时，张勇称，2011 年年初我们宣布了大物流计划，当时的核心内容就是我们动用一部分资金在战略重要性极高的地区获得和建设一些仓储资源。中国的范围那么大，但电子商务的发展具有区域和人群聚集的特征，一些关键区域、关键位置的土地资源是稀缺的。随着电子商务的发展，大家可以看到各大电子商务公司对储备用地资源都有非常迫切的愿望。阿里巴巴购买土地建立仓储是希望分享给合作伙伴用，并欢迎合作的快递公司在阿里的仓储中开设中转场。但想要解决成千上万用户千差万别的物流需求，天猫物流要做的更多。因为对一个拥有多渠道的线上商家来说，面对渠道一端，把货送到线下门店还是送到线上卖场，或者送到线上分销商，各渠道对物流服务要求都不一样，还需要验货、清点及其他特殊服务。而天猫物流的终极目标就是要把物流业从传统的 B2B 转变到线上的 B2B2C 形式。要想改变铁板一块的传统 B2B 标准化物流，满足天猫 B2B2C 非标准化物流需求，这件事必须由阿里来牵头推动。之所以阿里会投资物流地产，一来是为了改变传统物流业的 B2B 标准化形式，使其更适合天猫 B2B2C 的非标准化物流需求；二来是因为在物流业中仓储建设投资大、回报慢，又需要规模性的平台化运作，因此仓储物流不仅是制约天猫和淘宝发展的一大瓶颈，而且是制约物流业的一大瓶颈。阿里在反复评估之后，认为以投资的方式可以尽快帮助物流企业占据一些战略性极高的仓储资源，进而满足天猫、淘宝的发展。阿里巴巴只管建仓与数据化，具体运营则交由专业的第三方仓储服务商与物流公司。

阿里再次分拆成 25 个事业部，其中物流事业部归天猫总裁张勇负责。阿里分拆时"菜鸟网络"还没正式上线，当时的物流事业部只有"天网"，而马云还特意在阿里分拆 25 事业部的邮件中用"天网"对物流事业部做了备注。现在阿里物流"地网""菜鸟网络"已经上线，虽然阿里联合各方组建的"菜鸟网络"现在拟由银泰集团董事长沈国军出任 CEO，由于 CSN 项目是联合投资，马云不好直接用张勇掌管该项目，所以通过沈国军出面缓解舆论压力，但如果不出大意外"地网"项目的实际掌舵人终归还是会由张勇出面，因为阿里的天网与地网是需要相互编织在一起的，不可能独立分开运作、各自为战，最后的盘整方面还是会由天猫物流事业部来负责，这样才能做到"天地合一"。

天网解决了物流数据化问题，地网解决了物流干线仓储的瓶颈问题，而对阿里来讲只做到"天地合一"还远不够，阿里整个物流战略必须包括配送终端的建设，也就是阿里 2012 年推出的校园小邮局和社区服务站。2012 年 9 月当时的阿里巴巴旗下淘宝、天猫事业群宣布，将开展提供校园快递系统解决方案的"阿里巴巴服务站"试点，进军物流"最后一公里"的校园市场，服务站以校园小邮局形式切入，服务站面积为 50～200 平方米，采取智能化运作，以提供快件收发、自提等服务，方便高校学生取件和寄件。阿里巴巴服务站一般安排在学生宿舍楼附近或去学校食堂的必经之路上，快递到货后，系统将会即时以手机短信的形式通知收件人领件，领取人到小邮局报上短信密码即可取件，且取件免费；同时领取人也可以在领取处通过电脑查询自己的快件。此外，阿里巴巴服务站小邮局还能提供揽件服务。在合作模式上，天猫作为一个系统解决方案提供者，并不直接做小邮局，而是提供符合学校应用场景的小邮局操作系统，包括为学校老师和学生提供小邮局操作培训以及运营指导。天猫牵头与快递公司总部签署合同，由快递公司总部协调快递公司高校所在区域分公司与学校签订合作协议。除了淘宝、天猫的快件之外，当当、京东等其他网络公司的快递包裹，同样可使用该系统结算进入学校。在不久后的 2012 年 10

月 24 日，阿里巴巴旗下天猫事业群天猫物流事业部宣布，"天猫社区服务站"即日起在北京、上海、杭州、嘉兴、武汉等一二线城市 580 多个便利店、社区网点亮相，并在天猫服务站频道公示。到 11 月 11 日前夕，广东地区也将增加便利店提货点。届时六省市网点将达 1300 个。从 10 月 25 日起，淘宝、天猫的网购快件可以填写自己就近的"代收货"天猫社区服务站网点地址。包裹到站 5 天内，服务站予以免费保管，消费者可在该期间凭借证件及密码上门自提。目前服务站仅接受体积小、非生鲜、金额不超过 3000 元的货品。

现在看，其实阿里物流战略非常清楚，以"海""陆""空"三位一体的立体的大纵深方式涵盖整个物流产业链的各个角度，"海"指海量的终端代收点，"陆"指"菜鸟网络"仓储基建计划，"空"指物流宝的物流数据化。以后阿里基本上可以掌控整个物流业的全部数据，可以通过数据指挥全国各地的仓储物流公司，而国内各大仓储、物流、快递公司在通过物流宝数据做决策的同时，其使用的物流主干道也是由阿里组织投资建设的，配送到终端时又是由阿里规划的小邮局与服务站进行。说白了，在阿里完成物流战略后，各大快递公司只是负责统一管理旗下员工为阿里搬箱子，因为快递公司用的数据、主干物流网络、配送终端都是阿里建设的，谁还敢说阿里的物流战略不清晰呢？

目前"菜鸟网络"的建设者，以及未来有机会参与到项目中的建设者，需多接受一个附加条件：在未来 5~8 年中不计回报持续投入，这种条件下阿里"菜鸟网络"为什么还会受到仓储物流企业、快递企业、资本投资方和金融机构的青睐？实在点讲肯定是有利可图，但利在哪里？对仓储物流企业来讲，阿里投资建设的仓储完成之后会交由它们负责，因为阿里不会组建物流公司，自己做搬箱子的工作，而是更乐于将这类工作交给专门的公司负责经营，所以阿里和仓储物流企业可以一拍即合。对快递业，阿里有三点足可以使其死心塌地地跟着阿里走。第一，由于目前快递企业仓储能力不足，导致"散乱差""过度流动""暴力分拣"等现象普遍存在。除了顺丰外，消费者对快递企业的印象普遍不佳，如果快递公司想长远发展，必须要做好服务，提升形象，而阿里投资仓储给快递公司使用，这是快递企业的一次天赐良机，其没有拒绝的理由；另外《快递市场管理办法》将于 2013 年 1 月 1 日起开始实行，这更促使快递业向阿里靠拢。第二，快递公司需要完整的物流数据，目前可以

电商时代①

详细掌握整个网购行业物流数据的只有阿里一家，各快递公司由于在不同区域有强有弱，全国范围内的数据是不完整的，互联网时代数据是快递公司的刚性需求，快递公司必须跟上阿里的步伐。第三，2012 年全国共有 57 亿件快递，其中 37 亿件是天猫和淘宝做的，占快递总量的 65%，同时 2012 年天猫和淘宝在整个网购市场的占比也在 85% 以上，而九大快递公司业务量占电商物流领域的 90% 以上，这就是它们为什么愿意跟天猫物流合作、尝试新服务产品首推的最主要原因。对资本投资方与金融机构来讲，投资赚钱是最主要的，阿里"菜鸟网络"也并非公益项目，而且利润非常可观。到 2020 年，阿里计划完成 10 万亿元的网络购物交易规模（先假设这一目标可以实现），并且预期到 2020 年国内快递首重价格至少会涨 3 ~ 4 元，续重同样会上涨，那 2020 年电商给快递业带来的收入很有可能达 9000 亿元水平，整个网购市场全年产生的订单至少有 400 亿件，如果在 2020 年阿里的每单快递从快递公司手中抽取 0.5 ~ 1 元的物流建设费，那 2020 年阿里物流收入就可达到 200 ~ 400 亿元的规模。当然，到时也有可能迫于消费者担心转嫁成本的舆论压力，阿里不会收提成，但如果在 2020 年网购交易规模可达 10 万亿元，阿里物流完全可在接下来的 3 ~ 5 年内收回投资，而之后坐享物流收益，并且如果阿里物流肯分拆上市，那对现在的投资方与金融机构就更具吸引力了。

另外，很多人愿意拿阿里与京东比，电商业务比，现在物流也拿来比。其实二者不具有可比性。从天猫和淘宝的日均订单量来看，现在有日均 1000 万件快递，到 2020 年日均快递量至少上 1 亿件，这并不是自建物流可以完成的，阿里所强调的社会物流的优势就在这里。虽然现在来看，京东自建物流从服务和效率上来讲都非常好，但从长远角度讲，京东如果再想上一个量级则会受到自建物流的掣肘。京东 2012 年日均 80 万单，全年交易额为 600 亿元，如果十年后，京东日均订单量可翻 10 倍达到日均 800 万单，那全年交易额到 6000 亿元已是京东物流配送的极限了。这么看来，阿里所强调的社会化物流确实非常适合天猫和淘宝自身发展的需求，而且阿里的物流战略早已把京东的需求规划在内，就像阿里在校园成立的小邮局，如果京东有需要也完全可以使用，若到 2020 年京东自建物流不足以支撑京东发展，那京东可能就只有投靠阿里的物流体系了。

二　京东自建仓储与物流系统

　　随着电子商务的日益发展，物流行业的问题逐步凸显，"双11"就是最好的例子，线上订单创新高，但物流体系自身的承受能力却有限，"爆仓"是那几天听到的最多的词。仓储是整个网购链条的核心环节，可深度挖掘商品大数据。因此，淘宝、京东、苏宁、亚马逊、易迅网等各大电商巨头都纷纷投入重金布局。自2010年起，各电商大佬们开始积极自建仓储物流，为这场持久战打造属于自己的"后勤部队"。

　　为了改善用户体验，提升自身服务价值，电商企业需要自建仓储物流体系，仓储物流成为"兵家必争之地"。但与此同时，电商自建模式也面临一些棘手的问题，事实证明仓储物流这支"部队"并不是那么好带的。自建仓储远远比租仓贵得多，很多资金需要放到技术开发、运营管理等方面，对电商资金链是个挑战。事实上，前期仓储物流选址与建造需要较长的时间，也需要大量资金的投入，给企业带来巨大压力。电商自建仓储软硬件使企业资产比重迅速加重，加上自建投资大，回收期较长，短期内现金流和利润都会受到一定的影响，需要谨慎对待。诚然，电商企业不断发展壮大，加之融资又为其提供丰富资金，比如2013年2月京东商城就完成了7亿美元的股权融资，投资仓储物流并不是难事。但是一旦物流缺少持续性资金投入，将对电商整体运营形成重大打击。

　　除资金压力外，土地难拿也是电商自建仓储物流需要面对的重要问题。据仲量联行的报告显示，由于可租赁物流仓储稀缺，2013年一季度上海非保税仓库租金环比上涨1.9%，上海西部区域的物流仓储设施几乎达到满租的状态。可以看出，租赁仓库尚且如此，更不必说购买仓储用地了。京东商城早在2010年便提出"亚洲一号"仓储计划，但直到2013年才刚刚开始建造，刘强东对各种原因直言不讳："中国物流用地最紧张，比住宅用地更紧张。""（亚洲一号库）因为拿地的事情一拖再拖。"随着我国新型城镇化进程的不断推进，仓储物流等基础设施正在外移，而受18亿亩耕地红线限制，以及物流需求不断高涨，土地供应量也越来越吃紧，阻碍了电商自建仓储物流。

拿地投资打造出属于自己的仓储"后勤部队",就需要电商充分了解与应用它,使其为自己攻城拔寨保驾护航。库存管理、成本控制、淡季与旺季需求波动、自有大数据处理与挖掘等方面的问题,都有待电商自己去探索解决。事实上,高效处理每天巨大的客户订单考验着电商企业自建仓储物流。2012年"双11"期间,各大电商平台单日订单数都创造了新高,大批量订单却导致仓储物流周转不开,最终货物无法进出而爆仓。这样的教训不得不让电商企业选择自建仓储物流,但还是半个"门外汉"的电商在这方面确实经验不足。电商自己经营仓储设施的最大障碍在于分拣效率和产品周期。订单处理效率的关键在于分拣,分拣不利则谈不上高质服务。产品也是有周期的,比如苹果有3~4个月的保质期,而瓜类只有两个星期,电商如何有效管理产品周期,也是一个比较关键的问题与挑战。

京东商城高级运营总监朱政经在2013年5月第八届仓储业大会上曾说过这样一句话:"京东永远是以技术为中心的电子商务公司,但它更是一家以技术为中心的物流公司!"可见,京东商城对仓储物流的重视程度。京东商城可以算是电商中最重视自建仓储物流体系的企业。据了解,目前京东位于上海嘉定区的"亚洲一号"一期的主体结构已经封顶,正在装配仓库的硬件设备,二、三期的施工也将完成。武汉、西安、成都等地的"亚洲一号"也正计划开工。刘强东向外透露,到2013年年底,上海的"亚洲一号"就可以投入使用,面积达23万平方米。随着业务的不断扩大,京东自建仓储对其自身处理海量订单将大有帮助。原来京东在上海和北京分别有四个仓,效率很低。京东自建超级仓,可以大大缩减成本。例如,一个客户订三件货,这三件货可能分别在三个仓库,需要分几个包裹给客户,成本就翻了好几倍。

不仅如此,京东自建仓储设施还能提升自身竞争力,寻求到更多的融资空间。自建仓储为企业融资提供各利益相关方都认可的资金消耗出口,同时又依托自建仓储形成新的融资能力和建立可以预期的投资增值空间。并且通过自建仓储形成全国性网络,可以形成自身特色的专业化的供应链物流运营体系,并逐步提供公共物流平台服务,挖掘"第三利润源泉"。

尽管如此,京东自身仓储建设也正面临一些挑战。京东仓储运营管理存在三方面的压力:其一,京东仓储面对的是全品类产品,一站式购物对仓储物流的要求非常高。其二，京东每日百万订单量，对拣货、打包都有很大的要求。其三，时效与购物体验也同样考验着京东仓储运营能力。为此，京东也制定了一系列针对提高仓储运营水平的措施。首先，京东的仓库是生产型仓库，机械式操作，设备替代人。其次，京东正在向十万、二十万平方米的物流园区靠拢，希望租赁这种物流园区，保障业务的延展性。京东要的不仅仅是仓储，对配送、对运输都要求一体化，不能单独割裂，割裂就意味着成本的增长。为此，京东设计了转运中心、配送中心、分拣中心和配送站四位一体的供应链模式。"只要我们的园区足够大，这些资源都可以整合在一起"。朱政经说。京东商城 CEO 刘强东在 2013 年 3 月 "清华大学的创业创新领导力课程" 上曾说，京东 2013 年不考虑上市，因为要做仓储物流建设，要在中国再造一个类似亚马逊的仓储体系，外加一支像 UPS 的优秀的物流配送队伍。

仓储方面亚马逊又有哪些优势呢？《创富志》2012 年 3 月发表的《亚马逊赚钱"利器"：物流大师》一文谈到，"物流执行成本"（包括运输、订单处理、仓储、收发货和退换货等成本）是电子商务企业除销货成本外的最大支出。在 20 世纪 90 年代，亚马逊"物流执行成本"一度占总成本的 20%，目前下降到 10% 左右，物流成本的降低，成为亚马逊扭亏为盈的"利器"。实际上，与中国电商仓储物流相比，亚马逊中国的物流中心有其独到的地方。以入库、品类管理为例，亚马逊的入库环节，有一货一位、一货多位、多货多位的存储方式，从表面上看比较零散，但在后台 IT 的支撑下，可以说"乱中有序"。品类管理上亚马逊建立了商品重量、长宽、体积等数据档案，与出库包装箱大小关联，涉及最后与供应商、第三方物流商的结算。仓储设备上，亚马逊有"落地框"这一装备，规定任何从货架上掉落的商品，不允许放回原货架，必须存放于"落地框"内，再统一上架。亚马逊物流中心的"地牛"（搬运车）也十分先进，"地牛"安装了地面识别装置，完成作业后能自动归位，黄线正常行驶，蓝线转弯慢行，遇到障碍会减速行驶。而且亚马逊开放物流平台，也扮演着第三方物流服务商的角色，依靠零库存运转和建立配送中心来提升效率，把节约下来的钱用来补贴物流。国内电商易迅网也同样开放了物流平台。这一点，京东商城的"一支像 UPS 的优秀的物流配送队伍"正是向其学习的。亚马逊经验一个是平台化，一个是大物流，京东第一步大物流已经在建了，平台化也正在进行。

三 电商物流和物流园区

"电商企业＋自建物流园区"式运营配送中心的出现，正在倒逼传统物流产业园区加速转型。下一步，通过参股、合作或品牌、技术输出，借力电商企业一起开发物流园区，将成传统物流产业园区转型的趋势。卓越亚马逊在国内拥有北京、苏州、广州、成都四大运营中心，可以快速有效地对覆盖几乎全国地域的卓越亚马逊消费者，提供物流配送支持。京东商城也同样在全国买地，并在江苏省宿迁等地筹建物流仓储基地，以解决日益加大的物流压力。

可以看出，类似卓越亚马逊、阿里巴巴集团、京东商城等"电商企业＋自建物流园区"式运营配送中心已是大势所趋。从目的来看，很明显，电商企业自建物流配送中心，主要还是为了提升送货的速度，弥补第三方物流的不足与企业高速发展的瓶颈。但是，这反过来也让第三方物流心里不安，在一定程度上正在倒逼第三方物流这类传统物流产业园区加速转型。

首先，适应电商"新经济"的需求，提高物流运作的效率和送达准确率是物流产业园区首先应该解决的管理问题。效率的提高主要是两种途径：其一，通过对商品货物堆放分区的科学性、易存取性的精细化管理，提高物流企业对仓储与库存管理的运作能力；其二，通过供应链方式的创新来科学管控物流配送服务商。

其次，做好"最后一公里"物流园区专业化服务，今后应该更关键。以"中国·金义电子商务新城"为例，其不仅可以优化阿里巴巴集团企业内部物流管理，降低物流成本，市场影响力及辐射范围的扩大也会起到助推剂的作用。另外，还可以使企业通过全国范围内智能物流骨干网的逐步构建，进一步提高配送效率，降低成本。物流园区逐渐成为多种交通运输方式的重要衔接点，是实现"最后一公里"的重要载体，是保障城市正常运行的重要支撑。物流园区只有更好地做到"最后一公里"专业化物流、配送服务，消费者才会对商家增加一份青睐。物流园区服务城市运行、服务消费、服务产业发展的功能价值也才能不断增强。

最后，借力电商企业一起开发物流园区，根据电商"新经济"的需要，提供更多的"个性化"需求与服务，势必将成为未来物流产业园区开发的趋势。个性化需求与服务，尤其是个性化的售后服务，是传统第三方物流当前很难完全满足的。因此，下一步，物流园区在考虑成本的基础上，还应该尽可能开发针对企业的特殊服务套餐。一方面，这种服务模式可以提高物流配送的工作效率；另一方面，这也是物流企业新的业务增长点。这样一来，当电商企业再次短期内面对巨额的物流、配送时，物流产业园区可以通过短期租借仓库或提前准备、科学管控物流配送服务商等个性化措施及时处理，能尽量减少配送时间误差与问题投诉。但是，个性化服务套餐的推出仍然难以从根本上改变"电商企业＋自建物流园区"的趋势，电商企业对自己企业的物流配送能力效率的把控将不可避免，对传统物流产业园区而言，通过参股、合作或品牌、技术输出的形式，借力电商企业一起开发物流园区，满足电商在物流上的个性化需求，或将成为传统物流产业园区在电商"新经济"条件下，提供"个性化"服务、转型、保持新生活力与发展的新出路。

四　智慧物流：开启电商发展新时代

IBM 于 2009 年提出了建立一个面向未来的具有先进、互联和智能三大特征的供应链，通过感应器、RFID 标签、制动器、GPS 及其他设备和系统生成实时信息的"智慧供应链"概念，紧接着"智慧物流"的概念由此延伸而出。与智能物流强调构建一个虚拟的物流动态信息化的互联网管理体系不同，"智慧物流"更重视将物联网、传感网与现有的互联网整合起来，通过精细、动态、科学的管理，实现物流的自动化、可视化、可控化、智能化、网络化，从而提高资源利用率和生产力水平，创造更丰富的社会价值。

在 2009 年，奥巴马提出将"智慧的地球"作为美国国家战略，认为 IT 产业下一阶段的任务是把新一代 IT 技术充分运用到各行各业中，具体地说，就是把感应器嵌入和装备到电网、铁路、桥梁、隧道、公路、建筑、供水系统、大坝、油气管道等各种物体中，并且被普遍连接，形成所谓的"物联网"，然后将"物联网"与现有的互联网整合起来，实现人类社会与物理系统的整合。在这个整合的网络当中，存在能力超级强大的中心计算机群，能够对整合网络内的人员、机器、设备和基础设施实施实时的管理和控制，在此基础上，人类可以以更加精细和动态的方式管理生产和生活，达到"智慧"状态，提高资源利用率和生产力水平，改善人与自然间的关系。

中国物联网校企联盟认为，智慧物流是利用集成智能化技术，使物流系统能模仿人的智能，具有思维、感知、学习、推理判断和自行解决物流中某些问题的能力。即在流通过程中获取信息从而分析信息做出决策，使商品从源头开始被实施跟踪与管理，实现信息流快于实物流；即可通过 RFID、传感器、移动通信技术等让配送货物自动化、信息化和网络化。

智慧物流的出现开启了电子商务发展的新时代，可以起到以下四个方面的作用。

（一）降低物流成本，提高企业利润

智慧物流能大大降低制造业、物流业等各行业的成本，实打实地提高企业的利润，生产商、批发商、零售商三方通过智慧物流相互协作，信息共享，物流企业便能更节省成本。其关键技术诸如物体标识及标识追踪、无线定位等新型信息技术应用，能够有效实现物流的智能调度管理、整合物流核心业务流程，加强物流管理的合理化，降低物流消耗，从而降低物流成本，减少流通费用、增加利润。

（二）加速物流产业的发展，成为物流业的信息技术支撑

智慧物流的建设，将加速当地物流产业的发展，集仓储、运输、配送、信息服务等多功能于一体，打破行业限制，协调部门利益，实现集约化高效经营，优化社会物流资源配置。同时，将物流企业整合在一起，将过去分散于多处的物流资源进行集中处理，发挥整体优势和规模优势，实现传统物流企业的现代化、专业化和互补性。此外，这些企业还可以共享基础设施、配套服务和信息，降低运营成本和费用支出，获得规模效益。

（三）为企业生产、采购和销售系统的智能融合打基础

随着 RFID 技术与传感器网络的普及，物与物的互联互通，将给企业的物流系统、生产系统、采购系统与销售系统的智能融合打下基础，而网络的融合必将产生智慧生产与智慧供应链的融合，企业物流完全智慧地融入企业经营中，打破工序、流程界限，打造智慧企业。

（四）使消费者节约成本，轻松、放心购物

智慧物流通过提供货物源头自助查询和跟踪等多种服务，尤其是对食品类货物的源头查询，能够让消费者买得放心，吃得放心，在增加消费者购买信心的同时促进消费，最终对整体市场产生良性影响。

-------------------------------- │ 高端访谈 │ --------------------------------

物流：电商对决的王牌

——访"中国物流策划第一人"李芏巍

李香玉

《新金融观察》 2013 年 11 月 17 日

从第一个吃螃蟹的王峻涛创办 8848 网站，到马云与阿里巴巴的传奇，中国电子商务经历了火爆与沉浮。在电商竞争的硝烟战火里，凭借什么才能在对决中取胜？谁又能在激战中笑到最后？"中国物流策划第一人"李芏巍的新作《电商的战国》将庞杂的信息进行了有序梳理，横扫电商的过去、现在和未来，生动地再现了电商江湖的风起云涌。

理性认识"双11"

《新金融观察》2013 年"双 11"天猫淘宝交易额破 350 亿元，远远超过了 2012 年的 191 亿元。中国"双 11"网购日受到外媒的关注，《纽约时报》

称，中国"双11"网购日已成为全球最大型的电子商务活动。你怎样看待"双11"购物热潮？

李芏巍：中国"双11"网购日交易数字确实惊人。"双11"形成创新升级营销模式的理念，我用一句话来概括："以发展来创造并发现需求，以发展去满足并创造需求。"但对11日前后一段时间内的消费进行集中，相信根据大数据平均之后，一个周期内日均消费并不会有太大波动。可见，消费量并没翻番增量，但给整个社会消费看起来增加了非常大的体量。从单体消费者看，消费者60%以上是从传统购物者平移过来的，30%以上是被网购吸引过来的。网购打折，消费者是获得了实惠，但社会总运行成本其实增加了。快递"爆仓"只是表面现象，其背后是整个商业系统超负荷运作，短期内商流、物流、信息流系统需要智能化和弹性化应对，长期内大众的电商消费理念、结构都需要逐步向平稳化和常态化转变。因为营建良性发展的生态圈，通过把店商、电商、服务商、供应商聚集起来，从而提高商业与交易的效率，降低成本，才能促进产业链的快速发展。

《新金融观察》据中国快递协会统计，2013年"双11"期间预计将产生3.23亿个快递包裹。疯狂的"双11"给快递企业带来了怎样的机遇与挑战？

李芏巍："双11"给快递业务量带来峰值，随后也会带来低谷。其实任何理性的商业公司都希望看到业务持续有序地增长，而非大规模上下波动。面对"双11"，快递企业要在极短时间内投入大量成本，若不是资本市场在后面支撑，很多企业甚至会难以为继。

"双11"给快递企业带来的机遇有：①电商业务量激增，促进了快递业进一步细分，未来纯为电商配送而生的快递企业能在业务量的支持下得到发育，并逐步形成核心竞争力。②快递运力和节点的弹性业务能力得到检验，快递作为第三方物流也将部分业务进行短期外包，部分传统物流企业成为快递企业的"临聚力量"，未来存在跨界的整合，以"智慧化"状态和"智能化"技术，通过策划实现价值最大化的资源整合体。③从2013年来看，快递企业与电子商务的信息互通进一步加强，基于位置的服务衍生出很多商业机会，快递企业信息化尤其是移动信息化存在较大的市场机会。

"双11"给快递企业带来的挑战有：①快递企业由被动接受业务向主动预

测业务转变。大数据的来临为消费者消费行为预测提供了思路。根据数据业务产生源进行预处理，快递企业的业务逻辑将发生很大改变。②智能物流理念注入快递领域。快递企业依赖全面统筹运作网络，智能物流将"人治"转为"智治"，电商数据与快递网络系统根据云计算形成最佳方案。快递下一步竞争领域将是比拼更优质、更智慧、更稳定的网络。③信息化技术推动了移动互联网、物联网、云计算、大数据的快速发展，移动互联改变快递调度的局面，建立合理高效的机制，完善各项流程，创建新标准和管理系统，满足和有利于带动生产和消费的发展。

"得物流者得天下"

《新金融观察》：电商市场可以说正处于群雄争霸之际。但是当旧秩序被打破，新秩序尚未建立起来的时候，恶性竞争恐怕是难以避免的。在你看来，目前电商市场有哪些地方需进一步完善？

李芝巍：市场规则化不是一蹴而就的，要在特定的历史阶段才能孕育出来。过去的一年，各大电商恩恩怨怨几乎打了个"循环车轮战"，外行人在看热闹，业内人士却都在感叹电商市场缺乏规则，缺乏除价格战以外的竞争手段。我认为电商市场规则的大方向可以包括以下几方面：首先，给予电商行业平等化待遇。我国电商行业身世不清、分类不明，行业本身又存在灰色领域，法律法规也没有及时将电商纳入体制内。不过，我们看到网店的工商注册、缴纳税费、消费权益保障等工作已经铺开，这是一个良好的开端。

其次，丰富电商产业的竞争手段。价格战是我国电商竞争现阶段最热衷的竞争手段，这可能将电商产业带进死胡同。电商打价格战，全是输家，却难断"毒"瘾。从参战电商看，通过强烈的对立情绪渲染去争取客户，到头来却被揭发为价格欺诈，从而失去口碑。从消费者一方看，在价格战的整个进程中都处于边缘位置，成为电商企业拼数据的数字符号。我书中提到，电商的核心竞争力是"相对效率"，包括资金效率、信息效率、物流效率、人才效率等，而非"绝对价格"。

最后，制定电商市场的专属规则。只有市场和行政两方面施力，市场规则才能有序搭建起来。

《新金融观察》：电商大战中，有的企业做得风生水起，有的企业昙花一现。想在电商大战中生存下去，最应具备的素质有哪些？

李芏巍：从失败和成功的案例中，我们都能看到电商人的努力。但光靠努力是不够的，这不是一个拼体力的行业。我能看到的三个关键要素是"数据、品牌、供应链"。

第一是数据。电商企业作为基于互联网开展业务的企业，要具备"互联网基因"，其中建立数据观是电商企业基因序列构建中最关键的要素。商机的挖掘、客户的发展及维持、搜索的优化、口碑的建立、供应链管理都要立足数据，而不是简单的人为判断，这样才能适应互联网市场环境。

第二是品牌。诚然我们能够列举出众多逝去的品牌电商，但更多无品牌电商在悄无声息地死去。在搜索引擎、移动媒体、网络广告、微博自媒体、论坛、视频、点评、百科、社会化书签、社交网站、博客、签到、音乐图片类等浩瀚的信息海洋中，要想在目标客户群中留下印记，并借助印记不断累计投入，品牌就是电商的核心资产和竞争要素。

第三是供应链。电商企业能够在短时间内响应个性化需求，并快速提供订单服务，成为电商成功的关键。中小电商严控物流，大型电商自建物流，在各自能力所及范围内，努力改善供应链的质量。

《新金融观察》：你在《电商的战国》中写道："在信用、支付等难题解决之后，物流成为电商成长的最大瓶颈。"电商近几年纷纷将重金砸向物流，更有"得物流者得天下"的说法。那么目前物流对电商的成长存在怎样的制约，电商又该如何去突破呢？

李芏巍："得物流者得天下"这个说法其实并不是电商独有的逻辑，商贸流通行业领域都适用。只是电商这种以"方便、快捷、时尚、实惠"为内核的新兴商贸流通模式，更强调用户的消费体验和口碑反馈，而物流是影响这两项指标的关键因素。

电商该如何突破物流这一发展瓶颈，这是当前热议的话题，我个人认为，首先要从主观和客观两个方面去认识。现行的物流体系和电商营销模式在发展中都会存在一些相互制约的因素，物流管理手段、第三方物流、快递、仓储配送对电商的成长发展存在影响，电商的高速发展中营销模式又给物流管理、第三方物流、快递、仓储配送形成超载荷的压力。主要表现为在适合电商发展的物流体系的建立，物流基础设施的配套，电商营销模式主观灵动性等方面形成冲突。

我国的电商发展目前正处在生长阶段，已开始重视对相关数据进行收集和分析，因为电商的信息业务和物流信息与业务是不同的两种流程业务，需要对跨业界实战方式进行分析评估，依照科学的方法来运作，才有可能获得成功。电商与物流信息平台有天然契合性，但在过去几年物流平台在实体主导和信息主导方面存在反复，淘宝推出"天网＋地网"的计划正是希望解决两者之间的实时联动。一旦物流信息平台有了突破性进展，将极大地刺激电商行业的发展。完善电商物流配送体系，电商发展自然会突破这一瓶颈。

电商时代的物流变迁

《新金融观察》：电商的发展推动了物流行业的巨变。加强管理效率已成为整个物流产业面临的关键问题。对此，你有什么好的建议？

李芏巍：提高参与度。电商的交易流程主要通过网络来实现，信息的传递是关键。加强信息的有效交流，建立并完善一个基于互联网的大物流信息共享平台是整个产业的共识。我构想的这个平台是以"人"为核心，不仅物流企业参与其中，电商企业也应该参加进来，同时消费终端、物流操作、市场营销都涵盖在内，消费者可以订制速度、时间、价格等，电商企业的需求信息和物流企业的供给信息互通有无，需求供给自动最佳匹配，合作对象和业务方式完全进入互联网模式。

功能模块化。信息技术应用使供应链全程透明可视，物流企业加强仓储系统管理、货物组配方案和最佳运输路线选择的信息化、自动化，将业务编织成功能模块的组合，然后根据电商业务的具体需求，通过模块提取完成配货和运输流程。同时，还需要扩大 GPS、GIS、自动识别和跟踪等物联网技术的应用范围，将物流信息全面反馈到电商平台，确保商家和消费者都能随时了解商品物流的实时动向。

《新金融观察》：在微博中你曾说过："只有物流业活跃，经济才有活力。"

作为物流界的领军人物，你认为物流是怎样影响未来经济发展的？

李芏巍：中国物流总成本约占 GDP 的 18%，而美国才占 8.99%。如果中国物流成本占比降到 15%，每年将直接节省约 2500 亿元，这为企业和社会带来的经济效益是其他项目难以比拟的。这个结论是公认的，但潜意识的前提是将物流视作一个静态的附加，认为压缩物流成本才是对社会经济的正面推动。

其实面对物流我们要做减法，也可以做加法。因为物流业是融合运输业、仓储业、货代业和信息业等行业于一体的复合型服务产业，它不单单是纯粹的运输加仓储。以物流为核心，引导产业链条的形成和产业集群的成长，是我们过去十几年来不断探索和实践的领域。现在我们可以看到电商对物流的投入，电商产业发展过程中物流系统与市场发展不相匹配的瓶颈就是需要投入来解决的问题，用发展思维来解决发展带来的问题，这是互联网企业独到的智慧基因。

《新金融观察》：对电商公司把物流外包给专业的第三方物流企业或自建物流，你认为哪种方式更符合中国电商的发展现状？

李芏巍：就目前来看，开放合作的方式比较符合现实。目前很多电商公司自建物流，主要是因为第三方物流服务能力不足，但自建物流成本巨大，并且企业凭一己之力难以做到尽善尽美。互联网的全面普及使电商消费覆盖到了部分偏远地区，但只有少部分物流能够到达这些地方，通过合作提升整体效益也就成为必然。电商企业的对外合作不仅限于与第三方物流企业之间，与其他电商企业之间也可以合作。电商企业之间通过合作可以实现彼此在不同区域的资源互补与现有资源的充分利用，形成共同的竞争优势。

就未来而言，物流外包是主流。电商过多涉足物流，一是成本过大，容易对自身资金链造成冲击，二是术业有专攻，电商业务才是其主营业务，要取得企业的成功首先就得谋求电商领域的成功。随着电商与物流合作的不断深入和国家政策的引导，第三方物流会越来越完善。

THE ERA OF
E-COMMERCE

第 二 篇

大跨越

第三章　腾讯电商：方兴未艾

在"帝企鹅"腾讯庞大的互联网版图中，仍有几块领域未能站到前排，电商就是其中之一。"挟流量以令诸侯"，这是腾讯过往不二的制胜法门，新进的大多数领域，腾讯总能凭借流量优势和用户基数，迅速圈定自己的势力范围，并改写竞争格局，割据一方甚至独占鳌头。但在电商领域，流量不再是尚方宝剑，具有普适效应的后发优势突然间失效了。

电商，于腾讯而言，更像是一门不同以往的新生意。其内部一度将腾讯电商未来的发展比喻为爬珠穆朗玛峰，艰险不言而喻。跌跌撞撞近 10 年后，腾讯电商似乎终于理清发展思路、各种内外部资源、统合战线，并试图通过"微信＋移动电商"的路径实现逆袭。暂不论成败。目前，不容回避的是，腾讯电商早年已经落下太多"功课"，阿里系电商和京东商城早把腾讯电商甩出了几条街。

流量枷锁

腾讯 CEO 马化腾曾坦言，"（在电商方面）走了很多弯路"。

解释腾讯的电商业务，本身就是一件麻烦事。即使经过整合后，它旗下的电商网站也还有 3 个。底层有 C2C 形态的拍拍网，类似淘宝；B2C 自营平台的易迅网，类似京东；以及 B2C 开放平台的 QQ 网购，类似天猫。此外，还有腾讯在电商领域投资的珂兰钻石网、高朋网、B2C 网上鞋城好乐买、母婴类社区网站妈妈网、团购网站 F 团等。

原本，腾讯是唯一可能在 C2C 领域与淘宝抗衡的公司。

2005 年 9 月，腾讯系电商的首个种子项目 C2C 平台"拍拍"上线试运营，年底上架 SKU（库存量单位）数突破百万。这一年，阿里系的淘宝刚刚超越 eBay；而京东最终下定决心关闭零售店面，转型为一家专业的电子商务公司。来自 Alexa 的数据显示，拍拍网当时创下了电子商务网站进入全球网站 500 强的最短纪录。自正式上线后短短一年间，其注册用户近 5000 万，在线商品数超过千万。但好景不长，拍拍网从 2007 年起开始逐渐萎缩，而淘宝网则一路高歌猛进。中国电子商务研究中心《2013 年（上）中国电子商务市场数据监测报告》显示，国内 C2C 市场份额中，截至 2013 年 6 月，淘宝占整个 C2C 市场的 95.1%，腾讯拍拍仅占 4.7%，易趣网占 0.2%。"腾讯将流量导入拍拍后，当时也能获得高销量，但顾客买完便宜的促销产品后就离开了。"一位曾供职于拍拍网的电商业内人士表示，当时直至后来的很长一段时间，腾讯还是以做其他互联网项目的思维来做电商，当时选择 C2C 切入，也是考虑其是最轻的纯信息流模式。

成也萧何，败也萧何。流量是腾讯系最重要的一项"撒手锏"，对后进领域，其往往在模仿、改进的节奏中，凭借用户和流量抢夺对手的市场。腾讯的成功可以概括为"QQ ＋"模式，即以 QQ 为核心，以免费社交功能将用户"捆绑"到腾讯这艘大船上，然后在船上搭载、销售游戏、视频、搜索、阅读等各种项目。在电商领域，腾讯也依然试图复制这一模式，但遗憾的是，流量优势失效了。

百度有啊可以说是前车之鉴。尽管百度曾经导入巨大流量、扶植电商业务百度有啊，但最终还是败北。有啊创始人李明远曾总结说："电商背后，其实更多的是供应链，是商品，是物流，是仓储，是品牌建设。电子商务比拼的是商品及商业服务，而不根本取决于购物网站的细节设计、网站感受。""流量确实可以带来点击率，达到聚集人气的目的，但未必能够做成生意；即使做成生意，也未必能够留住客源。"IBM 资深战略分析师王祺认为，从某种程度而言，流量可能是腾讯发展电商的一道枷锁。腾讯习惯以流量推送促销信息，造成销量与促销活动相关度太高，但顾客留存率相对低。"偶然机会看到诱人价格，从而购买商品，这种需求只是偶发性的，并不能长久。"王祺进一步分析称，"QQ＋"的模式，本质上是以社交关系为基础，对纯互联网性质的产品，因其轻、快、圈层固定等特点，社交关系的传播更具优势。但是，电商则需要把社交关系转化为商业关系，涉及供应链、仓储、物流等诸多环节，这些远非流量能够解决。此外，流量之于 B 端生态圈的塑造，腾讯电商也走了弯路。腾讯电商 CEO 吴宵光曾坦言，过去，腾讯只是将流量拉到电商平台，这是一个计划经济的运作方式。"如果运用真正市场经济的方式，将腾讯的内部流量进行市场化，让商家自己花钱买流量，更珍惜流量。同时，腾讯电商还要建立一个良好的生态环境，给商家更多非付费的流量，形成有机增长。"吴宵光说。

供应链之殇

流量枷锁或许只是在特定情况下凸显，但供应链问题却是腾讯电商缺失的最重要的功课。

在电商发展之初，业内曾有过争论，有部分观点认为，电子商务公司还是"轻公司"，不用像百货公司、家电连锁那样"圈"供应商，更不用自建物流、仓储等。很不幸，腾讯电商在早年就选择了一条"轻公司"的路径。有业内人士曾直言，收购易迅之前，腾讯在电商领域的自有生态组成一直处于较"轻"的信息流和资金流部分，对电商生态链中最"重"的供应链和物流体系无所深入，这不符合真正的电商生态，因为这两点都属于电商生态模式中的核心环节。

腾讯电商走的道路，与李明远的描述正好相反。据一位腾讯电商的前产品经理透露，腾讯电商的产品经理、工程师更执着于测试网购流程、响应速度等，希望能够减少步骤提升体验，却忽略了需要更强大技术支持的供应链、物流等业务体系。另一个原因，在于腾讯更喜欢内部孵化。一位腾讯集团高管表示，此前，腾讯的主流业务几乎都是内部孵化，如研发、推广、支付等都是自己完成。最初的电商发展也是这个思路，却失效了。某种程度而言，腾讯电商更像一个"鼠标人"。反观京东商城则更像"水泥人",京东 CEO 刘强东最早在中关村做传统的 IT 代理和零售,最早的定位即为传统渠道商;2004 年转型做京东,据说是因为他发现代理不上不下、难以持久,于是主动选择了下沉做零售。

经过多年的发展,腾讯电商并没有像其他领域一样,以"QQ +"的优势轻易占据有利的地位;反而是"泥腿子"的京东商城跑到了前面。"阿里系电商本来是从做 B2B 的阿里巴巴业务起家,处理 B 端关系、建设平台生态圈比较得心应手;京东商城相当于是传统零售出身,与供应商的关系一直很密切。"一位熟悉腾讯电商的投资人士分析称,电商的链条其实比一般互联网产品更长,腾讯看似强项的线上优势,在涵盖客户感知、物流、仓储等环节的供应链中,有些微不足道了。类似观点,马化腾也在拆出腾讯电商前的内部讲话中提及:"我们看到这个产业链,比我们过去所看到的新的业务产业链更长,如何更有效地管理电商的物流、仓储、线上人员和线上业务,一定要靠产业链的合作伙伴通力合作才能成功。"据腾讯电商一位内部人士透露,最近一两年,腾讯电商其实也在内部反思,积极弥补上游供应链关系这一课。以新加盟的高管为例,易迅网的高级运营总监潘彪,曾是深圳电器连锁卖场顺电连锁的运营总监;而新近加盟、分管商品采购和供应链的副总裁冯轶,曾是沃尔玛中国负责采购的副总裁,有 12 年的采购经验。

凡事有因必有果。腾讯电商早年错失的供应链关系,更直接地反映在品类扩张上。全品类带来的不仅仅是留存率,更重要的是攸关生存。国外的典型案例是亚马逊与新蛋之战,凭借规模化优势,尽管 3C 家电只占其不到 1/3 的规模,亚马逊还是轻易压制了 3C 垂直网站新蛋网,而品类扩张也给其积累了较大的现金流。易迅网的老对手京东商城,早在 2007 年获得今日资本 1000 万美元注资后,产品种类就从 3000 种增加到 18000 种;2011年,京东更加快类目扩张,从最初的 3C 走向图书、日用百货、奢侈品、旅游等,当年的销售总额达到 309 亿元,并很快将势力范围铺到全国。京东官方透露,截至 2013 年年底,SKU 总数超过 1000 万,其中约 1/4 为开放平台,其余为自营;而苏宁易购人士昨日透露,截至 2013 年年底,苏宁易购的 SKU 数已经突破 300 万。反观易迅网，2013 年 6 月 28 日，腾讯副总裁、易迅网 CEO 卜广齐在易迅首次供应商大会上透露，2013 年易迅 SKU 数量计划从 8 万左右扩张至 50 万，重点发力对象为通信、大家电和百货。"自营的短板也很明显，自采自买不能买大量。"腾讯运营部总经理侯艳平说，腾讯电商如果完全开放拍拍，SKU 已经过亿；即使是 QQ 网购，类目也几百万；但开放的短板比如缺货等并不可控。易迅主打 3C，比较强的是手机、数码、家电、电脑这一类，现在虽然也卖洗发水等，但量太小，不足以满足需求；而 QQ 网购最强的类目是男装、女装、男鞋、女鞋，由 QQ 网购导入的 100 万 SKU 只做服饰类，只补充易迅现在没有的。"如果甲有 10 个品类，乙只有 4 个。甲就用相同的 4 个来打价格战，其余 6 个品类支持。"电商创业者辛可夫这样描述全品类的重要，品类全的电商完全可以用降价合围的方式剿杀对手，而且品类越全胜算越大。据中国电子商务研究中心监测数据，截至 2013 年上半年中国网络购物市场上，天猫占 50.4%；京东紧随其后名列第二，占 20.7%；苏宁易购为 5.7%；腾讯电商仅占 5.4%。

尽管没有到如此夸张的地步，但腾讯电商的品类扩张已经箭在弦上。品类扩张，并走上规模化道路被认为是亚马逊的成功秘诀之一。但电商分析人士李成东认为，亚马逊的品类扩张，是有章可循、有序的扩张，而只瞄向高毛利率品类的无序扩张，成为一些国内电商模仿者的跟进误区。

时间窗口

腾讯最新的 2013 年第三季度财报显示，电子商务交易业务收入同比增长 108%，达到 23.6 亿元，占当季总收入的 15.2%，已然成为广告、游戏之后的第三驾马车。根据财报，当季电子商务自营业务交易量提升，主要得益于增加商品类目及拓宽地域覆盖范围。被冠以"爷们电商"的易迅网还在努力摘帽子中。

还是亚马逊，为了加强与供应链上游的关系，在上市第三年后，推出第三方开放平台 Marketplace；通过开放平台，亚马逊抢食了 eBay 平台上规模较大的大卖家。腾讯电商也想模仿类似路径。侯艳平曾透露，从2013年第四季度起，QQ网购平台会有超过100万SKU通过统一入配的模式（即统一配送模式）接入易迅网。"作为一个电商平台，我们回过来看，你可以从一个强势的类目切入，但是它不能成为你的全部。"卜广齐坦言，平台必须要有很强的承载能力，如果我们把这种特点定位到服务体系和支撑体系以后，未来的空间更大。但问题在于，互联网竞争中有一条不成文的规则——用户惯性，即对相同特性的产品，人们并不习惯随意更换已经习惯使用的产品。扩充品类的腾讯电商，更像是在与时间赛跑，将用户固化到腾讯电商的搜索里，而非在其他网站购买其他品类的商品时被转化了。毕竟，留住用户比抢回用户更加容易。

微信的崛起，似乎为腾讯电商带来了巨大的想象空间（见图3-1）。有一次，微信"教父"张小龙问卜广齐，是不是能够"干掉（淘宝）购物车"。于是在2013年"双11"当天，易迅网联合微信上线微信卖场。显然，在即时通信（IM）领域，微信已经遥遥领先，把对手甩出好几条街；而腾讯电商在体量上还远配不上微信。依据之一就是，尽管微信卖场自2013年"双11"上线后，日均有1万单左右，但商品客单价大都在200多元。

图3-1　微信电商方兴未艾

注：图片来源于新浪科技。

　　甚至有极端的观点认为，腾讯电商利用微信弯道超车，更像是在画一张"饼"。"百年老店常见，但鲜少看到百年的互联网产品。"一位阿里高管曾表示，用户购买习惯的培养与迁移都不容易，而且阿里也在积极布局移动电商，力推手机淘宝、微淘、淘点点、来往等产品。与阿里系电商的竞争，腾讯电商的高管一向不愿多谈，但曾私下表示："悬殊太大，现在没想过。"但是，腾讯电商一直将京东视为对手，不惜砸入大量资金、流量，力挺易迅对抗京东，甚至杀入京东的大本营北京市场。按照腾讯的内部目标，如果京东的市场份额是15%，希望自己做到10%。2012 年，京东公布的成交额为 600 亿元。根据腾讯 2012 年第四季度财报，截至 2012 年 12 月底，腾讯电子商务交易全年收入 44.27 亿元。

　　京东 2013 年成交额突破 1000 亿元已成定局。而业内有消息称，京东 2014 年的目标有可能定在 2000 亿元。而腾讯电商也在 2012 年提出，5 年内销售破 2000 亿元。"与阿里、京东相比，腾讯电商的知名度还不够大；与苏宁相比，它毕竟不是全渠道。"一家知名快销品牌的市场总监坦言，与腾讯电商的合作关系，远不如与阿里、京东密切，"主要还是体量太小了"。

-------------------------------- ｜八方说词｜ --------------------------------

微信电商：为何犹抱琵琶半遮面

绿竹巷

《新浪专栏·创事记》　2013 年 12 月 26 日

　　犹抱琵琶半遮面，这是到目前为止，微信电商给我的印象。

　　"双 11"亮相、"双 12"升级，借着阿里创造的两个电商节日，微信终于还是搭载着腾讯在 PC 时代未竟的梦想，驶入了移动电商这个深水区，野心，腾讯是有的。但是，从微信对电商半遮半掩的态度来看，我相信，腾讯除了有野心，还有对移动电商的困惑和纠结。社交流量到底要如何转化成电商流量？这个难题，QQ 没有解决，被 QQ 养大的微信，也在犯难。

现状扫描

问了圈身边的小伙伴，好多人对微信电商还很陌生，所以，扫描一下现状先吧。

先来看两张图（见图3-2、图3-3）。

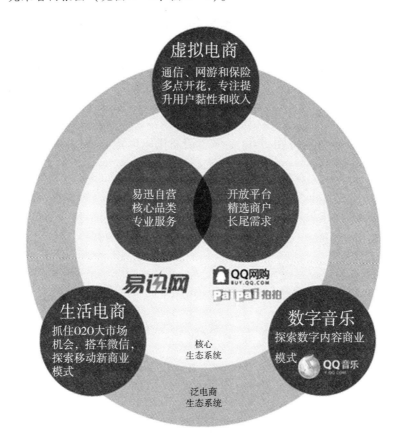

图3-2　腾讯电商生态系统

注：图片来源于腾讯官网。

这两幅图，都截自腾讯电商官网，腾讯电商的战略布局和业务条线一目了然，从实物、生活服务，到虚拟产品、数字内容，腾讯在电商上，还真不是玩

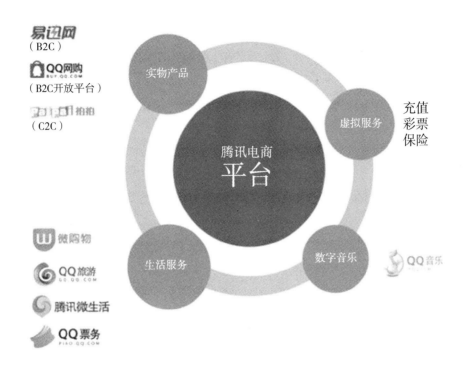

图 3－3　腾讯电商平台

注：图片来源于腾讯官网。

票或者防御这么简单。这些分支，从 PC 端到移动端，一步步塞到微信里，应该都只是时间问题。目前为止，除了拍拍、QQ 网购还有 QQ 音乐外，其他分支都已在微信里安家了。从规划上看，最重要的两块，实物和生活服务，前者由易迅主导，后者由移动电商生活部门负责，主要是微生活和微购物两个团队，展现形式主要是商户公众号，另外，高朋网还弄了个微团购，新上线的电影票也是由高朋和移动生活电商部一起负责的。

效果如何？目前为止的公开信息还很少。

易迅的数据："双 11"精选商城收获 8 万单，到 11 月底是 20 万单（不知道易迅有没有把 11 月 28 日那 15 万台小米 3 算上，如果算上，那 20 万单好像不算很大）。"双 12"，易迅只说截至 16 点，微信"精选商品"订单量占当时易迅全站订单总量的 10% 以上。

生活服务类，反正二维码满天飞，企业公众号快成标配了，规模上肯定是很猛的。但据个人观察，很多人会用银行、航空公司、展览馆这类机构的公众号，但对普通商户的公众号有黏性的，真不是很多。我所见到的典型场景是，到了商户那儿，看到有优惠，就扫个码关注下，优惠入手了，要么取消了，不取消也就是放着，打开率不高。

电商模块藏得很深

为什么我说微信电商犹抱琵琶半遮面呢，因为整个电商模块，在微信里其实都藏得比较深！实物电商和虚拟产品位置相对突出，在"我的银行卡"下面，等于是点三步可以进入购买页面。生活服务类，那是真的很深，有多少人真的能找到微生活、微购物、微团购呢？反正我是百度了之后才晓得，原来这三个东西只是微信众多订阅号、服务号里的其中三个。而且，搜一下，你会发现一个奇葩的现象。那就是竟然能搜出一堆的加 V 号码，我着实琢磨了好一会儿，才判断出哪个是腾讯的官方号，这，未免也太深了吧？

当然，还有公众号。微生活和微购物在使用中会引导用户关注商户的公众号，收藏会员卡，但是，这也不浅，商户公众号没有独立的入口，它们和其他各种自媒体账号挤在一起，实在很容易被淹没在每天的信息流里。

藏得深的后果

藏得深的后果是显然的，那就是教育消费者、培养其使用习惯的难度大大增加。

起码我身边的朋友，大部分人在得知微信原来还可以买这买那的时候，都表示首次听闻，"不明觉厉"（网络用语，意为"虽然不明白对方在说什么，但是感觉很厉害的样子"）。虽然微信的用户量超大，活跃度超高，但就像 QQ 一样，大部分人只会用到其中的核心功能，非核心功能，都是有转化率的。微信中我的银行卡和微购物功能见图 3-4。

有人会说，藏得深不是问题，游戏也是被藏起来的，照样风生水起。可我觉得还是不同，游戏经过一次性的流量导入后，是会很快形成黏性和自有流量

图 3 - 4　微信中我的银行卡和微购物功能

注：图片来源于腾讯。

的，而且手游的用户习惯早就被培养起来了，不像手机购物，消费者习惯尚未大范围养成，再加上腾讯擅长游戏，所以同样被藏，电商受到的挑战和掣肘要比游戏大得多。

这些，腾讯不会不知道，那为什么仍然要把电商藏得这么深呢？

1. 电商的伤害性

按腾讯的业务简单分，就是社交、媒体、游戏和电商四大块。

媒体和游戏，这两个业务对微信这个社交应用，其实还是很有助于提高黏性的，它们有一定的服务和娱乐属性，而且一个值得强调的关键点在于媒体和游戏业务对大部分用户来说，是免费的！媒体业务可以向广告商收钱，游戏也只要少部分用户付费即可，所以我等抠门小白乐得通过腾讯新闻和公众号来看资讯，分享给朋友，或者没事打个小游戏，和小伙伴们攀比一下。

但是，电商就不同了，这是一个要每个人掏钱的东西。即使是促销打折，满100减50，始终是要我们付钱的，它给人的感受与资讯或者游戏确实不同。无论微信怎么强调自己不是营销平台，一旦和商务沾边，就不可能只有客服，没有营销，而用户对营销，终归是有些抵触情绪的。尤其在一款社交工具里，用户的期待是好友间的交流，对营销信息，他们是没有心理期待的。尤其是有了微博的前车之鉴，微信对电商可能带来的这种伤害性，是尤其需要警惕的。

2. 腾讯内部的资源倾斜

谁能挣钱，谁就有说话的地儿，这个原则，貌似在哪儿都差不多。在腾讯，谁最牛？看财报最清楚。

游戏和会员费，这是营业收入大头，差不多占3/4，而且这都是高利润率的；广告这边，考虑到视频还在烧钱，所以养活自己可以，要给集团交份子钱恐怕也交不了多少；而电商，虽然营业收入同比翻了一番，但是估摸着还是在亏损中。

在这种情况下，游戏说，让微信支持我，大家自然没话说，想想微信5.0出来的时候是怎么推游戏的，点开了就让你打飞机！可是如果还没能贡献利润的电商也嚷嚷着要在微信里要个好位置，腾讯公司内的其他部门能服气吗？是不是都会去要求同等待遇？"企鹅"的产品实在太多，倘若如此，微信一下就要被挤爆。协调和平衡公司各部门的利益，这是微信身在一个大公司不得不面对的问题。

3. 微信很强大，但还不够安全

腾讯很想借微信在移动电商里大干一番，可是，考虑到大力扶植电商有可能对用户体验造成的打击，腾讯不得不仔细思量。这也是因为微信虽然很强大，但和QQ比，它还没有到足够安全的地步。

QQ的活跃度虽然被微信分流掉一些，但依然是我们在PC端唯一的IM工具（旺旺、YY毕竟是细分领域的），那么多好友、那么多群，用户在QQ里织了一张很大的社交关系网，加上类似传文件、视频对话一类比较重的工具性应用和打磨了那么多年的各种细节体验，用户对QQ的习惯度和依赖度确实够深。所以，即使，QQ 稍微伤害一下用户体验，我们也只能忍了。除非你可以离开 PC，否则很多时候还真有点离不开 QQ。但是，微信呢？如果微信挂了，我们会怎么样，伤心难过一下，然后要聊天可以用手 Q，要晒幸福要吐槽可以去微博，要看自媒体可以去新闻客户端，太阳照常升起，生活继续精彩。哦哦，还有米聊、陌陌、来往，这些都还活着呢！

不少腾讯的朋友都和我说起过，马化腾是一个危机意识很强、常常居安思危的人，所以，轻易冒险的事儿他是不干的。如果说，在商业模式探索上有好的突破点，那腾讯就快马赶上，宁可刚开始落后一点，也绝不能先涉险犯错。毕竟微信犯错的后果是不堪设想的。

外部虚火太甚

说了这些，倒不是要黑微信电商，只是我觉得，微信电商目前还处在探索期。

不可否认，微信电商确实做了很多有益的探索，比如易迅运营的精选商城，购物流程极简，点击后直接进入购买页面，没有购物车，没有客服，买完后可以分享给好友或者发到朋友圈里去，很符合移动购物迅速决策、碎片式、社交化的特点。再比如微生活，给线下商户提供 CRM 管理平台，做会员管理，据说经过一年的免费推广，现在已经进入收费阶段，这说明，有一定效果，否则商户也不会掏腰包。

但是，这距离成功还真是远着呢。

事实上，据我所知，腾讯内部看待微信电商，虽然期待和有信心，但远没有外界这么浮夸。不少人看到微信精选商城，就说颠覆淘宝天猫；看到微信电影票，就认为格瓦拉之流可以歇菜了；看到餐馆门口竖了二维码，就觉得大众点评危险了。可是，腾讯内部完全在以另一种视角看问题，他们觉得自己每进入一个新领域，外边都是一圈强敌！

其实，反过来想想，如果微信电商真是所向披靡，腾讯何必还犹抱琵琶半遮面呢？

第四章   小米强势崛起：坚持互联网思维

一   MIUI 的 1314

MIUI，小米的开山之作。

2010 年 8 月 16 日，当小米尚不为人所知时，MIUI 首个内测版本推出。直到一年后，MIUI 周年庆的当天，第一代小米手机才正式发布。2012 年 8 月，MIUI 用户量超过 600 万，12 月这个数字达到 1000 万。2013 年 4 月，MIUI 升级到 V5 版本，7 月 MIUI 用户数超过 2000 万。

"2012 年 MIUI 还是一个工具型的产品，2013 年已经是一个生态系统"，MIUI 团队的掌舵者、小米最年轻的联合创始人兼副总裁洪锋说。MIUI 团队 2013 年最主要的工作，就是为 MIUI 向互联网平台推进打下了初期的基础。所谓基础工作主要集中在如下领域：应用商店、游戏中心、浏览器、在线阅读（多看阅读/小米小说）、在线视频（小米盒子/小米电视）、在线音乐、主题商店以及小米商城。"2013 年，我们的工作从零开始，到现在已经形成了一定的规模"，洪锋总结道。所谓的一定规模，需要用数字来衡量。例如，MIUI 的应用商店，目前每天的 APP 分发量峰值约为 1200 万。这个水平大约在行业内排名第四五位，更靠前的几家日分发量峰值约 3000 万。不过在小米手机上，MIUI 应用商店优势明显：分发量占总体的 70%。这个优势也在其他方面得以体现。小米浏览器是小米手机上活跃用户最多的浏览器，排在第二三位的是 UC 浏览器和 QQ 浏览器。之所以能够形成这种情况，一方面源于 MIUI 及应用在小米手机上的先发优势，另一方面也在于 MIUI 在小米手机上能进行系统级的优化。

上面提到的八个方面，实际上涵盖的大多是数字商城类的产品。小米体系中，所有的数字内容购买基本都要经过 MIUI 提供的米币渠道。现在 MIUI 在软件业务上的单月流水已达 3500 万元，而在用户量为 1000 万的一年前，这部分业务的收入只有 500 万元。3500 万元的流水中，既包括来自应用商店分发业务、浏览器导航业务的收入，又包括来自付费的主题、高品质音乐、视频以及图书等数字内容。付费主题的月收入已有 150 万元。当然其中最大的贡献者是游戏联运。洪锋没有透露详细数据，但表示"游戏用户的 ARPU 相当高"，数倍增速之外仍有更大的想象空间。尽管 2013 年小米通过一系列活动培养用户的付费习惯，但目前 MIUI 的 3000 万用户中，只有 100 多万用户曾经充值消费。

"MIUI 2013 年只有两个方向，"洪锋表示，"一是改进技术、提升用户体验，二是构建生态系统的骨架。"至于上面提到的八件事，洪锋说 MIUI 的原则是能少做就少做，"生态圈之外的事情我们不做，我们要做消费者和内容商、服务提供商的通路，尽量少产生具体的内容"。做与不做，MIUI 有明确的边界。而且洪锋的管理原则是，在能够达到业务目标的前提下，团队人数越少越好。洪锋有个判断：团队规模小的时候，一般都比较靠谱；团队越大，就越难维持之前的靠谱程度。而他这个判断的逻辑基础是：世界上靠谱的人数有限。按照这个逻辑，随着团队规模越长越大，就会开始变质。原先没有制度都能运行良好的团队，到了一定的规模就需要通过绩效、KPI 等制度来束缚，给运营带来极大的负担。过去的几年中，MIUI 的团队就由最初的几个人，拓展到目前的 400 多人、十几个团队。这意味着，洪锋已经没有办法实时掌控每一个细节。他对团队放权太少，会成为整体推进的瓶颈；而放权太多，又会带来很大的风险。好在 MIUI 找到一种相对能够两全的方法：建立试验田。试验田就是在小米用户中招募的一小批体验版用户，相当于某种灰度测试。这种方式既能保证每个团队的想法都有可能快速实现，又通过小规模测试的方式控制了新尝试可能带来的风险。

用了一年的时间，MIUI 印证了自己软件和互联网服务的商业模式能够成立。马上就要到来的 2014 年，MIUI 又准备干些什么？"未来我们绝大多数精力，会放在 MIUI 怎么提升小米手机软硬件一体的体验上"，洪锋直言 MIUI 在小米手机上有天然的优势，MIUI 也会把主要精力放在有优势的地方。按照小米手机未来的规划，洪锋预计到 2014 年年底，MIUI 生态系统的日活跃用户会超过 6000 万。

小米手机固然能在硬件层面带来支撑，但 MIUI 用户中仍有 15% 是刷机用户，这个比例用洪锋的话来说就是"敢刷机的差不多都已经刷了"。刷机毕竟是件有门槛、有风险的事情，显然不能指望这种方式让更多非小米手机的用户纳入 MIUI 的生态系统中。

MIUI 选择的方式是将原有的小米桌面产品进行升级，推出小米系统。与小米桌面相比，同以应用形式存在的小米系统不但能让用户不刷机就能使用 MIUI 桌面，而且用户手机的拨号、短信、联系人等功能也被替换为 MIUI 模式，相当于"70% 的 MIUI 体验"。已经做了一年多的小米系统，现在的日活跃用户超过 200 万。小米希望被定义为不用刷机的 MIUI 的小米系统，能带来更多小米手机之外的用户。

相对而言，这仅仅是一个战术层面的策略。MIUI 真正在战略层面的意图，首先是成为智能平台，可以连接用户和他们需要的产品；然而在成为数字内容提供商、互联网服务商和用户之间通路的背后，MIUI 真正的战略远景目标，是成为用户整个生活服务提供商。"我们之前说的所有事情，跟 PC 互联网没有太大的区别，我们只不过是照抄了 PC 互联网的模式，除了在移动互联网中不太适用的广告模式"，洪锋对"新浪科技"表示，用户使用 PC 的时间越来越少，未来用户大部分的交易行为，或多或少都与手机有关。

这里面孕育着巨大的通路，洪锋说，"你给用户带来价值，用户才会选你，MIUI 目前提供的价值是好用。"他透露，未来 MIUI 的设想是把全社会的服务能和 MIUI 结合在一起。"这件事情没有人做过，我们要好好探索"，洪锋否认 MIUI 想做的只是另一个支付体系。

实际上，MIUI 的这种探索已经开始。

最近 MIUI 在拨号界面推出了黄页类产品。以中国移动为例，这家通信运营商的不同服务，可能要使用到不同的号码拨打，而在 MIUI 中用户只需要在拨号界面输入 10086，就能转到中国移动的黄页界面，列有不同服务的直拨号码，甚至还能直接点击充值。又或者你想打电话订餐，当你输入订餐号码后，MIUI 会给出餐厅的黄页界面，这个界面上可能已经提供了这家餐厅可供选择的订餐内容，直接点击即可完成下单，甚至还直接与大众点评的信息链接，可以一键跳转到这家餐厅的点评页面。"用户为什么要打电话？是因为要做一些事情"，洪锋说在 MIUI 的通信录里做商务相关的产品，可以形成一个自然连接的纽带。在这种模式下，通信录就成为一种商户可以订制的软件商店，而电话号码就是进入这个应用商店的通路。

类似的探索会在未来逐渐浮现，而小米的目标，是想让小米成为用户生活中的一道令牌，成为用户和世界联通的桥梁。"这中间可以产生的商业模式是惊人的"，洪锋也补充说，MIUI 并不是想与谁正面竞争，他觉得这个过程不是零和游戏。洪锋把业务发展分为三个阶段：基本功、套路、自由发挥。他认为 MIUI 在国内已经开始进入自由发挥阶段，而在海外还处于苦练基本功的阶段。

二　董明珠和雷军的赌局

"10 亿赌局"的主人公是格力电器董事长董明珠与小米公司董事长雷军。在 2013 年 12 月 12 日的 2013 年度 CCTV 经济人物颁奖典礼上，雷军表示，5 年内如果小米模式营业额击败格力，愿董明珠赔自己 1 元。董明珠则表示，如果被击败，愿意赔 10 亿元。二人均不示弱，现场争论十分激烈。雷军现场邀请马云做担保，马云笑答"支付宝不敢担保"。

"你问格力有没有互联网基因，在我看来，如果互联网企业单纯讲的是营销，那它就是渠道而已。"2013 年 12 月 21 日，在格力电器一项技术发布现场，格力电器董事长、总裁董明珠再次阐释了她与小米公司董事长兼 CEO 雷军在 2013 年度 CCTV 经济人物颁奖典礼上对赌的立场和角度。4 天之后，12 月 25 日，小米公司董事长雷军南下广州，在 2013 广东（国际）电子商务大会上表示，和董明珠的 10 亿赌局，自己"赢的概率是 99.99%"。显然，董明珠和"雷布斯"的这场赌局依然在继续。而在中国经济转型的大背景下，在移动互联技术对传统商业模式的冲击之下，关注这场赌局的意义也就格外重要。

对赌博弈点之一：互联网是营销还是技术？

雷军称："在互联网时代，用互联网的基因重新做消费电子的时代已经开始，小米就是这个方向的典型代表。"其具体的论据体现在："第一，互联网跟用户群最贴近，极其强调用户体验和口碑；第二，因为它是轻模式，所以成长速度会很快；第三，虽然是轻模式，但在服务上仍然下了很多功夫，比如小米有2500人的服务团队，1300人的7乘24小时的呼叫服务等。"而雷军攻击董明珠格力模式的论据也很清晰："第一，格力的销售经过层层渠道，与用户的距离非常远；第二，很长的渠道会导致库存在路上，进而产生极大的风险；第三，格力做的事情太多，很难专心做好最擅长的事情。而小米只做产品研发和用户服务，这样才能真正把品牌和业务做好。"不难看出，雷军把双方的赌局卡位在了"互联网是营销还是技术"方面，而雷军最经典的一句话就是"我们做产品就是做营销"，这让互联网营销（即粉丝营销）几乎成了小米模式的代名词。

对此，董明珠的观点很具针对性："互联网的更大意义不是营销或买卖，而是对企业效率和效益的提升。2014年，格力1400亿元营业额目标没有变化。"她说："如果互联网营销指的是O2O和大数据，那么，格力电器从产品设计上就已经开始了。"在董明珠看来，格力电器营业收入从一两年前的800多亿元，发展到现在的1200多亿元，这是大数据时代改革的结果。大数据让格力电器看到了未来的市场需求，进而在研发上着力，最终在技术上取得突破性进展。2013年12月21日，格力电器自主研发的"光伏直驱变频离心机"技术被全国一流专家组成的技术鉴定会一致认定为"国际领先"，该技术将太阳能与永磁同步变频离心机集合起来，可直接利用太阳能供电，不但提高了太阳能利用率，同时达到了优化建筑能源配置、降低建筑能耗、减少二氧化碳排放量的目的。事实上，回溯格力电器的研发之路，格力电器一直在探索开发一种节能环保的产品，即节能、省电，进而不耗电，还能发电的产品。据格力电器发明"光伏直驱变频离心机"技术的负责人黄猛表示，我国建筑总能耗约占社会终端能耗的 20.7%，在公共建筑能耗中，建筑空调系统能耗占比达到 50%。而我国《能源发展"十二五"规划》，明确提出要实现公共建筑单位面积能耗下降 10%，大型公共建筑能耗降低 15% 的目标。同时，由于电力资源相对不足，近几年在上海、杭州等华东地区，已多次出现了拉闸限电的情况。若将太阳能转换成电能加以利用，将在一定程度上缓解电能供应不足的问题。由此格力电器的消费需求数据最终落在了产品和技术的研发上。而谈到空调的智能化，董明珠表示，"我们的中央空调已经全部实现了远程监控，数据分析可以实时传到后台，能够实时监控到产品质量。所以说，我们的互联网思维是用在实处，而不是营销，或者简单的买卖上。"针对雷军发起的互联网思维风暴，董明珠的观点则是"不管什么形式的销售，企业的根本不能丢掉，如果没有诚信营销的话，再好的互联网营销也会一败涂地"。而诚信营销，靠的就是过硬的技术。

不过，清华大学心理学教授彭凯平表示，消费者口味的变化是在不知不觉中发生的，当柯达还沉浸在一家人围坐在一起传看照片所塑造的温情中时，人们已经习惯了用 E-mail 甚至 QQ 来分享照片，当然，柯达更想象不到现在微信朋友圈的力量。这也就是企业变革的重要性。在技术环境变革越来越迅速的时代，消费者的口味变迁也正在发生快速的变化，小米的挑战在于它要不断适应这种需求的变化，进而调整产品的设计及生产流程。它如何保证未来十年甚至二十年仍然能跟上这种需求的快速变化？同时，小米缺少核心技术，它的优势在于各种应用的集成，在定价空间上占有优势，但这也就意味着它可能会在核心技术上受制于人。

董明珠说："只要是市场需要的，消费者需求的，我们理所当然会采用。所以，你不要问我电商占销售的多大比例，它只是增加了一种销售的方式。"

对赌博弈点之二：到底谁是中国创造？

人们不会忘记在赌局现场董明珠与雷军的争论。他们彼此都在告诉对方，"我是中国创造，而你是中国制造"。

那么，到底谁是"中国创造"？

看看雷军做的事情。他第一次做小米时,上马就是双核 1.5G 处理器以及高通、夏普、三星、LG 的元器件。另外还找到英华达、富士康代工,最终推出了全球首款双核 1.5G 的高端 WCDMA 智能手机,并引发了米粉的疯狂。雷军将其总结为互联网思维,并用七字口诀进行概括,即"专注、极致、口碑、快",而小米模式在业内渐有推广之势。因此,如果从中国创造角度来看,与其说雷军创造了小米手机,不如说创造了一种商业模式。

翻开格力电器的历史,基本上就是一个全球空调技术演进史。2011 年 7 月,R290 环保冷媒空调下线;2011 年 11 月,永磁同步变频离心机组下线并被鉴定为"国际领先";2012 年 2 月,格力电器 1 赫兹变频技术获国家科技进步奖,加上 2013 年年底刚刚推出的"光伏直驱变频离心机"技术,格力国际领先的核心科技已多达 13 项,这奠定了格力电器在空调产业的王者地位。

董明珠认为,"我们有 23 年的基础,有科技创新研发的能力,如果我们在传统模式的基础上,把马云请进来,世界就属于格力"。事实上,"狡猾"的马云已经看到了雷军小米模式的软肋,当董明珠把雷军的弱点锁定在没有共赢思维的时候,马云指出,"看对手弱点在哪里的时候,最好看对方强在哪里,这样才更有胜的把握",这恰恰是特劳特定位理论的观点。"对手致命的弱点就藏在他最大的优势里面",马云轻描淡写,却击中要害,"小米的营销确实做得不错,但是营销是很容易学的"。的确,12 月 21 日,董明珠透露,"2014 年,格力电器将向全球推出 5 万台珍藏限量版空调。而这些限量版的家用空调并不是所有的人都有资格购买"。董明珠表示,饥饿营销是一种手段,虽然她不承认是在学雷军。

对赌博弈之三: 竞争直指智能家电市场

2013 年 11 月 20 日,小米路由器正式发布,此举不但引发智能路由器的新热点,更是引发了"家庭云"的入口之争。随后,12 月 20 日,盛大旗下果壳电子也发布果壳路由器,让这个"家庭云"入口变得更加硝烟弥漫。格力电器也开始不满足于单纯地作为一家空调厂商。除了在小家电产品上攻城略地外,格力电器正在致力于打造一套系统化的智能家居的概念。以小家电为例,格力大松净水机仅 2013 年一年就卖出了 40 万台，空气净化器市场同样拥有巨大前景。这还不是最重要的，格力电器正在智能家居市场上悄然布局，除了引入晶弘冰箱之外，格力电器正在选择一批符合格力标准的家用电器，以实现智能家居的一步到位。而这，恰恰是小米也要进军的市场。董明珠与雷军在央视财经论坛上的赌局其实远非一场简单的斗嘴，抑或理论上的虚实经济之争。伴随着技术的发展与演进，双方的战略领地已经开始出现交叉，并有可能在不久的将来展开一场激烈的厮杀。可以说，双方的实战博弈已经开始，如果说还没有看到最终交手的话，那是因为高手过招，双方还都处于运筹帷幄的阶段。

"你问我们的电商布局什么时候开始，如果你问这个问题的时候我才考虑，我不是早就晚了吗？"董明珠表示，"不是我没做，而是没到我说的时候。"当然，抢占智能家居的入口，董明珠也有自己的想法和目标，"家电互联网是很简单的技术转换，没有什么深奥的东西，只是一个嫁接"。实业出身的她，更看重的是技术优先，"我们推智能家居的概念，包括空调、冰箱等，必须要满足格力电器的技术标准，即 2 年包换，6 年免费服务作为主要条件"。对董明珠的这种策略，有业内人士表示，"互联网是入口经济，谁争得了入口，谁就是下一波经济的老大，单纯地追求产品品质，董明珠显然还是实业思维"。

不过，智能家居还远没有到入口相争的真正时刻，而且在这里，有太多"身材魁梧"的觊觎者，苏宁、京东、阿里巴巴，当然还有盛大、乐视，以及一些仍在隐身的竞争者。因此，董明珠又反问雷军："小米在业内是否做到了行业老大？"

三 谋划海外市场

建海外销售服务机构

继在珠海低调设立销售公司之后，官方服务旗舰店、全国单店面积最大的珠海"小米之家"已在珠海运营。雷军曾表示："这只是一个开始，将不断加大对珠海的投入。"据了解，对介入小米的生态链，珠海本地已有电池等配件生产商表现出浓厚的兴趣。而小米通信方面的相关负责人早前表示，小米对珠海移动互联网产业的影响，将进一步体现于软硬件适配开发对本地产业链生态资源的利用与整合上。雷军强调，"在珠海建立销售公司、成立小米之家仅仅是个开始"。据他透露，小米未来将成为国际性的品牌，而珠海可以通过小米未来实行的国际化品牌之路，凭借毗邻港澳的独特地缘优势，在售后服务方面发挥日益重要的作用，比如有条件成为针对境外客户的手机回收、维修的售后服务基地。

小米方面负责人证实，2014年小米手机将加大在海外包括中国港澳台地区的销售力度，由于珠海具有独特的地理优势，目前正筹划尽快在珠海建立面向海外销售的售后服务支持机构。据了解，小米手机已集成了从金山软件出来的创业团队正点科技开发的闹钟时间管理工具。而小米通信方面负责人也透露，小米其实也一直在积极寻找与本地优秀移动互联网创业团队开展合作的机会。此外，对金山软件、"多玩"游戏网和小米科技先后与珠海高新区结缘，雷军表示，落户高新区的小米关联企业"多玩"2013年发展得较好，同时金山软件在该区前环的总部建设提速，相信未来珠海对小米而言将是个"非常重要的地方"。

珠海正以高新区科技创新平台为核心，尝试发挥更多作用。高新区相关负责人表示，下一步将深入研讨依托小米发展包括软件研发、应用在内的更多移动互联网业务。据了解，落户该区的小米通信2013年约产生15亿元的销售收入。

MIUI 和巴拉是海外扩张关键

当小米证实将聘请谷歌 Android 副总裁巴拉担任该公司全球副总裁时，已经明白无误地透露出国际化野心。巴拉的整个工作就是找出小米接下来应该进军哪个市场，以及如何进军。巴拉 2013 年 10 月正式加盟小米后，他的工作是与雷军密切配合，与其他联合创始人一起搞清楚战略，并落实战略。

在中国，小米之所以成功，是因为以低价销售了高端智能手机。而它的成功归功于所谓的"三项全能商业模式"——硬件、软件和互联网服务——其主要营业收入源自后两项。"我们认为，硬件只是运行服务的一个平台。我们不想从硬件上赚钱，而是期待着购买了硬件的用户可以使用我们的服务……服务才是最终的收入来源。"小米总裁林斌解释说。

软件指的是小米基于 Android 系统高度订制的 MIUI 固件，除此之外，小米还有主题、应用和应用内购等服务。互联网方面指的是小米的电子商务平台，小米可以通过自己的网站直接销售智能手机和配件。来看一组数据：MIUI 及其服务 2013 年 11 月创收 2000 万元人民币（约合 323 万美元），较 4 个月前的 1000 万元人民币翻了一番。小米计划到 2014 年年底能够通过 MIUI 创收 2000 万美元。林斌指出，软件是小米商业模式的关键所在。"人们所感受到的多数产品功能其实就是软件和服务"，他说，"用户喜欢这款软件，他们喜欢这种体验，喜欢上网和下载 APK 的方式。他们可以流畅地运行游戏，还可以拍摄照片，画质也很好。我们必须在做其他事情之前把软件做好。不同地区、不同国家的消费者会有不同的需求。我们需要理解这些消费者对软件设计的需求，甚至对硬件和互联网服务的需求，我们必须在国际市场出售产品前了解海外用户。所以我们才需要雨果这种拥有丰富产品经验的人。他是当今世界上最擅长这种业务的人之一。"

林斌表示，除了软件开发经验外，巴拉还深入地参与了硬件设计，因为 Android 需要与很多硬件 OEM 厂商和工厂展开合作。小米的成功很大程度上源于该公司与用户之间与众不同的沟通方式，他们计划在国际市场沿用这一模式。"我们是唯一采取这种模式的公司：采取高度开放的态度，并积极响应用户的反馈，而且每周都会升级软件。除了我们之外，没有任何一家公司这么做，我们是唯一一家。"林斌表示，小米从一开始就主动融入互联网的开放环境，秉承着高度透明的原则，尤其是在软件开发方面。MIUI 每次升级都会充分考虑用户的反馈，对软件进行改进。

每当有不同意见出现时，都会举行投票。"投票甚至都不是我们发起的，是用户发起的。在我们的论坛里，你会看到讨论和分歧，用户有时会说，我已经厌烦了这种辩论，还是投票吧。于是，投票结果就会反馈回来。"林斌。

除了软件，小米在硬件上也会听取用户的意见。当用户拿到手机后，就会向公司提供反馈，并最终促使它们改进硬件。

通过让用户参与到智能手机的各个生产环节，小米已经吸引了一批高度忠诚的粉丝。林斌说："正因如此，我们才吸引到一批非常忠实的用户。他们并没有因为提供反馈而获得任何回报。我认为，是这种主人翁精神和改善系统、改善手机的意愿，让他们感觉自己得到了尊重，感觉自己成了整个过程的一分子。所以，正是这种参与精神吸引他们进行讨论。也正因如此，他们才成了我们的粉丝。"

然而，由于小米手机仅在中国接受过检验，这是否会限制它在海外市场的成功概率？林斌不认同这种说法。他表示，小米的粉丝已经遍布全球。该公司的 MIUI 可以通过独立开发者转换成其他语言，而且已经可以通过官方网站下载，覆盖范围包括欧洲的一些国家，以及巴西和印度尼西亚。林斌称，这正是巴拉的工作职责，因为 MIUI 目前的多数元素都是根据中国粉丝的反馈设计的。他解释说："中国之外有很多粉丝，但他们散布于各个地方，目前还没有一种集中化的措施来深入而长期地了解特定国家的用户反馈。我认为这正是他要做的工作。我们已经针对中国市场展开了这项工作，正因如此，我认为 MIUI 可以说是当今最适合中国用户的移动操作系统了。而对其他地区而言，情况却未必如此。所以，我们需要针对不同地区的需求展开深入的分析。"

另外，尽管小米公司的手机仅在中国大陆、中国香港和中国台湾出售，但很多海外用户仍然可以通过其他方式购买该产品。由于这款手机是通过网站以裸机方式出售的，所以很容易让国内用户购买之后再邮寄到国外。林斌还透露了一条惊人的消息："美国有几十万小米手机。由于物流问题，我们没法把手机卖到美国——配送只支持中国的城市——但通过分析发现，美国的确有几十万小米手机在使用。"

尽管小米至今没有展开国际化推广，但依然在国外吸引了一些用户，尽管规模不大，但这也体现出小米的国际化潜力。

但当小米真正进军国际市场时，谷歌是否会担心 MIUI 过于热门，而对其进行打压？毕竟，MIUI 虽然是基于 Android 系统开发的，与之却有很大差异。

Android 的各种分支系统已经在中国市场蔚然成风，谷歌之前一直也采取默许态度。然而，尽管谷歌用开源模式发展 Android 系统，但 2012 年却阻止宏碁推出采用阿里云操作系统的手机，原因在于：这是一个"不完整的"Android 版本。但林斌表示，MIUI 是紧密嵌入在 Android 生态系统中的。谷歌 Android 高级副总裁桑达尔·皮采（Sundar Pichai）在回应巴拉跳槽小米一事时，就曾经对他继续留在 Android 生态系统表示欢迎。这也证明谷歌已经接受了 MIUI 的存在。他解释说，这是因为 MIUI 与 Android 系统保持了全面的兼容性："Android 系统的最大担忧是碎片化。人们会使用一个 Android 的分支，然后做出很多调整，于是再也回不来了。所以随着 Android 的进化，Android 的分支也会进化，使它们之间产生显著差异。到最后，一个版本的 Android 开发的应用将无法兼容其他 Andorid 版本。这是谷歌担心的问题。但 MIUI 从第一天开始就没有这么做。我们始终紧跟 Android 系统的更新，很多情况下，还会在Android 系统更新时与之一同升级。"

谷歌的态度只是小米国际化的众多挑战之一。摆在面前的问题很明显：小米的未来取决于 MIUI——毕竟，这位谷歌前员工十分清楚，开发具有全球吸引力的移动操作系统是小米需要克服的一大障碍。这家中国公司究竟能在多大程度上迎合西方人的偏好，目前还不好判断，但小米试图将自己的成功模式扩大到全球的做法受到了各界瞩目。

将借力当地"米粉"

刚刚上任不久的小米全球副总裁雨果·巴拉（Hugo Barra）表示，这家凭借畅销机型在中国取得成功的创业公司，希望在国际化扩张的过程中寻求海外"米粉"的帮助。巴拉曾经担任谷歌高管，2013 年 10 月跳槽小米。他表示，小米最近几个月开始在中国香港和中国台湾销售手机，下月可能还将登录东南亚市场，但他并未给出时间表。巴拉称，小米计划借助当地的"米粉"来推广自己的产品，并克服语言和国界障碍。"我们的粉丝遍布世界各地"，他说，"我们希望能在全球都获得影响力"。

2010 年由雷军创办的小米至今仍是私有公司，它凭借着低价高配的战略实现了巨大销量。该公司最新旗舰机型小米 3 售价 326 美元，不到苹果和三星旗舰机型的一半。小米在最新一轮融资中获得了 100 亿美元的估值，2013 年已销售了 1870 万部手机。MIUI 操作系统目前有中英两种语言可选，可以下载到世界各地的电脑中，让科技爱好者无须购买该公司的手机便可体验到小米的界面。为了培养自己的粉丝群体，小米允许用户和粉丝直接提出操作系统的更新建议。他们每周都会免费进行软件更新。巴拉表示，这种模式已经为小米的中文论坛吸引了 500 万注册用户，英文论坛的用户也超过 10 万人。他透露，小米在中国大陆、中国台湾和中国香港之外的 21 个国家或地区设有论坛。一些忠实用户不仅会汇报漏洞、提供新功能建议，还会帮助公司把系统翻译成当地语言。巴拉表示，这一模式对吸引用户很有帮助。他说，等到小米手机在其他国家上市时，这些粉丝会成为第一批用户，帮助小米进行宣传，甚至成为他们的品牌大使。

分析师怀疑，小米的这种众包改进模式在海外市场难以奏效，因为小米的国际市场知名度相对还较低。最近几个月，小米开始在中国香港和中国台湾销售产品，小米的中文服务已经在这些地区拥有现成的用户。美国市场研究公司 Forrester 分析师布莱恩·王（Bryan Wang）说，海外"米粉"可能没有中国大陆和中国台湾那么多，所以只能靠低价吸引用户。

巴拉表示，小米可能会沿用中国台湾的扩张战略，这在很大程度上成了小米的一种"实验"。他们首先通过台湾网站接受订单，并直接发货。随后又建设了分销中心，并组织了一次活动，邀请 400 位用户到场，为他们提供软件建议，还举行了卡拉 OK 和游戏等娱乐活动。那次活动得到了很多论坛用户的帮助。"我们展开了积极的尝试，今后还会不断寻找各种方式来积极扩大规模。"巴拉说。小米并未披露中国台湾的销售数据和长期销售目标。接下来小米将把目光瞄准东南亚市场，因为那里人口众多，而且距离中国相对较近，有可能凭借低价高配的手机吸引不少用户。

布莱恩·王说，小米可能必须调整海外商业模式，通过调高售价来获取足够的利润，以便支撑海外扩张步伐。小米目前仍然维持低利润策略，希望最终凭借配件、服务和内容赚取利润。巴拉承认，海外推广并非易事，但他相信，目前的模式可以应用于海外市场。

| 高端访谈 |

雷军：小米不只是互联网营销的成功

——访小米创始人兼董事长雷军

侯继勇

《21 世纪经济报道》　2013 年 12 月 28 日

继马云之后，小米科技创始人雷军又立下天价赌局。在央视 2013 "年度经济人物"颁奖典礼上，雷军表示：如果小米五年内超过格力，算自己赢，董明珠输 1 元钱。董明珠豪气逼人，将赌注提高到了 10 亿元。

对这场豪赌，小米内部很乐观，认为雷军必赢。依据是小米增速：小米 2012 年营业收入 126 亿元，2013 年营业收入过 310 亿元，2014 年仍将保持 100% 的增长速度，营业收入可达 700 亿元，2015 年有望突破 1500 亿元，这样，小米三年内即超过格力。

梦想如果成真，小米仅用五年的时间就可以成为中国又一家世界 500 强公司。

当天，为雷军、董明珠颁奖的嘉宾分别是阿里集团创始人马云和万达集团创始人王健林。二人是 2012 年的"年度经济人物"，在颁奖典礼上也有过一次豪赌：如果电商超过线下零售，马云赢，王健林付马云 1 亿元；如果电商不能超过线下零售，王健林赢，马云付给王健林 1 亿元。马云曾透露，这其实是电视台导演有意安排的把戏，为提高收视率。2013 年雷军、董明珠豪赌的背后，也不乏导演的有意安排。但如此高的关注度背后还有另一重原因：互联网经济与传统经济，谁将主导未来。2012 年赌的是零售业，2013 年赌的是制造业。

选择站队时，马云出人意料地站到了董明珠一边，他的理由是：格力有大规模制造的能力，有 23 年的历史。马云对董明珠说："格力到天猫开旗舰店就等于插上了互联网的翅膀。"董明珠则回应："格力已经有了自己的网上商城。"对制造业与互联网的关系，董明珠、马云、雷军给出了三种不同的论断：董明珠认为互联网是渠道，服务于传统制造业；马云认为互联网是工具，一种与传统思维兼容的工具；雷军认为互联网是种新思维，需要抛弃传统制造业的思维。

三种思维，三条路径，谁胜谁负？马云当晚说得好：二十年后再看。

2013 年，创业三年的小米开始了横向多元化拓展，小米盒子、小米电视、小米耳机、小米充电器、小米路由器等，还有更多产品还在开发中。

很多人对此不看好，认为这种横向多元化会削弱小米累积起来的品牌势能。雷军则表示：这是传统思维，以产品为中心理解，小米不是这样，小米是在产品的基础上经营用户，通过一整套互联网思维打造一套与用户互动的体系，实现生态链的价值交付。

"如果你这样理解小米的产品多元化，应该得出一个不同的结论。"雷军说。

小米不只是互联网营销的成功

《21 世纪》(《21 世纪经济报道》的简称)：你一直提互联网思维，小米的互联网思维包含哪些东西？

雷军：互联网思维很实在。比如原来厂商与用户之间的关系是简单的买和卖，小米则加上了情感因素与互动关系。具体做法很多，比如每个月一次的爆米花——米粉同城会；比如通过 MIUI 论坛，消费者、供应商、渠道都可以在研发阶段参与新品的开发与设计；比如通过微博、微信、QQ 空间与消费者频繁互动。

我做过一个比喻，小米是一家中式小餐馆，来往的都是回头客，每个顾客都了解我们的菜品，我们也叫得出每个顾客的名字。与麦当劳、肯德基不同。

我们不是做产品，我们是做用户，做社交网络。互联网时代，人与人之间的关系方式发生了改变，产生了 FaceBook 这样的社交网络，人与公司、人与产品之间的关系也会变化，你可以把小米公司理解成这样的社交网络公司。

当然，再往前发展，我们与供应商、服务商、物流商等合作伙伴也会形成另外一种社交网络。与用户之间的社交网络一样，关键在于实现价值交付。

《21 世纪》：小米是如何经营起这个社交网络的？

雷军：最核心的圈子是 50 万人的核心用户，是买过好几款小米的产品，一直关注小米的产品，一直通过 MIUI 论坛、微博、微信、QQ 空间等社交平台与小米进行互动的用户。这 50 万用户可以影响 5000 万，算第二层，是小米产品的一般用户；最外一层则是小米的潜在用户，小米希望里面两层用户影响他们。

在小米公司，无论刚上班的年轻员工，还是上了年纪的老科学家，比如周光平（小米联合创始人）博士，都会泡论坛，玩微信，上微博，与米粉之间互动。

《21 世纪》：小米的营销费用方便公布吗？

雷军：通过微信、微博、QQ 空间等营销平台，营销费用基本等于零，计入员工成本，不超过营业额的 1%。一般制造业营销费用占营销额的 10%，渠道费为营业额的 20%～30%，合计 30%～40%。小米为什么可以实现极优性价比？原因是小米成本的节约，包括营销成本的节约，节约的成本返给了消费者。

互联网最终实现的是价值交付，而非价格交付。何谓价值交付？一是提高效率，节约成本；二是实现增值，让消费者、产业链的各个环节都能受益。

《21 世纪》：有一些人认为，小米的成功只是互联网营销的成功，你怎么看？

雷军：他们可能对小米还不够了解。小米营销的确好，但小米营销背后是过硬的产品、过硬的服务。小米如何做好产品？小米自己做的环节很少，所以必须跟最好的合作伙伴相互依赖，包括最先进的代工厂、最先进的供应链，得到上游元器件伙伴、物流伙伴的支持。支持的原因是在价值交付的基础上实现共赢。

小米的无就是小米的有

《21 世纪》：还有一些人认为小米不是搞实业的，不算制造业？

雷军：小米是新型制造业，不搞大而全，全产业链通吃；小米在制造业里专注做自己专业的事情，在互联网时代全球分工的基础上实现最优价值交付。小米是国内领先的手机公司、领先的电视和机顶盒公司，怎么会不是实业呢？

小米的确没有工厂，没有线下渠道。我认为，小米的无就是小米的有，这是辩证的。比如小米没有工厂，但能通过共赢团结世界上最好的工厂。而传统模式下的制造业，要做出最好的手机，就得想办法管理员工数万的制造工厂。

《21世纪》：从合作伙伴的角度看，小米与传统制造业有什么不同？

雷军：关系会更密切。传统制造业的合作伙伴主要是供应商、渠道，其他环节基本接触不到，都是通过渠道接触的。小米的合作伙伴有供应商、工厂、配件供应商、独立品牌商（可以通过小米商城、应用中心、游戏中心销售硬件、软件、游戏等产品与服务）、视频服务提供商等，是全方位全产业链的价值交付。类似八爪鱼，每个公司都可以与小米合作，甚至格力、美的这样的厂商。

小米2013年销售过300亿元，2014年可能过700亿元，除了刚才谈的粉丝经济、群众路线等互联网模式外，另一个东西需要值得一提，即小米的金融模式：小米实现这样的营业收入，不是小米一家公司完成的，是吸引了大量社会资本完成的。这个社会资本不仅指小米的融资，而且包括合作伙伴投入的相关资源。

《21世纪》：你如何评价中国制造？有哪些问题？

雷军：中国已经成了世界的工厂，是中国改革开放30年取得的成就之一，中国制造已经是中国标志之一。但由中国制造向"中国智造"升级的过程中，也面临一些压力：很多从业者其实不理解产品设计和产品制造是两个概念，产品设计依托研发，是高附加值的环节；从业者理解的制造必须是工厂、流水线。

《21世纪》：也是向微笑曲线两端拓展？

雷军：不完全一样。微笑曲线两端一端是技术研发上的投入和创新；一端是在品牌和营销上的创新，都是高附加值环节。除了传统意义上微笑曲线的两端外，还有业务模式上的创新。一些人理解的制造业在微笑曲线的底部。

《21世纪》：具体到小米模式来说，在技术、模式、品牌上有哪些创新？

雷军：第一个创新是小米没有工厂，小米和全球最好的制造工厂合作，目前主要是富士康、英华达，寻求最佳的全球分工模式。所谓最佳的全球分工，就是让最专业的人做最专业的事情。

第二个创新是小米的品牌定位，是年轻人，是发烧友。在这样的产品定位下，需要一种"为发烧而生"的极客精神，从最早的小米手机到现在的小米路由器，产品都提倡"简单、极致、快，为发烧而生"的极客精神。

小米的第三个创新是互联网模式，包括三个方面，一是电商直销，去零售店化；二就是营销，改变了对广告的依赖；第三个就是跟客户关系不一样，原来是买和卖的关系，现在是朋友关系，也就是大家所说的粉丝经济。互联网时代，与客户之间应该是一种互动的社交关系，而不是买卖关系。

《21世纪》：在全球制造这一分工体系中，小米的专长是什么？

雷军：小米专注在产品创新上。小米研发团队有超过1400多名有经验的员工；小米创始团队中，最核心的8个创始人全部是技术一线人员，有5个人是从国外回来的，主要来自金山、谷歌、微软、摩托罗拉这几家公司，刚开始的几百人都来自这四家公司，是各个领域的高手。

中华酷联走过的路，小米都走了一遍

《21世纪》：现在华为、OPPO、步步高等对手开始学习小米，压力大吗？

雷军：这两年小米已经受过几轮冲击了，2012年是互联网公司的围剿，它们纷纷进入智能手机行业；2013年下半年受到了传统手机公司的围剿。我认为，如果它们只是学战术，没有植入互联网思维，效果不大。

要不要学小米营销？要学，但不能本末倒置，不能脱离产品。在互联网上做产品是有风险的，优势被放大，劣势也被放大了，产品必须做到极致，在产品的基础上，借助用户口碑营销。如果网民都不相信，一下子就完了。

《21世纪》：小米经历过的最大挑战是什么？

雷军：还是在实体经济，中华酷联走过的路，小米都走了一遍。小米有领先它们的地方，有不如它们的地方。我和工程师沟通，不如它们的地方要学习。

《21世纪》：所谓中华酷联走过的路，具体包括哪些？

雷军：可以概括为在制造行业的势能打造，比如与上游供货商的议价能力、公司的品牌影响力等等。小米最初出去谈的时候，人家真以为小米是个食品公司。

过去三年，小米完成了蓄势的过程。除了苹果和三星，小米在中国目前是最有影响力的品牌，小米进入手机之外的产品时，有了足够的号召力，在智能手机领域，小米的营业收入也是最大的，面对上游供货商已经有了自己的议价能力。

《21世纪》：小米未来还需要在哪些方面做优化？

雷军：第一，在产品层面，怎么离苹果更近一点，做极致的产品；第二，随着我们手机销售的数量越来越大，怎么管理好库存。实体经济最大的问题是库存。手机行业需要提前三四个月向上游配件厂商订货。

在库存管理方面，小米是有优势的。除了品牌影响力、规模采购能力外，优势也缘于小米在互联网模式上实现的以销定产。传统厂商确定产能的时候，心里是没数的。小米通过小米商城、MIUI论坛、微信公众账号、官方微博、QQ空间平台等，与用户直接接触，能够实现某种意义上的"以销定产"。

-- | 档案存底 | --

继续坚持互联网思维和小米创业的"三大法宝"

—— 小米创始人兼董事长雷军2014年新年内部邮件

各位同事：

新年好！

首先要给大家送上新春的祝福，同时要感谢过去一年大家的辛劳付出。2013年，是小米发展历程中最关键的一年，小米的软件、硬件和互联网生态全面展开，每位同事都功不可没。2013年，我们总计售出了1870万台手机，增长160%；含税收入316亿元，增长150%。其中，仅12月当月，我们就售出了322.5万台，含税收入53亿元。

这一年里，小米的产品线开始逐步丰富。我们发布了旗舰机型小米手机3；推出了红米子品牌；成功发布小米电视、小米盒子、小米路由器等产品，进入了更多领域，给米粉带来了更有趣、更便捷的数码生活体验。MIUI用户数突破了3000万，12月当月向开发者分成就超过了1800万元，小米生态链已初步形成。我们的配件生态也有出色表现，小米配件及周边产品全年营业收入超过了10亿元。米兔玩偶售出了50多万只，这其中都凝结着米粉沉甸甸的爱。我们还建成了六大仓储中心、18 家顶尖水准的小米之家旗舰店、436 家维修网点，售后、物流体系也变得更加完善。同时，我们开始走向海外，在我国香港、台湾地区的初步试水获得成功，Hugo Barra 加盟后，我们的国际化进程正式开启。

当然，这一年中我们压力很大，尤其是小米手机严重供不应求。其实在我们的同事和供应链合作伙伴的共同努力下，小米手机的月供货量，从最初的 1 万台，提升到了如今 300 多万台。这已经是消费电子业界前所未闻的成长速度了，但还有很多用户没能及时买到我们的产品。所以，2014 年小米的首要任务就是提升产能，我们向所有用户承诺 2014 年至少供货 4000 万台手机。

小米诞生时，没有人相信 3 年内能做到这样。我们确实创造了奇迹！这不仅仅是小米的光荣，也是互联网思维的成功，更是中国制造向中国创造转型升级历程中的又一步进展。

在这样的奇迹面前，我深深为每一位小米员工感到由衷的骄傲，能和大家一起共事是一种幸福。

我们也看到，华为等行业巨头们终于深刻感受到了小米模式带来的行业形势变化。它们喊出"向小米学习"的口号，以我们为标杆发起冲击。小米的互联网思维和方法论已经带动了整个行业的发展，推动业界一起为用户提供高性能、高性价比的产品。当然，这也意味着，我们将面临更严峻的考验。我们是推动变革的先锋，但先锋能否成为行业真正的领导者，取决于我们今后的努力。

我们如何突围并带动全行业一起前行？路只有一条，继续坚持互联网思维和小米创业的"三大法宝"（坚持和用户交朋友、坚持产品为王、坚持合作共赢）。

一、我们要继续坚持和用户交朋友。和用户一起玩，才给了小米持续奋战的动力和不断创新的源泉。前几天在我们举办的小米爆米花年度盛典上，很多和我们并肩相伴数年的米粉来到现场，回忆一起走过的日子，他们甚至会激动得流下眼泪。米粉一直在关注着我们，我们一定不能辜负这份厚谊。

二、我们要继续坚持产品为王。小米一直在追求超高性能和超高性价比，提供能让用户尖叫的产品，这是小米的立身之本，是小米一切商业模式、产品策略、营销方法成立的前提。

三、我们要继续坚持与伙伴合作共赢。小米的成绩是和富士康、英华达、高通、联发科、英伟达等携手达成的，我们将跟优秀的合作伙伴一起开创行业新格局。

2014 年，将是小米迎接挑战、全速前进的一年。同事们，我们一起拿出舍我其谁的雄心，去书写 2014 年伟大篇章！

雷 军

2014 年 1 月 2 日

第五章　去哪儿：在线旅游的奇兵

短短几年，去哪儿成为明星公司。去哪儿 CEO 庄辰超称，去哪儿流量已经超越携程，再过几年营业收入规模也完全可以超越今天的携程。去哪儿创始人中，美国人戴福瑞是一位成功的连续创业者，庄辰超是一位偏重产品和技术的超级程序员，他们像迦太基名将汉尼拔一样精心设计创业的战略和战术。

中国旅游行业的第一波互联网革命，成就了携程。很快，它遇到去哪儿这样的挑战者。携程一开始轻视去哪儿，而去哪儿凭借比价搜索模式和 TTS 在线交易系统，完成商业闭环。这个"秘密武器"也让去哪儿成功地聚集起一群"屌丝"级的中小代理商，抗衡行业老大，上演"群狼战大象"的好戏。

去哪儿的技术门槛"高到百度都难以进入"，于是，百度做出战略投资。被百度投资控股62%之后，去哪儿并未停止上市步伐，它在2013年登录了美国股市。一位投行业者直截了当地说："2013年看'去哪儿'，就知道中国公司行不行。"

在巨头百度的羽翼下，去哪儿能否保证独立运营？它能否借助百度的资源，让自己也成为一家大公司？

国际创业团队

戴福瑞是团队的火车头，庄辰超则偏重产品和技术。原百度战略投资高级经理姚亚平评价说："每年冒出来那么多创业者，真正具备大佬气质的并不多，庄辰超是一个。"

故事回到起初。2006年1月，当上海人梁建章宣布辞任携程旅行网CEO准备退隐幕后时，另一位上海人庄辰超在北京参与创立的旅游比价网站去哪儿刚刚上线半年。

"携程四君子"梁建章、沈南鹏、季琦、范敏似乎将线上、线下的旅游业务玩转了。他们先是创立携程——中国最大的在线旅行社（Online Travel Agent，OTA），后又创立如家——中国最大的经济型连锁酒店，在三年内两次叩开纳斯达克大门。那一年，携程市值已达15亿美元，比同时期的新浪、搜狐和盛大都高；而去哪儿才获得第一轮200万美元融资，与携程相比，它仿佛是一只小蚂蚁。但去哪儿的创始团队绝非等闲之辈。2004年，谷歌上市后，美国人戴福瑞（Fritz Demopoulos）从其财务数据中发现，汽车、金融、医疗和旅游这几大类搜索信息占谷歌关键词收入的80%左右。他动了做中文垂直搜索网站的念头，便联系庄辰超和马来西亚人道格拉斯（Douglas Khoo）。他们分析后认为，中国的旅游市场大环境好，特别适合做在线营销。美国那时有旅游搜索网站Kayak和Sidestep，旅游搜索要求实时搜索，容易形成技术壁垒，而技术正是庄辰超所擅长的。

此前，他们曾在鲨威体坛共事。戴福瑞MBA出身，是新闻集团前驻华商务拓展经理。他算得上是"创二代"，其父母在美国创办了一家针织公司。道格拉斯则是国外某多媒体广告公司亚洲管理总监。

早在1998年，戴福瑞就见识过庄辰超的技术天分。新闻集团和《人民日报》报社合资做中国最早的IT新闻网站ChinaByte.com，戴福瑞和后来任去哪儿执行副总裁的彭笑玫都参与该项目。北京大学电子工程系大四学生庄辰超及其同学的搜索引擎"搜索客"，则成为项目的搜索技术供应商。"我当时做学生，自己在卖一个软件产品，戴福瑞是坐在对面跟我谈判的人。"庄辰超说。庄辰超生于1976年，比戴福瑞小8岁。初一时，他已经考过程序员的工程师级别。他还对商业颇有兴趣，牟其中在上海演讲时他专门跑去听。

1999年7月，戴福瑞、道格拉斯与另一位合伙人陆小虎创立体育网站鲨威体坛。戴福瑞把彭笑玫、庄辰超以及庄的同学都找来做创始员工，庄的头衔是首席技术官。这六个人其实都不怎么喜欢体育，戴福瑞的中文也算不上流利，但鲨威体坛一度与新浪体育齐名，创立一年多即被李嘉诚旗下的 TOM 集团收购，作价 1500 万美元。至于陆小虎，在鲨威体坛创立一个月后就离开了，与他们再无交集。

这是戴福瑞的第一个创业项目。"他是一个传奇，一个老外在中国做了一家中文体育网站，然后做得还行"，彭笑玫说，"我听他说过一个逻辑，就是你动手早，你能在某个细分里面做成老大。"卖掉鲨威体坛后，几个人各奔东西。戴福瑞去做网易商务拓展副总裁；庄辰超接受来自美国的工作邀请，对方是他在学生创业时代就认识的世界银行 CIO 和 CTO；彭笑玫也到了美国，供职于一家电子商务公司。

2004 年年底，当戴福瑞与庄辰超、道格拉斯讨论出旅游搜索垂直网站的创业计划之后，庄辰超给已经回到北京的彭笑玫打了个电话，让彭帮着招员工。现任去哪儿网市场高级总监的周强，正是去哪儿招来的第一个员工。庄辰超很快回到北京，他在美国本来也待不住了，因为他夫人之前已经买了一张单程票飞回中国。

新的公司于 2005 年 2 月成立，由戴福瑞、道格拉斯、庄辰超三人合伙，公司最早叫"蛇猴龙（亚洲）投资有限公司"，包含了三人的属相。道格拉斯长驻香港，负责海外市场开拓和英文版产品开发。一两年后，道格拉斯渐渐淡出去哪儿，去打理其投资的其他公司。庄辰超表示，如果戴福瑞不是他的合作伙伴，换了其他人，去哪儿做不到今天的样子。戴福瑞也认为自己选对了伙伴。他告诉《创业家》："我是一个外国人，很难参与到具体运营层面，于是就有时间去思考战略层面的问题。通过寻找好的合作伙伴，来弥补自身的不足。"

彭笑玫说，戴福瑞有经验，成熟稳重，庄辰超有激情，比较有闯劲，愿意快速试错，"这是挺好的平衡"。原百度战略投资高级经理、目前就职于凯旋创投的姚亚平则评价说，戴福瑞非常聪明，也是非常成功的连续创业者，对资本运作很熟悉。而庄辰超这几年成长非常之快。在研发初期，网站叫长颈鹿的拉丁名 Giraffa，Logo 也是一头长颈鹿，但大家觉得不太适合商业化。彭笑玫这时加入去哪儿，领了换名字和 Logo 的任务。作为核心团队中的唯一女性，彭笑玫比戴福瑞小四岁，比庄辰超大四岁，她给人的印象是亲和，执行力强，在团队中常常起到润滑剂的作用。折腾几回，长颈鹿换成骆驼，域名仍未敲定。一天，庄辰超给戴福瑞打电话又谈起域名，戴福瑞在外面打车，北京的哥习惯性地问一句："去哪儿？"戴福瑞瞬间有了灵感。庄辰超上网一查：qunar 域名没人注册，便定了下来。当年 6 月 12 日，中国第一家实时旅游搜索引擎去哪儿正式上线运营。

2006 年 3 月，戴政加入，成为去哪儿负责市场营销的副总裁。戴曾担任当当网市场总监、新浪网 UI 项目总监和中国互动媒体集团副总裁。庄辰超和资深驴友戴政相识于 2005 年年底的某个旅游者聚会。戴政熟悉市场、熟悉媒体，他的加入也为去哪儿后来与携程持续打公关战埋下伏笔。

"奇兵"：可以比价搜索的 TTS 在线交易系统

搜索比价模式为诸多中小在线旅行社提供了销售出口，大家一起抢夺携程、艺龙的市场，正如"群狼战大象"。TTS 更是让去哪儿形成了一个完整的、很难被竞争对手撬开的商业闭环。庄辰超说，他一直特别崇拜迦太基名将汉尼拔。汉尼拔孤军深入罗马，每一个步骤都精心设计，包括怎样侦查，怎样建设营地等。

去哪儿上线之前，戴福瑞和庄辰超他们对公司的战略和战术有过详细的规划。他们首先做的产品是机票比价搜索。"如果去哪儿一上来就做酒店比价引擎，肯定做不到今天。"彭笑玫说。毕竟，机票产品主要靠价格取胜，而酒店产品比较复杂。借助机票比价搜索这个产品，去哪儿团结了一群"屌丝"狼，与携程这头"大象"搏斗。要理解何谓"群狼战大象"，得从机票代理商的角度谈起。

去哪儿有一家机票代理商叫恒通之旅，公司位于广州，老板王少武是转业军人。他 1995 年进入这个行业，当时还属于关系营销时期，机票市场未完全放开。2005 年以后则是电子票时期，直到 2008 年实现仅凭二代身份证登机，机票电子商务才真正打下基础。一开始，王少武只有 3 名员工，四处散发小广告。公司达到 300 多名员工时，他在北京开分公司，西单、朝阳门、机场等地点都有售票点。而如今，恒通之旅机票业务量的 90% 来自线上。而这部分业务量中，来自去哪儿网的占70%，甚至更多，来自恒通之旅官网的业务量不到7%，其他占比约23%。携程、艺龙好比是在线旅游行业的京东商城，恒通之旅等中小OTA好比是中小规模的电商，它们很难与携程、艺龙这两座大山抗衡。销售机票的中小OTA为数众多，它们也需要在这个在线旅游时代寻找活路。根据机票交易分发商中国民航信息网络股份有限公司（简称中航信）2010年披露的数据，符合认证的机票代理人约5000家，而利用这5000家外挂终端再分发的黑代理可能超过10万家。去哪儿好比淘宝网，它不像携程、艺龙那样与中小OTA们存在竞争关系，搜索比价模式恰恰为诸多中小OTA提供了销售出口，从而将这些散兵游勇整合在一起，抢夺携程、艺龙的市场。

对当时的网民来说，去哪儿这种搜索比价网站是个新鲜玩意儿。消费者通过搜索比价结果，点击链接到销售商网站，最终达成交易。去哪儿让消费者尝到了低价的甜头，但投诉也接踵而至。有消费者抱怨，一家七口人订票，省了三千多块钱，却花了三个多小时，累得够呛！因为每个网站都得注册，注册进去以后票可能又没了。一位令庄辰超敬畏的女性，在去哪儿订票时也多次出过状况，例如，明明打款订票了，但机票代理商愣是不愿出票，或者提出要加钱。有一天早上，彭笑玫七点钟就被电话叫起来处理投诉……这是颇有中国特色的难题。"在美国，整个旅游行业的IT能力比较强，也没有中国这么多乱七八糟的，什么欺诈啊，这些事儿。"彭笑玫说。

投诉的出现与去哪儿后台网站结构有关。当时，去哪儿跟代理商的网站是两张皮，中间不过用链接跳转的方式简单连接。很多代理商没有技术实力，自己的网站做得一塌糊涂，下不了单、订票迟缓等问题让去哪儿"躺着也中枪"。要解决这些投诉非常麻烦，因为去哪儿不参与和掌握交易，代理商可以打死也不承认，这让非常重视消费者体验的庄辰超很抓狂，他让彭想办法解决这个问题。彭找过一个外包的技术公司给机票代理商们做网站系统，磨合一段时间后，发现技术公司就是想挣快钱，技术实力也不足以承载这么大的交易量，用户体验仍然不好。于是，去哪儿内部出现一个非常大的争论：要不要自己做一套机票在线交易系统。彭笑玫和一些同事担心，去哪儿本来是一个信息聚合平台，不涉及交易，在线交易系统算不算去哪儿的核心竞争力，有没有必要在上面大量投入，投入了能不能做好？

庄辰超则力主做这样的系统。"如果站在商业模式的角度，会考虑我们不应该介入交易"，他说，"但我唯一关注的边界是为消费者提供性价比最好的旅游产品。"接下来，差不多半个公司的力量都砸了进去，所有人都鸡飞狗跳地折腾。2010 年 7 月，去哪儿的机票在线交易平台 TTS（Total Solution，后改称 SaaS）推出，这是类似淘宝后台的交易系统，所有与去哪儿合作的机票代理商都必须使用。代理商在原来的游戏规则里玩得很开心，去哪儿这么大的变化让它们充满不安，彭的电话被打爆了，各种抱怨。彭和她的销售们跟代理商们实话实说：我们可能会手忙脚乱，但保证你们能赚钱。公司技术和产品部门则加班加点地迭代产品，"如果系统跟不上迭代速度，他们就要赔钱，赔钱就不跟你玩了"。当所有的机票代理商都用上去哪儿的 TTS 系统后，一箩筐好处出现了。彭笑玫说，其实消费者最在意去哪儿提供的机票价格是否够便宜，购买是否便捷和安全。而现在，消费者无论买哪个商家的票，交易都在去哪儿网站完成，再也不用像原来一样需跳转到代理商网站。这样一来，交易速度保证了，消费者是否跟某个代理商进行交易，交易后代理商是否出票，每个代理商每天有多少交易量和交易额，每个交易达成需要的点击次数等，在后台都看得一清二楚。后来，去哪儿又推出类似支付宝的资金保障功能。彭处理投诉不再像以前那般焦头烂额。彭的一位朋友说，自己通过去哪儿付钱买赴新加坡的打折机票，钱都付了，但机票代理商称没有票了。彭"怂恿"消费者跟代理商说，自己已向去哪儿投诉，要代理商按原价出票。因为去哪儿与代理商签有服务保障条款，结果那家代理商赔了两千块钱来出票。通过 TTS，去哪儿对机票代理商有了较强的控制力和话语权。这也有利于提升用户体验，体验好了，更多消费者愿意通过去哪儿下单，而机票代理商也愿意在去哪儿卖票，愿意拿出更多低价票吸引消费者，从而形成一个完整的商业闭环。彭承认，要是没有 TTS，去哪儿的闭环不会那么牢固，容易被竞争对手撬开。

创业之初，去哪儿靠着戴福瑞在大型商业客户的资源，换来少量品牌广告。2008 年，随着流量的爆发性增长，去哪儿决定对代理商收取"刷点"的流量费或广告费，最初是"一块钱一个点击"。上了 TTS 系统后，去哪儿可以精确测算代理商通过去哪儿达成交易的成本，然后每年都给代理商涨价。"我怎么能让代理商活下来，同时拿到我应得的份额，这是我们涨价的一个原则"，彭笑玫说，"只要让每个点击的含金量增加了，我们就能涨价。比如原来 25 个点击卖一张票，到后来 5 个点击卖一张票，单价涨是很合理的。"

携程成就去哪儿

携程固然在公关战方面有失策之处，更重要的原因是，它很长一段时间对去哪儿都不够重视。去哪儿有今天的名气，很大程度上是拜携程所赐。

2006 年年末，携程向工商部门投诉当时还名不见经传的去哪儿。这得多吸引眼球啊。起因是携程发现去哪儿在其推广页面中抓取了携程对应机票产品的价格，并在携程的价格之上标出非常明显的删除线，以表示去哪儿的价格更具优势，即所谓"划线门"。携程对此不满，没有与去哪儿交涉，而是直接投诉到工商部门。携程的逻辑是，与去哪儿打公关战，越打人家越出名，老百姓也糊涂，不如直接去告，判了谁赢谁输，大家心里也有一个底。时任去哪儿副总裁的戴政在其博客里描述他得知此事的反应："我第一时间是惊喜。"戴政有丰富的媒体营销经验。他先是通过博客连续报道事件进展，后又在去工商局领取"行政告诫书"时邀请媒体，主动介绍事情经过。这宗投诉以去哪儿被工商局告诫而终。从表面上看，携程赢了，但当时的舆论几乎都对去哪儿有利。"划线门"折射出在线旅游代理的重重内幕，也使去哪儿获得"携程挑战者"的定位——去哪儿的价格更低。

此后几年，去哪儿把携程绑定为对手，或有意或无意，或主动或被动地发起一系列公关战。当问及庄辰超如何看待去哪儿与携程的公关战时，他的回答是，在任何一个争夺消费者的领域，都会有公关上的比较，"这不是一个战争，而是一个行业规律"。说起来，去哪儿与携程或许并不算最直接的竞争对手，两者的商业逻辑有很大区别。庄辰超称："我认为携程的商业逻辑是提供最好的服务赚取最高的利润，而我们是提供最低的价格、合理的服务。"劲旅咨询总经理魏长仁表示，外界很难说得清其中谁对谁错。而有趣的是，从业务形态上讲，去哪儿的天然对手应该是酷讯，以及后来的淘宝旅行，但去哪儿与这两者之间几乎没有互相攻讦的新闻出现。熟悉戴政的人士说，他个性鲜明，在与携程的公关战中总是冲锋在前，让携程非常头疼，据说携程一度要告他

"诽谤"。有意思的是，2012 年 8 月，某个在线旅游行业会议现场，功成身退、专心做投资人的去哪儿原 CEO 戴福瑞与携程 CEO 范敏同时出现，两人轻松地聊着天，携程"仇人"、即将离开去哪儿的戴政在一旁给他们拍照。有业内人士表示，携程固然在公关战方面有失策乃至失败之处，而更重要的原因是，携程很长一段时间对去哪儿不够重视，最后只能坐视去哪儿一天天做大。携程 CEO 范敏曾经在私人场合感叹，他们给了去哪儿太多机会。

去哪儿从 2010 年年中发力酒店业务时，携程终于严阵以待。去哪儿避开携程、艺龙和同程网的锋芒，与丽江等景区大量的低价旅店签订协议，然后用机票 + 酒店的海量在线用户与主流酒店供应商谈合作。这遭到携程封杀。去哪儿则唆使酒店或酒店代理商表面不降价，实际上返现给消费者，携程则以同样手段反制。携程与去哪儿的商战还在继续，但它恐怕很难阻止去哪儿前进的步伐了。更何况，去哪儿已经靠上了百度——一个比携程大得多的大佬。

百度投资控股内幕

如果 100% 收购，将来上市分拆会很麻烦，管理团队独立运营也无从谈起；如果只占 40% 以下，百度控制力很弱；百度最后选定了 60% 左右这个进退都没有问题的比例。

2011 年 3 月底的一天，在上海出差的彭笑玫接到庄辰超电话。庄问，现在百度对我们很感兴趣，你怎么想？彭笑玫之前听庄说过，百度战略投资部董事总经理汤和松 2010 年夏天就在清华大学科技园的星巴克和他喝过咖啡，表示对去哪儿"有意思"。她清楚，去哪儿管理团队 2010 年下半年放风说计划上市或愿意接受战略入股后，一直有个共识：无论谁投去哪儿，都得保证管理团队的独立地位，并允许公司继续运作上市。给彭笑玫打电话前，庄辰超刚见过汤和松。这一天，他和纪源资本合伙人符绩勋在北京的中国大饭店大堂咖啡吧聊天，符提到去哪儿和百度合作可能是最好的。聊得兴起，符抄起电话就拨汤和松，汤很快赶到。对去哪儿和百度而言，新加坡人符绩勋是最合适的"媒人"，他 2000 年供职德丰杰时参与了对百度的投资，2009 年又代表纪源资本领投去哪儿的第三轮融资。其实，早在 2006 年，就有人介绍正在做第一轮融资的戴福瑞给符认识。不过，符当时所在的德丰杰很少做第一轮投资，他自己对去哪儿的"竞争环节和市场环节没有想得很清楚"。金沙江创始人林仁俊则投了去哪儿的第一轮和第二轮，堪称去哪儿投资案的大赢家。在符绩勋提出方案的基础上，三人讨论出大致框架。这是一个足以影响中国在线旅游行业格局的微妙时刻。一个月后，去哪儿和百度战略投资部拿出了详细的并购协议书。

按照庄辰超的说法，去哪儿的发展"从来没有惊喜，所有的事情都是计划中的"。包括百度投资这件事，戴福瑞当初和他一起讨论创业计划时，设想的场景之一就是获得百度投资。不过，一位了解百度入股去哪儿内情的人士透露，故事没有那么简单。

百度是通用搜索，而用户需求在细化，比如买衣服直接到淘宝或凡客下单，这意味着百度被绕过了。因此，2010年百度加快了中间业务的战略布局，要在视频、房产、汽车、生活信息服务等垂直领域投资或自己做业务，爱奇艺、安居客、爱乐活即为例证。百度看项目的一大优势是，其搜索后台有大量的目标公司数据，知道哪家公司好，哪家公司不好。百度看中去哪儿毫不意外。去哪儿的业务跟百度很接近，都是信息服务，其流量很大一部分也来自百度。还有一个诱因：2010年7月，谷歌以7亿美元价格收购美国一家提供机票信息服务的软件公司ITA（有点类似中国的中航信）。

2010年夏天百度跟去哪儿接触时，百度正纠结到底投资去哪儿还是自己做，自己做5000万元够不够？因此，百度一开始多少有点刺探军情的味道。去哪儿与百度接触也非常谨慎，怕不小心泄露了自己的商业机密；另一方面，去哪儿那时更倾向于上市。毕竟，去哪儿已实现盈亏平衡，公司账上还躺着近2000万美元。经历金融危机之后，2010年出现一股在美国上市的热潮。去哪儿在美国的对标公司Kayak当年11月提交申请，多家中概股公司也成为美国投资者争抢的对象。与去哪儿一样2005年前后创立的多家知名中国互联网公司，如优酷、360、人人网等，都在2010年下半年至2011年上半年这个窗口期赴美上市。百度与去哪儿的谈判曾中断半年，主要是庄辰超和百度CEO李彦宏对去哪儿的估值和入股价格不能达成一致。这期间，百度战略投资部先后看过同程、艺龙、到到等公司，甚至考虑是否投资一家非在线的商旅公司。而去哪儿与死对头携程也接触过，并且谈到了细节。不过，庄辰超说，与去哪儿临近的两个大公司，一个是百度，一个是携程。携程与去哪儿针对同一批消费者，提供完全不同的价值曲线，彼此有完全不同的解决方案。"从去哪儿的角度来讲，与百度商业解决方案的理念是一致的，与携程的理念是不一致的，我不认可携程的理念。"

2011 年年初，百度与去哪儿重回谈判桌。百度意识到去哪儿在汇聚线下机票供应商和用户体验等方面构建了"高到百度不能做的门槛"，它如果卖给携程等大公司，会让百度非常麻烦。对去哪儿来说，当时中概股已经出现危机，赴美上市行情并不好，而且，无论是独立上市，还是结盟携程或其他大佬，都会面临同样的问题：百度绝对会做一个类似业务，在流量上掐住去哪儿的脖子。庄辰超说，2011 年的时候去哪儿需要一次财务行为，随着业务不断膨胀，资本金与营业额的比例有点薄了。"不是说去哪儿需要多少现金，而是说股东需要有些变化，然后带来一些资金的注入。"

去哪儿最在乎的是如何做到在线旅游市场的第一，其市场压力不小。在竞争对手的虎视眈眈中，去哪儿最好背靠一家巨头来实现自己的理想。百度无疑是不错的选择：现金充足，在流量导入、技术后台支持等方面都会带来极大的价值。考虑到去哪儿继续上市的诉求，百度战略投资部反复推演去哪儿未来能做多大的盘子，如果 100% 收购，将来上市分拆会很麻烦，管理团队独立运营也无从谈起；如果只占 40% 以下，百度控制力很弱；最后选定了 60% 左右这个进退都没有问题的比例。最终，2011 年 6 月 24 日，百度对外披露：以 3.06 亿美元现金获得去哪儿 62% 的股份。根据百度在美国证监会披露的并购协议，百度将在去哪儿 3 人董事会上占有 2 个席位。钱真正打到去哪儿账上是当年 9 月。去哪儿开始在巨头百度的羽翼下生存。

庄辰超时代来了

当去哪儿与百度对外宣布达成战略投资时，面对媒体的 CEO 已经不再是精神领袖戴福瑞，而是庄辰超。一位了解内情的人士说，去哪儿就此从戴福瑞时代步入庄辰超时代。戴福瑞说，他已经做了 6 年 CEO，要去开始新的事业，他也是其他公司的投资人，而庄辰超作为联合创始人在日常运营方面做得很好，接任 CEO 一职挺好。这是戴福瑞最成功的一笔投资，但他在去哪儿还有股份，选择离开并不是因为已经全部套现，"这可能跟人的性格有关，比如说百度是大股东，和他个人是大股东是不太一样的"。

从宣布百度入股的那一天开始，去哪儿就不断对外强调百度系购买增发股份。这意味着，创始人团队和风投机构都还没有退出。在创投圈，风传去哪儿有可能是 2013 年第一批，甚至是第一家在美上市的中国互联网公司。一位接近庄辰超的人士说，去哪儿现在第一目标是上市。而庄辰超的第一目标是让去哪儿的收入规模超过携程。

无论如何，庄辰超本人对去哪儿的独立上市和独立运营地位相当在意。2011 年 10 月，他与蓝郡咨询董事李云辉在"i 美股"打了一场嘴仗。李云辉发帖称，从百度 2011 年第三季度财报看，去哪儿已纳入百度财报合并的范围，如果去哪儿公开募股，意味着百度分拆，而目前分拆上市应该没必要，因此 2012 年去哪儿 IPO 就是句空话。喜欢在去哪儿内部与同事们公开拍砖和辩论的庄辰超，很快回帖解释：纳入合并范围的意思不是并购，是控股，不存在所谓的分拆。去哪儿和百度的关系有点类似畅游和搜狐现在的状态，不过去哪儿还没 IPO 而已，部分股票在 VC 和团队手里。"他们拿着一大把的股票不能流通的话，当时能批准 Qunar 的 Deal 吗？"但李云辉尖锐地指出：IPO 是很好的方案，但百度是否愿意与其他 VC 以及少数股东换股？或者以高于目前几倍的溢价收购其他少数股东的股份，让去哪儿成为百度全资子公司？百度战略可能与去哪儿战略规划不太一样，而且随时在变化，它在去哪儿的董事会占有多数席位，可能会运用董事会力量影响去哪儿的命运。庄辰超回应：这几个看法很专业。当然，去哪儿的投资人、董事会和团队也是有足够专业性的。

无论如何，去哪儿能否独立上市和独立发展，业绩是核心。业绩好，一切好商量；业绩不好，一切变数都存在。同样处于百度中间业务体系的爱奇艺，就经历过独立然后又成为百度全资子公司的过程。仅从流量而非营业收入来看，去哪儿的机票业务据称已超过携程，拿到第一。但如果要给资本市场更大的想象空间，去哪儿必须把另外一条腿——酒店预订业务也给做起来。在这个压力之下，庄辰超的心态不知是否出现了微妙的变化。2008 年年底，原来负责搜索产品的寇建被调来做酒店预订业务。寇建的想法是，快速把流量做大，抢占市场，给公司贡献收入。而庄不着急做流量或收入，他给寇的指示是，先做好用户体验很重要，要把其他酒店代理机构没做好的客户体验做好。比如有些代理机构把名称、价格等都不一样的房型聚合起来，都叫大床房，在艺龙可能叫单人间，卖100元，另外一个代理商可能叫高级大床房，卖200元。去哪儿就要做好这些相关信息的整合，给客户透明的价格，提升客户体验。在百度入股之后，去哪儿迅速扩张，对酒店业务也更加重视。一位熟悉内情的人士说，员工从百度入股时的600人左右飙升至2012年年底的1300多人，其中仅酒店事业部就有400人左右。2012年酒店预订营业收入占去哪儿总营业收入的30%，增速超过100%。但庄辰超觉得还不够，2012年11月，去哪儿调整组织架构，将公司分为机票、酒店、无线和新业务等几个大事业部，划定期权池，让各大事业部靠业绩去抢。庄亲自抓无线和新业务部门。

在巨头羽翼下

庄辰超未来能否真正掌控去哪儿？去哪儿会不会患上大公司病？淘宝旅行2013年准备与去哪儿正面开战，而庄辰超表示对方甚至没有进入他的监控雷达。接下来，去哪儿能不能相对独立地发展为一家伟大的公司？庄辰超一开始就有个雄心勃勃的预期：旅游占GDP的10%，去哪儿所处环节要在旅游行业里做到10%，即GDP的1%，而去哪儿能够占这1%的相当一部分市场份额。

这首先取决于庄辰超未来是否真正掌控去哪儿，以及他在去哪儿待多久。口碑网被阿里并购后，创始人李国治丧失独立运营权，后来离开。浙商创投高级投资经理李军华2012年8月曾在微博上感慨：昔日大众点评网的强劲对手竟然在阿里被边缘化，口碑网当初若坚持独立运营，估值至少可达5亿美元以上，且可单独上市。在创投圈有一种猜测，百度投资去哪儿，只是为了保住自己在搜索市场的份额，属于防守型战略投资。庄辰超则表示，即使如此也没有什么，因为这件事情是非常独立的，"你说百度会不会限制我们的发展？在法律范畴它没有这个权利"。

栖身于巨头百度的羽翼之下，去哪儿享受到的好处之一是，百度带来了更加巨大的流量。当然，业内也有人因此抱以警惕乃至批评的态度。酷讯 CEO 张海军 2012 年 9 月在一次媒体访谈中称，百度作为搜索引擎，一方面扶持旗下企业发展，另一方面对整个产业生态环境有一些伤害。携程原副总裁、桔子酒店创始人吴海则说，他不会选择与去哪儿合作，"百度那儿买关键词，我得交一份钱，去哪儿我又得交一份钱。等于百度这边收双份钱"。还有人担心，去哪儿尚未变成大公司之前，或许就会因为靠近巨头而染上大公司病。前述知情人士说，去哪儿已经有些臃肿，员工或许用不着一千多人，不如保持创业公司本性，给一个员工相当于两个人的薪水，干三个人的活。

庄辰超是程序员出身，长期负责去哪儿的技术、产品和运营，擅长把一切都"流程化"和"数量化"。"比如说什么叫服务好？一定是把它建模，一定把它设计成数量化的指标，然后监控自己的数量化指标，我们看到数量指标，有优势或劣势，这是服务。"这种管理风格会让投资人和股东有"稳健"的感觉，但也让一些原来惯于出奇制胜的团队成员感到不适。庄辰超曾经说，一个公司最顶尖的 10 个、20 个人，他们的智力水平和妥协能力代表着公司的能力。而戴福瑞时代极为稳定的高管团队，在庄辰超时代出现了松动。首先，是创始人之一戴福瑞卸任，然后是 2012 年 10 月负责市场的副总裁戴政辞职，自立门户做起了在线教育。庄辰超对狼性却有自己独到的理解：狼捕食绝对不是没有流程的，它们往往作为一个团体捕食，哪只狼上去，哪只狼在外面望风，第一步、第二步怎么做，一定是经过长期训练的，以防止出现异常情况。最有狼性的人是最遵循流程的人。

去哪儿确实需要保持狼性。2013 年 1 月 25 日，有媒体报道称携程大规模裁减线下销售人员，此举显然是为其主打线上销售渠道做准备。另一家比价搜索网站酷讯在 2009 年 10 月以约 1200 万美元卖给美国 Expedia 之后卷土重来。和早期的去哪儿一样"屌丝"的初创公司中，也有不少被投资人看好，如面向个性化旅行需求的马蜂窝。

目前在比价搜索领域最能威胁去哪儿的是淘宝旅行。其负责人李鑫直截了当地说，"我们不排斥打价格战，2013 年有可能跟去哪儿正面来打。我们跟去哪儿比较近，肯定不服气"。庄辰超对淘宝旅行等对手的挑战似乎不是那么担心："我们远远领先于其他所有的竞争对手。坦率地讲，淘宝（旅行）甚至都没有进入我的雷达，因为规模太小，我们有非常全面的系统监控雷达。"当然，处于执行层面的彭笑玫说，淘宝旅行是去哪儿需要第一梯次监测的对手。

有业内人士认为，庄辰超已经有点像职业经理人了。劲旅咨询总经理魏长仁甚至断言，去哪儿上市后，庄辰超一定会离开，理由是庄并非甘于做职业经理人的人，他是一个天生的不安分的创业者。鲜为人知的是，庄还是美丽说和融360的天使投资人。庄辰超否认去哪儿一上市自己就会离开。他表示："我希望去哪儿的业务保持健康的独立性，也就是说，我的进入可以给机构带来正面的帮助，我的退出不会对机构产生太负面的影响。哪怕有一天我因为车祸或者空难无法来公司了，公司依然能健康有序地发展。"

北京时间 10 月 31 日晚，去哪儿网（NASDAQ：QUNR）正式在美国纳斯达克挂牌上市。在经过两次上调发行价区间之后，去哪儿网最终的发行价为 15 美元。

挂牌当日，去哪儿网以 28.35 美元开盘，较发行价上涨 89%。此后股价一路上涨，最高冲至 34.99 美元，最终以 28.4 美元收盘，较发行价上涨了 89.33%，市值高达 32.09 亿美元。而当日艺龙网的收盘价为 20.91 美元，市值为 7.23 亿美元。换言之，作为在线旅游市场的后来者，去哪儿网的市值已经是艺龙网的 4.4 倍。

去哪儿网 CEO 庄辰超是去哪儿网的最大个人股东，IPO 后的持股比例为 6.49%，以首日收盘价计算，市值为 2.08 亿美元，相当于艺龙市值的 28%。第一大股东百度的持股比例为 54.82%，市值为 17.6 亿美元，相当于艺龙市值的 2.43 倍。

在去哪儿网上市之前，10 月 16 日，艺龙网曾发表声明称，公司已于 9 月 11 日起诉去哪儿网，要求去哪儿网继续履行合同并赔偿损失 1.46 亿元。去哪儿网在更新后的招股书中坦承："此次诉讼的结果无法预测，倘若法官裁决去哪儿网部分或全部败诉，都有可能令公司遭受巨大损失，并有可能对其运营业绩产生实质性的不利影响。"

除了艺龙的起诉之外，10 月 10 日，携程宣布，公司将择期发行 5 亿美元高级可转换债券。

不过，从去哪儿网挂牌首日的表现来看，公司并未受到竞争对手们各种动作的影响。庄辰超在开盘前接受媒体采访时表示："我觉得商业合作伙伴有纠纷是非常正常的事情，这个诉讼让法院来决定就可以。"

此外，近期，网秦被浑水做空导致股价腰斩，也让业界对即将上市的中概股多了一份担忧。对此，庄辰超透露："对于网秦被做空一事，我没有特别关注。我们在路演过程中感受到美国投资者认购的情绪是非常高涨的，当然这其中有大股东百度的大力支持和帮助。从我们整个路演的过程来讲，我完全没有感受到市场有负面情绪。"据悉，去哪儿网路演期间获得了40倍的超额认购。

从目前情况来看，尽管网秦"受伤"严重，但并未改变中概股整体回暖的趋势。

与58同城类似，去哪儿网两次提高了发行价区间。最初，去哪儿网公布的发行价区间为9.5~11.5美元，此后上调至12~14美元，而最终确定的发行价又升至15美元。由此，融资额也从1.28亿美元升至1.67亿美元。如果未来承销商行使超额配售权（绿鞋计划），融资额还将升至1.92亿美元。

对于融资后的计划，庄辰超表示："公司上市以后有了资本市场，我们会用更灵活的手段发展，包括利用上市公司的身份进行并购或者战略合作，但是目前我们并没有任何目标在雷达扫描屏里面，我只是说多了一项武器，我们会用各种灵活手段满足公司的长远发展目标。"

-------------------------------| 档案存底 |-------------------------------

去哪儿的管理艺术

去哪儿网 CEO　庄辰超
《创业家》　2013 年 4 月

8 年前，去哪儿在距离现在办公地两街区的大地高科技大厦开始，一路换了几个办公室，从最初的 5 个人发展到现在的 1300 多人，最让我骄傲的是去哪儿的管理。

拍砖文化

我们认为企业的价值观和员工对企业文化的理解，完全来自他的直属上级，最多不会超过两个层级。在这过程中我们的 TL（Team Leader）组发挥了重要作用。TL 组目前有 100 多人，职位在总监及以上的级别，其主要文化是拍砖。对公司的决策、上级的领导力，任何员工都有权利在组群里面公开进行批评，被批评者可以进行辩驳。这种公开的批评和辩驳是很反映人性的：是否扭曲事实、邀功、推诿责任；能否提出切实可行的方案，还是夸夸其谈；是勇于承担责任，还是推卸责任；以及能否对自己的结果负责。

这个过程其实是帮公司提纯了企业文化，同时最优秀、最有想法的员工通过辩驳也凸显了出来。在物色新的管理人员时，我们会非常关注在组里公开讲话的人，沉默的管理者我们是不会提拔的。所以想要晋升就需要非常强烈地表达自己的观点，还要保证经得起大家的辩驳。我们希望公司的每一个人都是知情的怀疑者，鼓励员工尤其是 Team Leader 对每一项政策和成绩表示质疑：真的这么好吗？真的不能做得更好吗？

公开批评

我们鼓励员工最大范围地散发出自己的观念，叫"大声说话"。去哪儿有很多邮件组，如果对你的上级有批评，应该让更多的人知道。我们鼓励公开批评，原因是在公开批评的过程中会引发很多的思辨，让大家对事物的把握更清晰，同时给其他人以警示。我们要求大家"遇到批评三不问"，不问动机、不问层级、不问态度。遇到批评很多人会想你是不是想踩我一脚，或者你够不够资格，在去哪儿，只要是基于事实，就可以批评。并且不要求每个人都是语言艺术家，既要批评到位，又要让被批评者有面子，那是不可能的。所以我们要求被批评者要有修养。让新员工适应这种文化很困难，但又是很好的企业文化筛选器。去哪儿新员工离职率非常高，但工作满一年以后，离职率在 2% 以下。

因人设事

我们非常鼓励因人设事。所有管理模式完全取决于个人能力的最大化，我们相信互联网公司最重要的是人本身，一个人如果能在自己非常熟悉的环境中，既有兴趣，又发挥自己的能力，他所创造的价值是普通员工的 100 倍。当然因人设事主要针对高阶员工，比如前 100 名。另外去哪儿每个 Team 都是 TL 自己招聘，有很强的 TL 个人色彩，但去哪儿从来没有出现亚文化，是因为当公司最高层级的文化非常健康、强壮时，就可以消灭任何亚文化。

招聘原理

我们非常关注一个新员工进来以后有没有能力拉队伍。A 级别的员工往往招聘 A 级别的员工，因为他们是朋友；B 级别的员工往往招聘 C 级的员工，因为他要表现自己的管理能力。能够招进来优秀的员工，首先意味着他的职业素养得到认可；其次意味着他在过去的职业生涯中诚实可靠，才有朋友、优秀的员工投奔他。

数据化管理

管理过程中，我们需要加强机构的智慧。通过建立模型，把公司所有的行为想法全部数据化，用报表的形式展现给各级的管理者。去哪儿有明确的打卡制度，如果一个团队平均工作时间长的话，意味着需要增加人员，如果时间短，我们会分析是不是需要重新安排工作。包括每个部门和每个产品都要对自己的业务建立价值模型和数量模型来跟踪和判断自己的行为。

团队吞并

我们认为企业达到一定规模时，一定会出现破坏性的竞争对手，最重要的判断是与其让别人杀掉自己，不如自己杀掉自己。所以我非常鼓励内部的团队说："我认为另外一个团队做的事情是陈旧的，需要突破，如果他不愿意突破，我来突破。"在这个过程中，要么把业务（重新）划归，要么把整个团队吞并了。

在整个去哪儿的发展过程中，团队的内部吞并是非常强烈的行为，一些基层员工、一个普通经理可以吞并一个高层的团队，这是非常常见的。因为所有的人拿的都是去哪儿的期权和股份，即使被吞并的高级业务管理人员也心平气和，他可以到新的岗位去实现自己的价值。

可控的创新

去哪儿非常关注在核心点和公司发展的热点建立流程。但流程和流程之间是中断的，允许创新的做法。创新的问题在于输出的东西往往是不稳定的，所以我们在关键岗位上设计流程控制，创新以后输出的内容必须稳定、符合标准。一旦创新成功，就会形成新的关键岗位，并通过监控经过流程的活跃度来判断该流程是否需要改进或废弃。如果是流程网络，则会固化流程、阻碍创新，我们更关注的是在输入、输出环节的控制。

我们鼓励一些优秀员工适度跳流程，跳流程往往会得到比流程更好的效果，如果永远遵循流程就意味着丧失创新。对跳流程、流程异常的情况，我们会花很多时间去分析判断，在这一过程中其实可以发掘一些顶尖人才。

冲突的管理

去哪儿的企业文化鼓励健康的冲突，冲突往往能够让问题在早期暴露出来。通过分析问题找到引发冲突的本质；找到本质后，还要善于妥协。很多时候问题不能在一夜之间解决掉，就需要战术性的放弃，能够不断地妥协，我认为是整个公司的竞争力。最终来讲公司是个人的代表，一个公司最顶尖的 10 个、20 个人，他们的智力水平和妥协能力其实代表着公司的能力。

知情地悲观

美国的学生从小要写论文，其中一个非常重要的工作是事实核对，要注明引用内容的来源。这一点我们是很欠缺的，很多人讲话没有事实出处。如果最初的事实是错的，那么在讨论一大圈之后，包括中间所有的讨论，甚至最后的决策全都是错的。所以在沟通时，要密切关注最初自己的输出要有事实核对，同时你接收信息时也要有事实核对。把一件事情快速抽象化、模型化，才能够让整个公司的运作效率提升。基于模型对事物进行价值判断，并根据价值排优先级，到底什么重要、什么次要。首先要知情，然后要怀疑。

最可怕的是对事情保持盲目的乐观。例如，一个人说这事他一定能做到，你问他为什么，他什么也说不上来。我们比较欣赏的人会说：这件事情的挑战是很大的，基于如下事实证明会有25种风险，每种风险发展的可能性多大，观测点在哪里；如果哪种风险发生了，就会失败；如果运气好，这种风险没有发生，或者在足够短的时间完成，是有可能做到的。根据我的观测，对风险预判越多、对未来越悲观的人，把事情做成的概率越大。

第六章 京东：梦想不息

"修养生息"

2013 年，京东交易额再创新高，达到 1100 亿元。2012 年，京东交易额在 600 多亿元，比 2011 年增长了近 200％。而 2003 年，京东才刚刚诞生，到 2007 年的交易额才达到 2 亿元。过去 10 年，在刘强东这个造梦师的笔下，京东成为电商界的一个奇迹；2014 年，京东正在开启下一个 10 年的历史机遇窗口。

2013 年马云玩"退休"，刘强东则玩起了"消失"。原本是微博话痨的他，将新浪微博签名改为"低调、低调、再低调！"刘强东的低调，从 2013 年 1 月 1 日举办的京东内部年会上传出的信息可以看出端倪。他当时明确表示，2013 年公司战略是"修养生息"。

"修"意指修补。京东过去 9 年高速发展，不可避免地产生一些系统性、流程性、根源性问题，这些问题都要进行梳理、修补，甚至改变。由前京东 CFO 陈生强主抓的 PMO 项目也梳理了内部的财务流程，给实时到账的财务结算系统奠定了基础。京东的域名也从 360buy 成为 JD，企业形象 LOGO、吉祥物也进行了更换，这些品牌上的变化，让京东更简单，更容易被普通用户记住。

"养"对应的是围绕电商布局的战略型业务，这些业务是需要不断投入、不惜余力养大的，比如开放平台、物流、客服等。2013年上千家卖家参与的开放大会、亚洲一号物流中心、江苏宿迁的客服中心相继落地，夯实了一个个业务体系。

互联网金融战略则在"生"的战略中。刘强东认为，整个电商价值链和供应链服务需要不断拓展，在数据领域、金融领域都会催生出大量的新生业务和代表未来方向的电商业务。

至于"息"则是有取有舍，刘强东对没有希望和前途的业务领域毫不手软，在2013年年初步完成关停、整合。生生不息，在刘强东的商业梦想中，创新向上的力量永远存在。

2013年，京东金融集团成立，这个公司将有独立法人，未来不仅仅依附京东的发展，更是互联网金融界一个独立的第三方平台。12月底，一个名为"京保贝"的3分钟融资到账业务正式上线，这是京东供应链金融业务的正式落地。此前一年多，京东依据结算单给供应商提供贷款产品，平均贷款额度是80万~110万元。此后，京东将使用入库单给供应商提供贷款，贷款额度会大大提升。这对京东来说，是融资效率的提升，也是未来开启互联网金融业务的基础。

2013年，刘强东也不断拓展电商业务的边界。京东与太原唐久便利店合作，就是利用O2O来给传统线下便利店提升服务的成长空间。这个便利店在京东平台上开店，可以把SKU由线下的店均3000个扩展到10000个，配送、仓储或由便利店自身完成，也可由京东来完成。对京东来说，线下便利店也是其贴近用户、服务用户、获得流量来源的一个重要抓手。在移动端流量上，到2013年年底，移动端带来的流量占整体交易额的15%，而一年前，移动流量的占比仅有5%~6%。

价值创造

目前，京东并未上市，在互联网金融大潮来临时，刘强东也一直在追梦的路上。刘强东告诉我们："在追梦的路上，最大的动力源泉在于对实现自我价值的渴求。人只能活一次，短短的几十年，我希望自己活得有点价值。"在追求事业的路上，除了初恋般的热情，还需要宗教般的意志。"因为我坚信，我和我的团队努力经营的'京东'，可以越来越多地为消费者、为电商行业、为社会、为国家创造价值。"上一个 10 年，京东从无到有，并位居中国互联网公司的前列。下一个 10 年，京东又再次与腾讯、阿里、360、百度等互联网巨头站在了同一起跑线，去寻找移动互联网颠覆传统行业的机遇。

怀有梦想，还需要拥有实现梦想的翅膀。在 2013 年京东的内部年会上，刘强东指出，京东第二个十年的三大发展方向是：自营电商、开放服务和数据金融。三个方向背后，技术才是第一驱动力。自营的 B2C 电商实质是技术驱动的供应链服务。与淘宝模式不同，京东将是一家提供供应链服务的公司，如仓储、配送等物流服务，将实现规模化、海量 SKU、低成本、高效率的供应链服务，这个供应链服务能力是京东的核心竞争力。POP 开放平台是京东规模化扩张的基础，通过向卖家开放仓储服务、配送服务来提升赢利能力。耗资巨大的"亚洲一号"开始破土动工，2013 年京东的物流投入达到 36 亿元，每个一级物流中心的投资规模在 6 亿~8 亿元。6 个"亚洲一号"建成之后，订单处理能力将得到快速上升。在这六大一级物流中心之下，京东还有城市仓储中心、配送站、自提点、县级合作配送点等体系化的配送体系。未来，京东的日处理订单量可以达到数千万，这也提升了这家公司开放平台的运营能力。京东希望吸引大卖家入驻开放平台，希望开放平台上 20% 的卖家可以占销售额的 80%。

对金融，刘强东更是将其放在重要位置。金融因商而生，电商与金融的结合是水到渠成的事情。未来 10 年被认为是互联网金融的黄金 10 年，谁抓住了这波浪潮，谁就能够将公司增长带向新的广阔空间。刘强东描绘了路线图：2014 年京东金融从基金、支付领域开始快速发展，之后，融资业务和小额贷款会成为业务重点。"目前的主攻方向是打造适合互联网的标准化金融产品，并且创新出和我们零售业务紧密相关的，能够给消费者提供服务的金融产品或项目，提升用户体验。"对京东来说，在这些战略级业务之外，还需要抓住移动互联网的大潮，寻找到未来的商业机会。对这个战略，重点是将网银在线快速钱包化，从一个支付网关变成支付工具，再变成一个账户。在移动端，除了有京东的 APP 之外，也需要基于 HTML5 来布局移动网页端，并且需要寻找其他流量来源。而电商与教育、医疗等领域的结合也正在快速发生，越来越多的创业者正在为梦想起航。在过去 10 年，刘强东也是这样带领着团队不断向前。未来，刘强东也将继续组建精兵强将，逐鹿下一个 10 年。

2013 年，刘强东自己不断进行减负运动，将一些事情交给高管，自己更专注于京东未来的布局。按照内部人士的说法，"他这一年大部分时间在美国学习、思考"。这不仅让人想起一句话——百战归来再读书。这位全球电子商务行业的中国追梦者代表，在过往几年一直承受着公司高速增长、谈判大笔融资、外部质疑不断、上市揣测频频等压力，不只是逞匹夫之勇，而懂得"知进退"去沉心谋略。这显露出一位商业新贵追求极致却又不失大气的风范。

在美国的刘强东虽然很低调，但并没有闲着，他在不断地体验各种电商公司的服务，不停地在买东西。有人问他对在美国"学习"的总结，刘强东笑哈哈地绕了过去，给了四个字"学生真好"。2013 年刘强东没有具体过问细节，但披露了交易额达到 1000 亿元预期，以及前三个季度实现微利，他认为公司很好地执行了年初"修养生息"的战略。

对 2014 年的战略重点，刘强东则总结为五个方面：第一是移动和大数据两个技术，第二是金融业务，第三是 O2O 业务，第四是渠道下沉，第五则是国际化。而在投资方面，刘强东表示过去比较保守，在 2014 年则会采取一些积极的举措。

当然在 IPO 及融资这个必会出现的话题上，刘强东则表示"到今天为止没有任何计划"。谈到现金流问题时，他甚至调侃老对手李国庆"必输"，并让现场媒体带话"我很想念他"。

刘强东并没有给出 2014 年的销售额预期，只表示依然会保持 3 位数的倍数增长。

在行业方面，刘强东则认为大部分垂直 B2C 发展空间不会特别大，2014 及 2015 年电商行业会有大量并购，"还是按照 5 年前的说法，市场上将只剩下 3 ~ 5 家大型电商平台存在"。

1. 技术及移动数据

刘强东表示这方面非常核心，并且要进行突破，特别是研发创新机制要建立起来，目前京东内部有 3000 多名研发人员，需要成立虚拟小组并且建立独立子公司，激活团队的创新性。对移动互联网船票问题，刘强东认为"根本不存在门票"，他认为从互联网发展历史来看，会不断有好的模式、好的公司出现。京东并不太在意前端，京东更加追求的是后端，只要做好体验、保证低价和服务，"用户绝对不会懒到都不下载京东 APP 的地步"。

2. 金融

刘强东表示金融方面京东做了很多产品，但没有特别对外披露。他谈到了京东面向供应商推出的"京保贝"3 分钟融资到账业务，认为能够解决供应商在资金方面的问题。对金融业务刘强东也寄予厚望，他透露 2013 年 11 月单月金融额度接近 5 亿元，成长速度非常快。

3. O2O

京东这部分的重点是生鲜超市类产品，并计划未来 5 年之内（1 年之内个别城市）可以实现生鲜超市食品 10 分钟送达，目前这套系统正在测试，5 年内将进行大规模推广。

对京东在 O2O 上是否赶了晚集的说法，刘强东则认为"集市还没有开始"。他认为一日三餐是第一大竞争品类，是依然等待开垦的荒地。目前生鲜食品类电商的问题是毛利率比较低，如果每单 80 元，毛利只有 6~8 元，连物流费都覆盖不上，而且生鲜速度还要求快。

刘强东表示，为什么提出 10 分钟送达，就是希望解决速度问题，而京东希望每单物流成本控制在 5 元以内，就解决了毛利的问题。"成本和实效一个解决不好就没法做，京东已经走在了前面。"

4. 渠道下沉

刘强东表示，京东在北京已经具有了知名度，据京东内部数据，北京是 2012 年唯一一个京东的知名度超过淘宝和天猫的城市，2013 年有可能京东在上海的知名度也会超过淘宝和天猫。一线城市京东竞争力逐渐显现，但三线城市知名度比阿里少了很多，90% 都不知道京东。这对京东而言是很大的劣势，也是很大的机会。

具体如何做？刘强东表示分为两部分，第一部分是三四线城市物流配送服务提速，特别是 TOP100 的城市，过去是 2~3 天送达，现在全部要求 24 小时送达，而且要覆盖城市郊区，包括区县和乡镇。第二部分则是通过落地广告进行宣传。

5. 国际化

京东 2014 年将在国际化上重点发展，国际化方面京东有两个原则，第一个原则是和中国邻近的国家，理由是文化相近，欧美暂时没有过多考虑。第二个原则是只能通过跨境贸易，主要通过京东自营的方式，理由是目前跨境小包贸易中 80% 订单是假冒服饰及山寨手机，这不是一个应有的电商业务，没有办法持久。

---------------------------- | 档案存底 | ----------------------------

刘强东美国游学归来：京东 2014 年将如何发展
——刘强东 2013 年年底京东媒体沟通会实录

我相信出乎所有人意料，我们前三季度总体来说实现了微利，没有任何亏损。主要 2013 年我们完成了全年的战略规划 "修养生息"，所有的时间精力放在我们内部的运营管理，放在我们的组织、文化，也就是公司的基本层面上去。经过一年的时间，大家可以看到，我们高管层也变化很多，包括新的高管加入；我们的文化和价值观，十年以来第一次经过梳理；整个集团 3 万多名同事，100% 进行一次全覆盖的培训，我想基本上完成了我们年初制定的各种任务。

2014 年我们定了五个最重要的事情，年终战略非常简单，不是特别大的宏观的规划，就是 2014 年最重要的几件事情是什么，所以 2014 年对我们来讲最重要的就是我们的技术，以移动和大数据作为两大核心的技术，要寻求突破，特别是我们的研发创新机制要建立起来，如通过虚拟项目、完全独立的子公司、人财物独立的方式，来激活我们的创新性，能够给大家带来更多更好的产品。

第二就是金融，金融我们过去一直没有对外进行披露，但是我们金融产品已经推出了很多，而且11月我们放贷额将近5亿元，很快这一块我们会过百亿，甚至几百亿，我们的定位是在重要企业和银行之间搭建桥梁。中国一直说致力于中小企业，但是银行是会算风险的，不可能冒着风险给你贷款，所以银行不可能做雪中送炭的生意，永远只能给你锦上添花。所以银行贷款需要土地、设备、不动产做抵押，大量的中小企业没有这些固定资产，只有存货、原材料等流动资产。所以我们利用我们的物流体系，能够迅速地帮中小企业不需要任何房产抵押，合同都不用签，只要和京东商城有合作的，有他过往产品的记录，靠他的信誉，我们就会给他有一个贷款额度，贷款3分钟就能到账，最多可以是几千万，最少几万元。而且可以2日贷、2日还，不需要了可以马上还回来，还款贷款都是3分钟之内完成，不需要和我们见面，不需要解释，不需要提供一大堆证明，不需要无数的合同，也不需要找关系，核心就是我们的体系和物流，所以这种贷款业务发展得很迅速，完整地上线一季度之后，我们的钱包系统、账户系统，还有相关的金融产品都会不断推出，公司把金融集团独立出去作为全资独立集团，人财物一切和现有的没有关联，我们京东金融集团的CEO只向我一个人汇报，其他人都管不到，这样能保证我们金融发展独立起来，也使机制更加灵活。

第三大块，就是大家说了好多年的O2O，我们一直在测试，现在测试基本上可行。未来一年之内京东可以在大部分城市实现，五年内推广。我们的商超10分钟送达，10分钟之内把要的东西送到家里去。利用我们在全国的物流体系，按照O2O的属性和性质把它分成一个小格子，根据我们的数据统计结果，我们保证任何一个时刻，在某个格子里面，总会有一个京东的在其中，所以任何客户任何时间点任何需求我们可以做到10分钟和15分钟送达。不是利用我们的库存，而是利用大量的传统店面、厂家、代理商等库存资源实现。

第四，渠道下沉，我们在一二线城市具有一定的知名度，像北京，也是2012年唯一一个我们的知名度超过淘宝、天猫的城市，未来有可能上海也会超过淘宝、天猫，这意味着在一线城市，京东的竞争力逐步显露出来。在许多小城市一提淘宝大家都知道，提京东好多人不知道，甚至90%不知道京东，这是很大的劣势，但是也意味着我们拥有巨大的机会，如果有一天三线、四线城市像知道淘宝、天猫一样知道京东，价格很便宜，服务非常好，售后有保障，我相信我们会获得更大的市场份额。

最后就是国际化，我们内部其实筹备了一两年，和相关的国家和合作伙伴谈了很多时间，2014年我们的国际化会迈出坚实的一步。

其他大家有没有感兴趣？我在美国待了四个多月，没有回国一次。

提问：主要做什么？学了哪些课？

刘强东：在美国哥伦比亚大学。在哥大我有很多的同学，其中也有中国人，绝对是一个纯粹的学生，享受最快乐的四个月，我相信这四个月的时光让任何一个同行知道，他们一定会羡慕得发疯。在课程方面很简单，学了英语。

提问：你刚才讲的金融业务到底是5亿还是50亿？

刘强东：我们11月，单月的额度将近5个亿。

提问：11月？单月？

刘强东：对。它的复合增长率达到30%，成长速度非常快。

提问：我想问一个问题，就是您刚才说到了京东2014年在移动上会有一些大的发力，讲到O2O这件事，你讲区域里面做生鲜类产品10～15分钟送达，就是本地生活这一块，应该是下一步电商行业一个巨大的市场，我想知道你这个10～15分钟送达怎么实现，京东在里面怎么把线下的商业联合起来？

刘强东：如果说得详细一点，实际上我们就是整合现有的资源，比如每个店都有自己的库存，甚至包括便利店，每个店有大量的库存，所以我们要把库存整合起来。

提问：这个对接难度是不是比较大？我觉得难度在于你打通他库存的数据这件事。

刘强东：目前和很多线下店已经进行合作了，好多项目已经上了一两个月了。目前中国连锁店的管理水平，实际上已经超过我们的想象，它们的库存管理已经做得很好了，双方信息打通很容易，两天就可以做到，只要库存信息打通就可以实现这一点。

提问：过程当中京东怎么获利？

刘强东：我们销售分成，因为我们把货送到消费者家里去，做收款，会有利润分成。现在大城市都是京东做的，其他城市可能有一些合作伙伴。

提问：我想问的问题是关于金融方面的问题，就是您刚才提到金融是独立的全资子公司，我听说管理层的激励还挺多，你方便透露一下京东金融集团管理层的激励，到底最后的股份大概占多少？未来金融整个是京东全资的，未来会不会引进其他战略投资者？京东金融基础在我们供应链金融这方面，未来会不会收购一些移动端上的金融工具性的产品？金融的数据没有办法现在开始马上就拥有的，你怎么获得这些数据？

刘强东：第一是我们的金融集团，刚才介绍了，是完全独立运作的方式，现在管理层主要还是跟京东，属于整个京东的激励机制，当然未来可能会给我们的金融集团设立一个独立的单独激励的体系。第二就是账户系统，我刚才也说，2014 年一季度末之前，网银的钱包和账户系统都会开放，当务之急希望我们买家和平台能够实现结算，因为我们现在人工相对比较慢，每天和商家对账，影响我们卖家的现金流。现在我们一千个卖家测试体验，一个月我们实现所有卖家全部提升结算，把卖家的这个问题解决，然后一季度末之前，个人的账户行为和商户的账户行为都会相继上线，都会推出来。移动布局这一块，老说过去京东没有什么亮点，我们过去十年主要放在供应链和物流能力上，我们更希望做服务人员，给大家服务，不管你张三还是李三抢到移动互联网门票，购物就希望我们把东西送到家里去。我们是服务人员，没有服务人员，即使抢到门票，过的日子也不会很好。当然 2014 年，京东在移动端会有大量新的产品推出来。数据，我们从七八年前设计网站的时候，就对数据保存很重视，所以所有数据都充分保留下来，但是我们还没有把整个数据的价值发掘出来。我们 2013 年主要就这个方面在全球寻找人才，接下来不断会有真正的技术天才，加入我们的团队，相信 2014 年也会在这个方面给大家带来眼前一亮的表现，一个大数据一个移动，是我们 2014 年的主要方向。

提问：我《南方日报》的记者，你谈到在北京上海京东状况非常好，我代表广州问一个问题，广州处在转型升级的过程中，电商这个商业模式对广州寄予厚望，你创业也是在转型升级的过程中，希望你能够结合京东在广州的经营状况，说一下电商的商业模式在广州转型升级中起的作用。

刘强东：2013 年和 2012 年，广州这样的一线城市，我们内部叫超级城市，京东在这里的增速一直最快，连续两年第一，预计 2014 年我们在广州市的增速比在北京、上海的高出 10%，2~3 年内在广州市的销量超过上海市，甚至达到在北京市的水平。京东在广州市当务之急是仓储，可利用的仓储人员非常有限，所以我们也在东莞等广州周边的城市找了一些大型的仓储基地，广东仓储面积只有北京的一半，一直找不到合适的地址，这是在广州最困难的一件事情，所以把寻找范围扩大到周边城市去，希望在解决仓储问题的基础上，2014 年我们在广州有更好的表现。

提问：我想问一下，刚才你提到渠道，也就是三四线城市，淘宝更强一些，京东有哪些具体有效的应对措施？

刘强东：我相信我们的同事，还会在这方面推出一系列措施，当然我们目前在两大方面已取得共识，第一，对三四线城市的物流配送能力要提速，新的一年要求所有的三四线城市，要求把过去两天、三天送达的，全部做到 24 小时送达。像北京、上海、广州我们要到村，过去到县到镇，2014 年我们要到村，长三角、珠三角、环渤海，每个村我们都可以快速地送达。第二，确实需要一些广告，三四线城市，一旦京东这种品牌知名度不高，网上的广告对用户影响力比较小，我们希望在三四线城市也落地地投放一些广告，先提升我们的知名度。

提问：第一个问题想问一下关于上市的事，不知道你怎么考虑京东上市这个问题，比如现在处在一个什么状态，您预计或者想它什么时候上市，还缺少什么，或者有哪些方面不足？第二个问题是关于京东的后十年，在您看来，要完成什么样的目标，未来十年您有什么样的使命？

刘强东：上市是永远都逃不开的一个话题，五六年以来年年说。其实每次回答我也不好意思，我特别想做有新意的回答，但是确实没有，跟以前一样，今天我没有做出有关上市的安排。过去的十年我们京东至少在整个自营电商里面，我们骄傲的是我们成为体验最好的公司，但是这种用户体验并没有好得非常非常多，不是很大的差距，所以新的一个十年，如何能够让京东的这种好成为绝对地最好，不可比的一种好，极致的好，这是我们的一个追求。

提问：2014 年战略预测的问题。我记得一年多以前，您当时提过，就是垂直电商可能很多都会死掉，我想问一下，2014 年您对整个电商业的大势是怎么看的？另外 2013 年我们看到整个中国互联网各种动作都很频繁，包括大家都在说很多大公司在争抢各种船票什么的，你怎么看2014年中国互联网的格局呢？

刘强东：过去我确实说过很多垂直电商会倒掉，今天事实也验证了这一说法，大部分倒掉的企业基本上就是发展空间不是特别大的。五年前我还说过，就是这一波3~5年大型电商的竞争，我个人认为2014和2015年这两年，整个电商行业会有大量的并购整合，很多小的平台公司，可能会跟别的平台进行合并，最后可能仅剩3~5家这样大的平台存在。因为从经济的角度来讲，可以说一个独立的垂直电商，给消费者带来的价值是有限的。一旦大型平台的各个系统品类、团队、品类运行的能力、产品的丰富度，达到一定极致的时候，垂直电商可以说就没有额外的价值，它的价值容易被大型平台替换掉，所以我相信接下来行业一定会发生很多重大的合并案例。

提问：您有目标吗？

刘强东：目前还没有。对整个互联网，我觉得现在几乎很多互联网公司都在试图想垄断什么入口，网络的入口，想一统江湖，和互联网消费者严重违背，消费者的选择一定是多样性的，所以我不认为现在的互联网不可改变。比如360最近一两年也是异军突起，不管它用户的数额，还是公司的市值。我的意思是说互联网一定会不断产生新的需求、新的应用，还会有你今天不知道的很小的公司，甚至两个人的公司，还在创建当中，也许五年之后就会成为一个电商巨鳄，所以互联网行业就注定了所谓的船票根本是不存在的。

提问：我有两个问题，有人说实现生鲜O2O比较难，你怎么看，再一个京东在这方面优势是什么？劣势是什么？

刘强东：第一还没开始呢，刚才所说的，这个行业，将来可以说第一大品类的，服装也好，日用百货也好，最后一定不可能只有生鲜食品，老百姓一日三餐要吃的，老百姓第一大品类，一定会成为京东一个最大的等待开垦的荒地，所以根本没有开始。核心品类很大，但是有一个问题，就是毛利率很低，大家知道超市里面生鲜食品的毛利率大概只有11%，客观一点80块钱和6块钱，每单6块钱、8块钱，物流成本都不够，所以要找到最低的配送成本；还有生鲜需要送得快，等几小时的话产品的品质得不到保证，这是为什么要提10分钟送达。所以我们要改造我们的物流系统，我们希望每单的物流成本控制在 5 块钱以内，10 分钟送到，不管是消费者，还是我们的城市，双方变成三赢的局面。所以成本和实效解决不了，那么所谓的 O2O，生鲜作为一个品类是没法做的，但是我们在这两方面，成本和实效一块我们解决得非常好，至少在整个行业里京东已经远远走在前面了。劣势当然就是中国食品的安全还是很令人担忧，所以我们可供选择的合作伙伴比较少，理论上我们应该把北京市所有的店全部整合起来，真正的资源最大化，但是这些店的产品能否有保证我们不得而知，很多店家找我们合作我们也不敢，只能找较知名、较大的超市和他们进行合作，相对保证食品安全，所以从这点讲，这不是京东的劣势，是整个行业的问题。

提问：你去学习？移动船票的问题，没有听得特别清晰。现在有微信的"船票"在里面，大家会觉得，移动端包括京东和阿里也在寻找机会，我特别想听一下 2014 年京东到底在移动这一块有哪些举措。

刘强东：我刚才已说到"门票"根本不存在，包括 PC 端，全国的互联网 1997 年中国开始发展，1999 年、2000 年达到一个小高潮，之后一个低潮然后又起来；但是最近几年又出现大量新的公司，很快超过雅虎、传统的互联网系统，所以未来还会出现新的应用、新的公司，很快取得新的成功。购物可以说是互联网最严肃的一个应用，为什么这么说？你想享受电商的任何服务都要花钱，所以消费者是最谨慎的，他是要花钱的，电商只要把应用体现做好，永远保证产品品质，保证低价、良好的服务，所有的用户绝对不至于不下载京东 APP 的服务，他要享受下载就好了，因为本身是免费的，所以前端应用层的体验不是京东力求的，后端的应用体现做好，前端所有用户都可以转型过来。我们整个京东注册用户 1.4 个亿，11 月底的时候，我们京东客户端安装量过了一个亿，我们发现几乎每个在京东 PC 端购物过的，在京东购物之后 99% 的用户都会下载我们的客户端，不需要去推广，是一个自然而然地愿意安装应用的过程，想要在京东买东西，拿着手机就能实现。当然移动电商肯定不是 PC 电商的一个转型，一个简单的复制，它会变得更加复杂，如何服务好值得我们研究，我们做了大量的工作，2014 年在这个方面京东会有很多新的产品出现。

提问：你觉得特点是什么？和这个不一样的。

刘强东：用户群体更加广泛，基本上每个人都有手机，所以手机购物的用户数远远两倍、三倍于 PC 端的用户数。移动端的用户也比较复杂，我们 PC 端用户年龄是 20~40 岁，移动端我发现这个特征不是很明显，相对 40 岁以上用户的购物比例大幅提升。

提问：我第一个问题你没回答呢，就是美国学习的问题。

刘强东：已经说过了，就是纯粹的学生。

提问：为什么去美国？大家觉得为了 IPO 准备，不是为了这个去的吗？

刘强东：和 IPO 一点没关系。

提问：2013 年是一千亿，2014 年两千亿，基数很大了，你不能做一个预测？

刘强东：我不会做很准确的预测，我们所有的考核指标不是完成多少销售额带来多少利润，是项目有没有落地，给我们用户有没有带来价值，有没有增加平台黏性，有没有让京东满意度上升了，一家公司只要用户满意了，所有其他的都不太是问题。

提问：我想就刚才这个问题再问一个问题，您说前三季度实现微利，我想问一下利润大概有多少，还有三个季度分别都赢利？还是只有一个季度盈利比较多？然后把另外别的季度亏损给弥补上，虽然您说对这个赢利或者利润没有要求或者预期，那我觉得您说到三个季度赢利还是很开心的，我想问一下您对 2014 年的赢利状况有什么预期，2013 年实现微利的主要原因是什么？

刘强东：首先，2013 年的财务表现并不是规划，一直在反复说这是京东财富表现的自然过程，用户体验好了，成本降低了，效率提高了，就是水到渠成，早晚的事情，2014 年赚多少钱，赚不赚钱，我们没有做规划，我们永远坚持一个信仰，就是把用户资源做好了，让用户开心，成本降到极致了，销售提升到极致了，该来的都会来，该有的一定会有。

提问：我想问一下 4G，我不知道京东怎么想这个问题，京东的机会是怎么样的？

刘强东：4G 确实对整个中国互联网有加速的作用。现在很多购物体验做得不是很好，我相信 4G，花了很多年谈这个事情，之后会有大量的创新应用推出来。

提问：我想沟通一下，京东在家电线上消费中占了一半的份额，2014 年在家电的这个领域还有哪些创新的举措能够把优势扩大？

刘强东：我们在家电方面问题有两个。第一个依然是产品的品种还是不够，我们也在谈，因为品牌厂商基本上把线上和线下的品种分开，也就是我们在线上能买到的产品，线下就没有，线下能买到的，线上就没有，所以我们要推动线下线上产品一样，给消费者公平的选择。第二个京东物流的覆盖能力依然远远不足，我们2013年34个运营中心，拥有覆盖全国521个城市（县级市以上），共计1066个区县的家电物流配送网络，2013年的京东家电是有增长，我们2014年家电这一块依然会有超过3位数的增长。

提问：主要是后端，前端为什么不采取开放的合作？比如和微信合作？京东只专注后端吗？

刘强东：我们是开放合作，京东有自己的广告平台，任何流量你微信愿意接受的话，愿意给我们流量我们都不排斥的，我们并没有说在前台上选择和谁合作不和谁合作。

提问：有两个问题跟您请教一下，刚开始提到了利用项目制和成立一些小公司的方式来激活公司的创新机制，其实我对这个蛮感兴趣，因为我有一个感觉，就是好多时候京东像一个零售的公司，但是有的时候不太像一个互联网公司，它的反应速度和产品的快速推出，似乎有一些慢，不知道这个感觉对不对，你可以纠正我，我想问您可不可以给京东增加一些快或者互联网的能力，你有没有拜访美国的公司？你更倾向于大公司还是小公司？如果小公司你看过哪些公司，这是第一个问题。第二个问题是，任何一个平台做大都有自己的天花板，天猫和淘宝做大也有流量的天花板，京东这种自营和POP平台的混合模式，它的天花板在哪里？产品的展现和方式突破有哪些，自有品牌你做不做大的发展？

刘强东：你刚才提的问题很典型。我们京东有两种不同的形式。根据我们项目持续的时间，有时会通过虚拟项目小组的形式，把所有需要的跨部门的人集合到一块去，小组是完全独立的。对持续性存在的一些新的业务，比如像金融业务，比如我们的广告平台业务，包括我们的网银在线支付，我们会采取完全独立的子公司方式，服务器都是自己采购，和京东没有任何关联，这样保证它的灵活性。我觉得任何一个公司的天花板，从我个人的研究来讲，我不大清楚对不对，我看很多公司大到一定的程度之后忘记了自己是干什么的，忘记了谁是用户，忘记了用户需求，忘记了用户体验。不管大还是小都可能有天花板，有的做得很大但天花板不存在，像谷歌，有的很小就有天花板。谷歌这么大公司没看到它有天花板，它不断地创新，有活力，给消费者带来惊喜的产品。我们的团队要保证创新的意识，永远不要忘记我们为什么存活，为什么有创新，我们有用户体验，我们不忘记这一点，我们就可以说没有多大天花板，因为电商的市场太大了。

提问：我想问一个问题，就是您今天谈了很多策略的问题，但是您其实不仅是京东的策划规划师，也是产品体验师，你都体验了京东哪些产品？或者哪些功能是在您主导下上马的？您脑子里有哪些产品的雏形？特别是移动端的？

刘强东：我的用户体验是从用户的视角不断地购物和聊天。周围的朋友在京东购物我一定会问很多问题。京东到今天的规模，不可能有这种必要我亲自站到一线带我们团队设计所有的产品，如果这么做，我真的就变成京东最大瓶颈了。

提问：我作为用户问一个用户的问题。我是京东的深度用户了，像京东自营的一些产品，送货什么的非常确定，所以我对京东自营品牌消费基本没有任何障碍，看好就下单。但是我注意到开放平台在物流体验上，还是跟自营有差距的，而且不是一点的差距。您刚才又说，您的物流将来要做O2O这一部分，将来渠道还要再下沉，会在物流上再度扩张，但是我感觉增长非常迅速，开放平台也会增长特别迅速，在这样的战略背景下，你的物流不可能完全解决所有的服务，所以开放平台的用户体验一时半会不能解决，像京东自营这一块体验那么好，那么在这个问题上，你们是怎么规划的？作为物流这一块，如果它从一个成本中心变成一个能有收益的中心，是不是就可以解决它的问题了？可是现在依然没有看到物流变成京东的一个赢利中心，仍然是成本中心。

刘强东：首先，国内消费者都习惯免运费，只要有免运费的喜好，物流就依然是成本，很难变成利润。我在美国各种各样的电商平台购物，疯狂买东西作为体验，比如亚马逊除了发70多美元，几百块钱买了全年的物流服务之外，其他的都很贵，我买了三本书收了30美元，5~7天到货，很贵很贵。国内相反的，35块钱运费全免在美国不可想象。你刚才说的平台，确实我们自营物流这块，不可能让 POP 卖家全部做到，但是我们看到机会，未来所有大品牌都有强烈的意愿，希望京东帮他做物流服务，反而小的品牌，希望用自己的物流服务消费者，无数大的传统品牌需要提供一站式解决方案，我们第一步是把这些品牌服务好，也许占 60%～70% 的交易额在京东已经享受高品质的物流服务了，剩下的自由选择，有的京东提供物流服务，有的京东不提供物流服务。

提问：有可能变成利润来源吗？

刘强东：撇开免费，已经成为利润来源，第三方这么多包裹给我们，是要收取费用的，是有利润的。

第七章　58 同城：神奇的分类信息

58 同城是一家典型的能为屌丝服务的网站，现在是屌丝的时代。58 总裁兼 CEO 姚劲波在 2013 年华人经济领袖年度盛典的这一番获奖感言显得诚恳又豪气十足。这家主打"屌丝"牌的生活服务类网站 2013 年已经在美国上市，已经十分"高端大气上档次"。

2013 年 10 月 31 日，58 同城正式在美国纽约证券交易所挂牌交易，首日开盘价为 21.2 美元，较发行价 17 美元上涨 23.5%。姚劲波说："要不断给投资者惊喜，压力还是很大的，所以要即刻投入工作。"他自认为最得意的一点是，在 58 上市过程中两次调高发行价，仍然获得认可，特别是在美国上市的路演期间，发生浑水做空中概股的一系列状况，也没有对 58 同城产生影响。

在 2013 年度华人经济领袖的颁奖台上，姚劲波说，互联网和科技正在以前所未有的速度让这个世界变得更加美好，我们很高兴 58 同城在这个过程里面做了一点点事情。

这个神奇的网站

根据 58 同城招股书披露的信息，会员费仍是 58 同城最主要的收入来源。在 2013 年上半年 5884 万美元营业收入中，会员费为 3546 万美元，而在线营销服务收入（即广告费）为 2243 万美元。这两种国内信息分类网站最早最主要的商业模式将仍然被沿用下去。这并非简单的沿用，而是经过 8 年变迁后选择的结果。

2005 年，中国互联网迎来了三家分类信息公司：赶集网、58 同城和百姓网。在八年的行业竞争中，各家都在寻找更好的商业模式以期在竞争中获胜。从 2011 年开始，58 同城和赶集网的高密度广告投放战打响，两家几乎成了分类信息行业的代名词。在 2011 年、2012 年期间，赶集网和 58 同城都开始寻找除了会费和广告两种模式之外的收入来源。2011 年，赶集网和 58 同城都开辟了团购业务，但团购不赢利成为行业的普遍现象，两家公司先后放弃该业务。2012 年年初姚劲波开始酝酿"电商化"的转型道路。半年的准备之后，58 同城陆续开通了手机、票务等分类板块的在线交易功能。也是这一策略，让 58 同城从一个纯粹的分类信息平台逐步转变为一个 C2C 交易平台。如果转型成功，原先每日千万级别的流量将转化成可观的成交额。与淘宝、天猫同理，58 同城可从中收取佣金。为了执行这一策略，58 同城在交易支付环节中引入了支付宝等第三方支付公司。"电商化"策略实施已达一年，尽管已经有所成效但仍微乎其微。招股书显示，在 58 同城上半年的营业收入中，在线交易佣金等其他收入仅为 95 万美元，占比仅为 1.6%。姚劲波曾表示，未来可能会把电子商务作为标配服务，让用户选择是否需要完成在线交易，在支付环节有必要的话将会做更多的整合。希望股东满意姚劲波的选择，58 同城准备加大对移动互联的投入，包括开发布局推广，愿景是 58 同城成为手机里必备的应用。"58 同城现在的移动收入月对月增长有两位数，原因是生活相关类信息与移动互联有天然的联系。"用姚劲波的话说，58 同城是一个为老百姓的日常生活服务的网站，租房子、买二手车、买更多二手物品。他提出，新的挑战是移动互联随时随地在线、语音和地理位置定位的特性，要改变原来做 PC 的惯性。在摸索的过程中，58 同城得到了六次融资。最早是 2006 年 2 月，获软银赛富 500 万美元投资，最近的一次是获得华平集团及姚劲波的个人投资 5500 万美元。用资本确实厚爱 58 同城来形容并不过分，因为姚劲波经历过将资金链做到悬崖边缘的时刻，仍然得到融资。看来其神奇之处莫过于屡屡转型，又屡屡得到机会。

行业领袖的责任感

2013 年 9 月 16 日，姚劲波参加了江苏卫视举办的《赢在中国蓝天碧水间》节目。前两年姚劲波还代表 58 同城多次参加天津卫视《非你莫属》节目的录制工作。这两档节目分别是商业项目真人秀和求职选秀，姚都是以导师身份出现在舞台上，亲自上阵经营 58 同城的形象。与传媒有过亲切接触的姚劲波极善于利用媒体推广自己的想法。58 同城的消费者保障计划已经推出一年有余，他还是常常把这一计划挂在嘴边。

58 同城打出了一个简单的口号：诚信 58 简单生活，希望能杜绝上当受骗、挨宰被黑、缺乏售后保障和诸多手续的网购问题。目前该业务已经拓展到二手车、二手房、二手物品、演出票务、求职、租房、短租和生活服务等领域，已经与 20000 个卖家签署了消费者保障协议。姚劲波雄心勃勃地说，58 同城在某种程度上，承担起了政府在电子商务领域未尽到的职责：保护消费者和规范市场。姚劲波在微博上还曾发表对 58 团购实施的一些改进措施：将上线自助实时退款功能，消费者可一键退款；58 同城将集中指定物流或自建物流，全程确保品质和配送速度；社区设立完全开放的投诉专区，专人值守协助用户维权；不能率先彻底解决实物类商品团购品质难保证的问题，58 同城将不再上线实物类团购。不少评论认为，姚劲波的态度是可取的，显得诚恳了许多。他自述希望通过提升 58 团购全面管理体制，带动团购行业的风气。

-------------------------------- | 八方说词 | --------------------------------

悬崖边上的 58 同城：要用户体验，还是效益

互联网业内知名人士、著名 IT 评论家　贾敬华

《新浪专栏·创事记》　 2013 年 12 月 19 日

日前，成都蚂蚁搬家济南分公司把 58 同城济南分公司告上法庭，原因是不满 58 同城发布虚假蚂蚁搬家的信息。尽管这一诉讼目前仍未宣判，但 58

同城虚假诈骗信息泛滥的矛盾已然爆发。此前 58 同城首个财报未达预期，其股价一路下跌至 30 美元左右的区间，投资界的质疑声已经纷至沓来。眼下蚂蚁搬家的起诉，再次证明 58 同城 IPO 后并没有摆脱商业模式存在的巨大危机。

由财报看 58 同城的隐忧

2013 年第 3 季度财报显示，58 同城实现总营业收入 4160 万美元，同比增长 77.6%，毛利率达 94.5%，净利润为 850 万美元，2012 年同期则亏损 630 万美元。套用 58 同城官方的说辞，这是公司自二季度赢利以来，连续第二个季度实现赢利。在营业收入组成方面，2420 万美元来自会员费收入、1710 万美元来自在线推广服务营业收入、30 万美元为其他服务营业收入。仅从这些数据上来看，这可以说是非常漂亮的一份财报，因为 2012 全年 58 同城的营业收入不过 8712 万美元。

即便数据非常漂亮，花旗集团对 58 同城股票的初始评级定为买进，但股价还是硬生生地跌了 10%。显然，资本并不看好 58 同城的财报。看一下 58 同城 2011 年和 2012 年的财报就会发现，58 同城能够实现赢利，是压缩经营成本和广告投放的结果。招股书显示，58 同城 2010 年以来的三年总营业费用分别为 2220 万美元、1186 万美元、1079 万美元。广告支出分别为 823 万美元、6851 万美元、2506 万美元，占营业收入比重分别为 76.9%、164.9%、28.8%。不难看出，58 同城的赢利，更像是一种财务手法。

其实，资本对 58 同城的质疑，不仅仅是招股书上的赢利，更多的是对 58 同城增长乏力的判断。58 同城月独立用户 1.3 亿，活跃商户 400 万。CNNIC 公布的最新数据显示，国内网民 5.91 亿，这意味着 5 个网民中就有 1 个会在一个月内至少登录一次 58 同城。按照业内的算法，58 同城用户红利已经枯竭，用户规模增长也达到了极限。

在用户增长达到极限的情况下，活跃商户增长势必受到影响。在 58 同城的营业收入中，商户贡献的会员收入占一半以上。显然，资本对 58 同城未来收入增长并没有充足的信心，这同时意味着 58 同城商业模式存在的危机。

58同城的又一个艰难选择

追根溯源，资本对58同城的质疑，还是因为现有商业模式存在的弊端。

58同城的商业模式由三部分组成，一是会员认证服务；二是以信息置顶、竞价排名为代表的增值服务；三是广告，目前按点击收费。58同城CEO姚劲波透露，现在会员收入占总收入的约50%，增值收费约30%，其余的是广告收入。另据58同城高级副总裁陈小华透露的数字，现在58同城在全国有十几万付费会员。

从理论上来讲，58同城现有的商业模式是成立的。然而在实际运营中，58同城商业模式犯了一个致命的错误：忽视了用户体验。由于一味追求付费商户数量，对付费商户资格疏于管理，导致大量虚假诈骗信息泛滥，严重影响了用户体验。

房产是58同城的优势业务，很多二手房中介是58同城的付费会员。在粗放的管理模式下，三套房源可能出现十次甚至更多，而发布此消息的商户多达10几家，真正看房时却发现房源只有1家。类似的情况不止在58同城的一个分站出现，并已经成为通病。

在招聘领域，一些保险公司伪装成其他公司在58同城发布招聘信息，引发了用户的强烈不满。正因为此，58同城在用户心目成为一个低端、混乱的分类信息网站。未来，如果58同城任由虚假诈骗信息泛滥，会员认证、增值服务这些商业模式必将坍塌。试想，用户逃离了，商户发布了信息无人问津，商户自然不再会乐意付费。

显而易见，58同城面临着一个艰难的选择，要用户体验，还是要效益。其实，58同城还有另外一个选择，通过优化信息流为商户和用户提供更便捷的信息通道。遗憾的是，在2013年第3季度财报发布后，58同城CEO姚劲波喊出向移动互联领域进军的口号，提升用户体验被搁置一旁。

究竟如何改善用户体验，提高流量转化率，58同城和姚劲波面临又一个艰难的选择。在此前几年的发展过程中，58同城经历了多个选择。不同的是，这次选择是在IPO成功之后，在资本的众目睽睽之下，压力可想而知，进军移动互联网无疑能讲一个好故事。

移动领域没有58同城的位置

的确，4G牌照发放让移动互联网领域成为一个新的增长点，58同城将战略重心向移动客户端倾斜在情理之中。只是，在垂直厂商先入为主的格局下，移动领域恐怕没有58同城的位置了。

58同城在分类信息领域有两大优势业务，一是二手房，二是招聘。在房产分类信息领域，垂直房产搜房和安居客的优势地位已经相当大。在移动客户端，安居客整合了二手房、新房等资源，并借助LBS帮助用户寻找最近的房源。此外，安居客的APP还引入了评价系统，对二手房经纪人给出评价，以杜绝虚假信息和假中介。搜房，同样拥有功能全面的APP。试想，在搜房和安居客的激烈竞争中，58同城的撒手锏又是什么？

不容忽视的一点就是，安居客和搜房已经涉足房产领域多年，拥有丰富的经验和客户，这是58同城所不具备的。加之搜房和安居客在2年前已开始布局移动客户端，58同城要想超越，难度可想而知。

再看招聘这一领域，58同城仍旧面临前程无忧、智联招聘这样强势的竞争对手。虽说58同城招聘的潜在用户群是基层用户，而前程无忧这样的垂直招聘网站的用户群是中、高端用户。可我们不要忽略一点，移动客户端的客户群体本身就是中、高端用户，低端用户很少。所以，58同城招聘在移动客户端的生存空间很小。

无论是房产，还是招聘，58同城在移动领域的优势并不明显。不仅要面临垂直领域的强势对手，还要面临经验匮乏的尴尬现状。客观地讲，移动互联网前景一片大好，但分类信息的前景并不那么美好。未来2~3年里，移动领域恐怕没有58同城的位置，进军移动端对58同城而言并不是一个明智的选择，更不是一个突围的方向。

虽说分类信息行业经历了多年的发展，但清晰的赢利模式并未形成。无论是58同城，还是赶集，都在摸索中前行。58同城成功IPO，得益于用户的支持。在用户体验矛盾爆发并上升到诉讼层面后，58同城仍旧无视用户体验，那徘徊在悬崖边缘的58同城随时有可能坠崖身亡。而58同城商业模式的弊端，同样值得赶集网和百姓网这些同行们深思，毕竟国内分类信息网站的模式都与58同城大同小异。

第八章　唯品会：高速发展的奇葩

回顾 2013 年的电商江湖，唯品会的表现绝对是一朵奇葩。从 2012 年的不被投资者看好，"流血"上市，到每股 85 美元股价，近 50 亿美元的市值，不到两年的时间，唯品会股价疯狂涨了 13 倍，市值增长 20 倍，这样接近神话的表现在全世界也是绝无仅有的。是哪些因素推动唯品会成为同业的标杆，又是哪些因素造成了资本市场对其的狂热追逐？

首先我们来回顾一下唯品会过去几年的营收数据。2009 年，唯品会的营业收入只有 280 万美元，2012 年达到 6.9 亿美元，过去 3 年营业收入的增速分别高达 1061%、597%、204%。2013 年前三季度，唯品会营业收入增速仍然相当迅猛，第 1 季度、第 2 季度和第 3 季度同比增速分别为 206%、159% 和 146.1%。此外，唯品会在 2012 年就开始赢利，并且连续四个季度赢利且盈利水平一直处于上升状态，这样的高增长数据无疑令同业羡慕不已。

唯品会成功的秘密

作为一家做特卖的电商，首先唯品会的定位挺好，将主要市场集中在二三四线城市，它抓顾客心理抓得很准。在三四线城市，对不太懂网购的人来说，第一，怕买到假货；第二，占小便宜；第三，能抢到的就是最好的。虽然唯品会上的东西并不比其他家便宜，但对懂的不多的人来说，确实很符合大众营销的心理学，换句话说，唯品会恰到好处地抓住了目标顾客的心理。

总结唯品会的优势主要包括以下几点：①正品品牌商品，自建仓储中心，快速送货，从而保证了良好的用户体验。②重点推荐，限时特价，快速吸引人气，将流行商品的销售速度做到最快。③特卖时间结束后，商品退回给商家，清空库存。④拥有精锐的买手团队，他们经过培训，能够很好地把握流行趋势，精选合适的商品，这也被认为是唯品会最重要的优势。以上四重因素令唯品会在过去的几年走出了一条属于自己的独特道路。

唯品会的挑战

所谓时势造英雄，唯品会在过去一年的不凡表现，也有其深刻的背景，高额的销售数据背后，是服装全行业库存超高。

回顾 2008 ~ 2009 年，当时企业库存高企，也正是在那个时期 vipshop、fclub、ihush 开始进入特卖市场。而 2010 ~ 2011 年，在库存较低阶段，这几家企业都是拍着现金去包销，卖不掉货，大家利润状况都非常差，这也是唯品会当时不被看好，要"流血"上市的重要原因。2012 年年初，库存又高起来，可以说是极高，很多大服装公司都差点被库存拖垮，包括耐克、阿迪达斯这样的公司都有极高的库存水平，这对唯品会来说无疑是利好，具体表现在：有更多货去卖，收入更大；对上游议价能力更强，扣点持续上升，很多运营成本也转嫁给了品牌商。

尽管如此，由于服装库存清仓是典型的周期性行业，经历了最近两年的高库存态势后，许多企业已经意识到问题的严重性。据悉，现在市面上服装企业的库存状况已经差不多恢复到 2010 年的水平了。对唯品会，随之而来的，很可能是对上游供应商的谈判能力会降低，原来转嫁给供应商的成本少了，扣点也会逐步下降，这将是其新的一年的重要挑战之一。

此外，唯品会的成功让很多大型电商企业开始陆续模仿其特卖模式。当当网推出了尾品汇名品特卖；天猫开通了品牌特卖频道；聚美优品推出名品特卖等。在一定程度上，同行的不断进入也让深耕二三线市场的唯品会感到了一些压力，一家独大而取得的对上游的讨价还价能力很可能会有所降低。

　　当然，也有人会认为，唯品会强大的合作关系以及独家合作关系，也是"门槛"。事实上，这一点并不足以站住脚。供应商关系都是逐利的，是利益捆绑的结果，一旦大平台建立更完善的生态和诱惑力，脚踏几只船是必然的。

　　此外，唯品会的商品丰富性不如天猫、淘宝，缺乏一线品牌，因此只能吸引三四线地区用户，也是其发展的一大壁垒。

　　短期来看，唯品会在特卖模式下早期建立的优势是难以撼动的，但是这并不意味着其未来还会一家独大。能否利用时间差，建立更完善的物流体系，优化周转速度，开拓一线城市用户群，给用户更好的消费体验，将成为唯品会在特卖这片战场上继续保持优势的关键点。

电商大时代①

THE ERA OF
E-COMMERCE

第 三 篇

大创新

第九章　移动互联网：大浪汹涌

　　微信是腾讯公司于2011年1月21日推出的一个为智能终端提供即时通信服务的免费应用程序，支持跨通信运营商、跨操作系统平台通过网络快速发送免费（需消耗少量网络流量）语音短信、视频、图片和文字，同时，也可以使用通过共享流媒体内容的资料和基于位置的社交插件"摇一摇""漂流瓶""朋友圈""公众平台""语音记事本"等服务插件。微信支持多种语言，支持WiFi无线局域网，2G、3G和4G移动数据网络；支持iOS版，Android版、Windows Phone版、Blackberry版、诺基亚S40版、S60V3和S60V5版；等等。以下是微信发展的简单历程。

　　2012年3月29日，微信用户破1亿，耗时433天；

　　2012年9月17日，微信用户破2亿，耗时缩短至不到6个月；

　　2013年1月15日，微信用户达3亿；

　　2013年7月25日，微信的国内用户超过4亿；8月15日，微信的海外用户超过了1亿；

　　2013年8月5日，微信5.0上线，"游戏中心""微信支付"等商业化功能推出；

　　2013年第四季度，微信月活跃用户数达到3.55亿（活跃定义：发送消息、登录游戏中心、更新朋友圈）；

　　2014年1月28日，微信5.2发布，界面风格全新改版，顺应了扁平化的潮流；

2014 年 2 月 20 日，腾讯宣布推出 QQ 浏览器微信版；

2014 年 3 月 19 日，微信支付接口正式对外开放；

2014 年 4 月 4 日，微信学院正式成立；

2014 年 4 月 8 日，微信智能开放平台正式对外开放。

当人们用越来越多的时间沉迷在微信里时，几乎所有的人，特别是电商圈的人都感受到了移动互联网汹涌而来的大浪。各种基于微信的商业模式也渐渐成形。微信搭载电商，微信连接线下商业一下子让其具备了巨大的想象空间。最为可怕的是，这所有的一切都建立在社交的基础之上。马云老早就预见到了社交的力量，也曾在阿里系里屡次尝试社交网络。淘宝的社交网络之路一直举步蹒跚。而在移动互联网时代，微信竟轻而易举地做到了。

在"门票说"满天飞的背景下，行业将太多的鲜花和掌声给了腾讯。马云并不是一个迷恋鲜花和掌声的人，但在移动互联网的时代，马云真的不能就此退休。

2013 年 5 月 10 日晚，淘宝 10 周年庆典，聚光灯下的马云发表了退休演讲，辞去阿里集团 CEO 职位，场面煽情。马云走下舞台，似乎预示着阿里巴巴集团陆兆禧时代的开始。马云早已为自己规划好了退休后的生活。第二天下午，在杭州西溪湿地，马云和李连杰合办的太极馆开馆。马云在众媒体和嘉宾面前即兴打了一套太极拳。身着浅蓝色的太极服，布裤、布鞋，马云似乎终于可以过上恬淡安闲的生活了。但这似乎只是他的一厢情愿。互联网行业的变化不是以年为周期的，甚至都不是以月为周期，只要一疏忽间，世界就发生了巨大的变化。就在马云退休后的三四个月里，微信的用户数陡然增长到 5 亿。移动互联网的大浪来袭。

现在想找马云，要上"来往"。2013 年 9 月 23 日，阿里推出了移动即时通信（IM）工具来往。阿里集团新任 CEO 陆兆禧首次露面为来往站台，为了来往这个产品，成立了新的网络通信事业部，由其亲自挂帅。来往成了阿里战略优先级产品。但整个行业似乎并未对此投注过多的关注。一个月后，退居幕后的马云一周两次发声力挺来往，一封邮件鼓励内部员工为来往拉人头，另一封邮件向公众告知自己"离开了微信，开始了来往"。马云毕竟是公众人物，不能不承认，由他出来为来往发声及站台，效果远好于陆兆禧，这也就是为什么阿里将 11 月 22 日，也就是来往上线两个月时，定为来往满月日，这是以马云 10 月 23 日为来往发声作为时间节点来计算的。马云的明星效应以及对其社交圈的明星及企业家的影响力还是相当大的。来往满月，阿里宣布来往用户突破 1000 万。退居幕后的马云又一次站上舞台。除了站台，马云还在来往上开了名为"江湖情"的扎堆。除了谈管理，他还在扎堆里经常发点小情绪、小文艺之类。某日，居然自己画了一幅画儿在扎堆里秀出并成功拍卖。除了自己玩，还吸引行业大佬和他一起玩。近日，任志强的"任我评说"在扎堆里秀歌艺，史玉柱的"美女爱好者"扎堆，还总结了"男人喜欢看美女光荣"的三点理由都吸引了无数粉丝。另外，娱乐圈里与马云素有交情的李连杰、黄晓明等也跑来建扎堆。

马云扎堆被史玉柱、任志强等一众企业家笑称为"马王堆"，曾有一条分享是调侃郭广昌和虞锋。李连杰跑到"江湖情"的堆里来拉人，又是发二维码，又是发照片，史玉柱在马云扎堆里策划美女起义，任志强在自己扎堆里屡屡亮嗓唱歌……大佬们玩得好不热闹。这热闹的背后是马云的焦虑：来往的用户数要达到与微信分庭抗礼的数量级，还要多久？

如果马云提前一年推出"来往"或许面对移动格局会完全不一样。那个时候，微信推出才只有一年时间，羽翼未丰。历史不可假设。谁能想到当初一款以语音对讲、发送图片为主要功能的 APP 能有今天的用户规模及用户黏性？况且，当时，阿里在移动端也早有布局——手机淘宝、支付宝钱包、天猫、聚划算。从覆盖的人群来说，并不比微信少。除了将原有阿里 PC 端的应用推到移动端，马云在移动上的投入也并不少：花了 5.28 亿美元入股新浪微博；2.94 亿美元购得高德地图 28% 的股份；当然还包括 4000 万美元投资了陌陌，等等。马云早已经看到，移动的价值并不在于移动 APP，而在于移动端可以随时随地连接线下，可以将线上商业和线下场景实时打通。即使淘宝系在 2012 年完成了 1 万亿元的交易额，但对庞大的线下消费来说，也只是一个小数据。相对商品消费，用户对线下服务的消费是一个巨大的市场，对互联网公司来说，移动是通往这个市场的唯一路径，O2O 成了大势所趋。

可事实证明，在移动互联网时代，阿里还是缺乏一个颠覆级产品；不是原先产品的延伸和补充，而是能够重构移动生态的。微信做到了，至少给行业和商家提供了巨大的想象空间。而最为可怕的是，微信是建立在社交基础上的。社交本来就是马云的心病，唯独在社交领域屡战屡败，推出过多个产品都未成气候。虽然阿里旺旺作为 PC 端基于买卖的 IM 工具早已经延伸到移动端，但仅基于买卖的关系无法成为真正的社交。社交产品的特点是关系、互动、娱乐、分享，而这些特点在阿里旺旺身上并未显现。这也是淘宝一直社交网络化以及阿里内部各种社交产品层出不穷的原因，事实上马云从未放弃对阿里社交产品的期待。当阿里还在 PC 端思考淘宝如何社交网络化时，微信已经建立了牢固的移动端社交关系。

实际上，并不是马云未看到移动的趋势，也并不是不重视社交关系，最重要的是，马云一直没有下定决心颠覆现有的模式，未下定决心做阿里不擅长的事。不过，来往还是出世了，并集全集团之力推这个产品。马云想重现当年淘宝打败 eBay 的辉煌，只是这一次面对的竞争对手似乎过于强大——不是微信，是用户习惯。

2013 年 11 月 22 日中午 12 点开始，小米手机 3 开始在微信上预订。官方的介绍与说明写得很清楚："购买只在微信内开放，并且仅限使用微信支付购买。"这意味着，想要购买小米 3 就必须开通微信支付。6 天之后的 28 日，在小米手机的微信公众号中就可以抢购小米手机，小米给微信一共提供了 15 万台。一位小米员工表示，小米手机粉丝很多，与微信平台合作，有助于引爆微信支付。此前，小米手机在 QQ 空间首发 10 万台红米手机，就有 700 万人预订。从过往的经验来看，"小米 3 能够给微信支付带去的用户数将会达到百万级别"。这也是微信进行这次合作的意图，这同时也让支付宝坐立不安。小米手机是目前最好的"爆款"，比苹果还给力。在"双 11"当天，小米手机销售 33 万部，达到 5.5 亿元的销售额，成为"双 11"当天的销售冠军。

在第三方支付时代，支付宝的竞争对手是财付通。那时，支付宝一骑绝尘，遥遥领先于财付通。如今进入移动支付时代，微信支付凶猛来袭，支付宝哪敢掉以轻心。短短 3 个月，微信支付用户从零增长到 1000 万的用户，而且每天以新增 10 万用户的速度在增长。支付宝钱包的用户虽然突破 1 亿，但打开频次远不及微信支付。

双方不仅在用户数的增长上互相较量，并且还各自网罗商家，建立自己的生态系统。支付宝正通过与银泰、美邦等线下实体店合作，形成 O2O 闭环，抢占移动支付高点。未来，支付宝可以通过余额宝来获得用户的闲置资金，并通过天弘基金，透过资产证券化，向阿里小贷提供资本支持及其他金融业务的支持。而同时，微信公众号经过一年发展，已经集聚了许多商家。微信支付正借着微信的社交与交流，被越来越多的商家接受。微信支付旗下的"精选商品"未来会有机会成为移动版的"聚划算"。而微信的方便性与碎片化使用，使微信支付将会有越来越多的场景。很快，微信支付与支付宝的大战将全面拉开。

支付宝补贴商家　商家补贴微信

借着银泰开业 15 周年，支付宝与全国 37 家银泰门店进行了合作，用户可以使用支付宝的"当面付"功能付款。支付宝还推出了送电子券、抽奖等活动。双方均不肯透露，截至目前，通过"当面付"产生的交易额。2013 年 11 月 22 日，银泰网 CEO 廖斌表示："对我们来说，与支付宝合作希望的是丰富用户体验，创新支付方式，并不在意究竟成交了多少销售额。"此外，支付宝钱包也与美邦电商展开了线上与线下的合作，通过二维码扫描、"当面付"等支付方式，网络优惠券都可以在线下店使用。美邦服饰 CIO 闵捷表示："目前，双方正就这些功能展开合作，合作也比较顺利。"目前，在这些合作商户中，支付宝钱包免收或者打折第三方支付费用，商家也仅需承担合作银行的清算费用。并且银泰、美邦等商家安装的"当面付"支付硬件，也都是由支付宝补贴铺设。此外，支付宝的商务团队，也正在快速寻找相关商户接入其公众服务平台。这是 7.6 版本的支付宝钱包推出的新功能，目的是为了增加用户打开支付宝的频次。目前，水电煤的公共事业缴费等平台也接入了平台。

对商家来说，无论哪个平台，只要是能带来商机的平台，都不排斥。银泰、美邦、1 号店等商家都已经接入了微信支付。"目前，我们也正与微信支付同步展开合作。"闵捷说。目前，银泰的 O2O 团队也正在与微信洽谈合作。据廖斌介绍，双方将以微信公众号、"精选商品"等方式来接入合作。此外，银泰也与其他大的电商平台展开了合作。"银泰网将会继续执行泛渠道的策略。"另外，通过微信公众号，更多的商家正在激活用户、丰富用户体验。中信银行卡愿意为每一次微信支付优惠5元钱；自助售货机友宝给微信支付提供"一元购"活动；大众点评对微信支付的用户则提供"满38元减5元"的优惠。通过这些活动，合作商家也收获了销量。比如，友宝的总体销量比原来增加了10%，大众点评的单日销量增长了10倍。"不少合作都是商家主动与微信合作，优惠也都是商家来补贴用户。微信只是给商家导了些流量。"一位接近微信的电商公司员工表示，现在大家看中微信是移动互联网上沟通交流的社交平台，商家可以更好地接近用户、服务用户。"现在，腾讯的微信公众号已经做起来了，概念与平台已经搭建起来。商家借此平台提供服务与营销的动力强。"一位支付宝的员工认为，微信5.0版折叠了订阅号，让商家对微信公众号有了更明确的定位。从流量的角度来说，微信公众号能够获得的流量不会太多。服务号（主要是商家使用）一个月发一次消息，这样的频率带来的销售量并不会太多。一位银泰网员工表示，银泰网对微信公众号的定位是一个服务号，并没有希望借此带来多少流量和客流。"借着微信公众号，可以跟上移动互联网的节奏，了解移动互联网用户的习惯，这才是最重要的。"

未来，除了微信公众号外，微信还会通过其他入口接入电商服务。微信中，"我的银行卡"下面有一个"精选商品"已经悄然上线了，目前这个精选商品由易迅运营。据一位商家表示，"这个精选商品也将对其他商家的商品逐步开放"，"这未来很有可能成为移动端的'聚划算'"。一位电商业人士认为，商家借着这个产品可以销售大量商品，盘活自己的移动互联网用户。

线下扩张丰富场景

支付宝与微信支付之间已经是剑拔弩张，双方将在移动支付上一决高下。

2013年11月17日，支付宝官方微博称，从2013年12月3日开始，在电脑上进行支付宝账户间转账，将收取手续费。而使用支付宝钱包，就不需要转账费。支付宝使出壮士断腕的手段，是希望能够快速输血给手机钱包。一位第三方支付人士认为，PC端的输血也无法给支付宝钱包带来长久的生命力。"支付宝钱包的重点还在于做好产品本身，让支付宝不仅是一个支付工具，更是一个入口。"成为入口，就意味着支付宝要随时随地存在，用户随时开启，完成支付。从支付来说，就需要让越来越多的商户加入支付宝的阵营。

"支付宝钱包未来一定会进行更多的线下推广工作，未来通过笼络商户、吸引个人用户，来形成支付宝的生态。"一位支付宝员工表示，商务推广是阿里巴巴的优势。也就是说，接下来，支付宝会大规模推广其"当面付"硬件工具，并将越来越多的商户接入支付宝钱包。"当面付"可以采用二维码以及声波支付两种方式，二维码只需要扫描支付，声波支付则需要一个声波接收器。从商家的角度来说，使用支付宝钱包会增加两个成本：一是硬件的安装成本，另一个就是支付宝钱包与商家的结算财务成本。对前者，目前，支付宝"当面付"声波接收器的价格是 50 元左右，未来，这一价格还会再往下降。这对商家或者支付宝来说，硬件成本比较低，并不会因为硬件成本而放弃。至于后者，据一位银泰的员工介绍，目前用户在商家使用支付宝"当面付"功能，产生的消费划入卖家的支付宝账号进行结算，而用户端不必支付结算费用。"7.6 版本的支付宝钱包最重要的功能便是'当面付'，这是支付宝很看重的功能。"一位第三方支付行业人士分析认为，这是一个改变用户习惯的支付方式，有了"当面付"，用户在线下购物不用带现金，就能方便地完成支付。此前，在 10 月 16 日，阿里小微金融服务集团国内事业群总裁樊治铭坦言："我们对'当面付'的期待非常高，这是真正的移动互联网的体现。"而支付宝钱包也希望借助"当面付"和"余额宝"来提高打开频率，成为移动互联网的一大入口。支付宝钱包内可以支付，在其他 APP、应用平台等也可以使用钱包，支付宝需要做到方便、快捷。实际上，推广"当面付"打通线下支付有几大难点：线下推广有成本，用户习惯改变难。"让用户改变使用现金或者刷卡的习惯，难度很大。"一位支付宝员工坦承。但是，支付宝也别无选择，只有砸钱去进行线下推广。此外，在线下支付中，用户有退款需求，则需要将钱返回用户的支付宝账号中。这意味着，支付宝钱包还需要将订单详情与金额款项绑定，才能够做退款事宜。"支付宝正在将这些功能加到新版中，给商家测试。"一位支付宝员工表示。

扩用户　赌二维码

　　自 2013 年 8 月 5 日微信支付上线开始，短短 3 个月，用户就达千万量级。目前，每天都以 10 万用户的数量在增长。借着 6 亿的微信用户，只需要一个爆款应用，就能够让微信支付的用户数爆发。而微信正在不断寻找这个引爆点，与小米手机的合作用意正在此。"双 11"期间，易迅搞了一个微信专场，微信用户可以独享易迅网一些优惠的产品与价格。仅这个活动，易迅就给微信支付带来了至少 6 万的新用户。而据业内人士透露，整个"双 11"一周，微信支付的用户增长了近 200 万。一位微信员工表示，现在，微信支付的用户量还是依靠腾讯自身的业务，如财付通的手机充话费、团购、电商业务带来微信支付的用户量。但未来，则更多地希望依赖外部的业务来带动微信支付用户量的增长。

　　目前，在微信平台上，微信支付通过与银行卡绑定快捷支付来完成整个支付过程。而在外部，微信支付则通过二维码支付来完成。此前，腾讯 CEO 马化腾曾对微信支付做过定义：简单来说，就是只需要绑定银行卡即可在微信内、公众号内、APP 中，以及利用身边随处可见的二维码，简便、快捷地完成付款，为商业场景在手机中的闭环提供了全新的解决方案。这意味着，只要二维码足够丰富，那么微信支付就能够将线上与线下顺畅连接。

　　一位互联网行业人士分析认为，目前，微信支付是一个封闭的系统，所有交易都需要在微信的体系内来完成。而在微信之外，则需要通过二维码扫描的方式从外部接入，而目前，微信支付并没有嵌入其他应用中。一位第三方支付行业人士认为，微信支付首先服务于微信本身。在 O2O 市场，微信支付更是搭建一个平台，让商家主动来拥抱微信的二维码。

　　而业界对二维码支付有不少疑问。比如，二维码扫描支付受屏幕亮度、贴膜与否、图像大小等多种因素的影响，有时候耗时较长，可能会造成排队较久的情况，商家端并不一定会接受。现在，一长串的辅助数字码也是支付的一种补充。"未来，微信支付需要创新更多的支付形式。"艾瑞咨询高级分析师王维东认为，支付方式需要依据支付情境做出不同的调整。"当用户对移动支付有更高的接受度之后，支付宝与微信支付之间的支付争夺战将一触即发。"这位第三方支付行业人士认为，这个战争会在一两年内到来。

在经过拼杀之后，双方在市场中占据自己的地位之后，将会在互联网金融领域形成差异化竞争。微信支付对微信来说是一个支付工具，目标是提升微信用户体验，给支付以更多方便、快捷。但支付宝对阿里来说，却是整个金融业务的承载者。支付宝账号有自己的金融账户体系，未来，在金融混业时代，可以很方便地从事基金、保险、券商、P2P 等业务。

------------ | 高端访谈 | ------------

微信产品部助理总经理曾鸣：打造传统企业的移动互联网"水池"

施　建　姚咏浩

《21 世纪经济报道》　2013 年 12 月 28 日

游戏是微信商业化的第一站，而且很成功。自微信 5.0 版本接入游戏后，其主推的多款游戏均表现不俗，尤其是《天天酷跑》，据称月收入已过亿元。如果故事只是讲到这里，微信为腾讯带来的充其量还只是"中国最大游戏公司"的名号。这是腾讯在 PC 互联网时代就已经打下的江山。事实上，微信的能力不止于此，腾讯的野心也不会就此止步。

2.7 亿月活跃用户、超过 200 万公众账号、日分享图片过亿张——微信在中国移动互联网的第一入口地位，给了腾讯一个超越"互联网娱乐公司"标签的理由。微信的社交磁场也对中国众多憧憬移动互联网的所谓传统企业产生了强烈的吸引力。

微信与传统企业之间还能产生怎样的化学反应？2013 年 12 月 23 日，广州 TIT 创意园内的微信总部，《21 世纪经济报道》（以下简称《21 世纪》）专访了微信产品部助理总经理曾鸣。

水沟与水池

《21 世纪》：现在，微信的势头很好，很多传统企业都对自身基于微信的商业机会寄予厚望。不过，腾讯内部有好几个团队都在围绕微信发展商家，比如微信自身的运营部门、财付通、微生活、电商等。外界想知道的是，这些不同管道之间的商务条件是否存在差别？腾讯对不同管道之间是否有分工机制，以减少外界在选择时的困惑？

曾鸣：微信对外开放的接口是统一的。没有任何侧重，各个渠道提供的商务条件也基本一样。腾讯的很多业务发展了很久，有各自固定的客户群体，外部企业之前跟哪个业务部门熟，可能就会去找相应的对接人。但不同的渠道，条件是一样的，微信开放出去的就是这些能力，完全是对等的，流程也是一样的，最终都是要商家网上申请认证，商家去业务部往往是了解信息、产品或技术上的问题，到最后还是要按照公司的统一标准流程来进行申请和办理。

《21世纪》：除了之前公布的九大开放能力，未来微信还能对传统企业提供哪些价值？

曾鸣：原来传统企业的每次销售行为都好像是过水沟的感觉，如果买了流量、买了广告，市场是有反应的，但是活动过后，流量用完、时间效应过去后，之前水流的记录被完全抹干；而微信做得像一个水池一样，用户通过微信支付，每一次发生的交易行为都可以帮助商家记录，而且事后可以直接找到，两者可以产生密切的交流和沟通。

因为微信具有几个重要能力：一个是用户基础，微信有2.7亿的月活跃账户数，有庞大的用户群；微信有支付能力，微信支付是一种支付工具；微信还具有很强的社交能力；在此基础上，微信又提供了公众平台、开放平台。这几种能力构成可以给传统企业在移动互联网上带来很多商业机会。

这就是水沟和水池的区别。

微信在不断发展，会有很多的能力不断提供出来。比如说在用户登录环节，微信提供的登录能力，不用再输入账号、密码，用户只要点按钮就可以进入商家的APP，或者通过扫码的方式就可以登录商家的网页，免登录的。这意味着，一个商家在移动互联网上不用再建立自己的账户体系，就可以触达大量用户。建立用户账号体系需要很大的门槛和管理要求，这是专业的互联网公司干的活，对传统行业来说，用户通过微信登录时，就能带上他们的基本信息，例如，头像、昵称等基本资料，这些在用户授权的情况下都可以给到商家。

微信支付可以提供一键扫码等支付能力。好几个以前的电商合作伙伴都说，还没来得及感知，整个支付过程就已经完成了。支付完之后，对传统行业来说，交易活动已经完成，但对微信来说才刚刚开始，我们还提供了通知和互动的能力。尤其是实物商品，可以提醒什么时候出货、送货送到哪，或者改约时间，都有标准的信息提供给商家，现在的易迅网、大众点评可以展现这些效果，有很好的用户口碑。还有一个分享的过程。大家都知道朋友圈是很重要的社交工具。我们一天的图片量已经达到 1 亿，社交的过程和活跃度都非常高。朋友间的分享带来的扩散效果是非常好的。最近天气冷，同事买了易迅的加热器，推荐发到朋友圈，身边大概有 20 几个同事就去买了。

《21 世纪》：你说的微信账号登录、微信支付什么时候能向外部商户提供接入申请？

曾鸣：目前还在做最后的研究和测试，合适的话将提供给大家。一个接口从技术化的接口到开放给公众使用需要测试，包括测试系统的稳定性和安全性。我们会选择个别的商家进行测试，包括招商银行等，最近电商接入的会比较多一点。

我们知道大家的期待，但开放是微信的基本态度，也是一种能力，现在我们也在不断努力，去补齐这种能力，一下子接入大批量的商户申请审核认证，工作量是巨大的，我们尽量寻找简便和安全的方式，让商户尽早进驻，努力朝这个方向去做。

收费还言之过早

《21 世纪》：我们看到很多商家在微信上获得成功的案例，但也有很多传统企业对怎样运用微信还不得要领。传统企业对微信工具的利用是否存在一些误区？

曾鸣：上次和小米的合作，9 分 55 秒，15 万台小米手机就卖完了；还有我们和点评网的合作，一键登录，避开手机或者邮箱等麻烦的验证过程，收入获得快速增长；还有蘑菇街，"双 11"前接入，目前微信支付的销售已占其总流水的 50% 。很多商家还专门提供微信价。再比如说广州交警，他们接入微信的服务号后，想了很多方法，开发了一个新功能，通过微信通知到的违章停车司机，10 分钟内开走就可免罚。这个功能打算元旦左右上线。航空公司也在寻找行业和公众号的最佳结合点，目前全国二十几个航企都已经有了专业的公众服务号，南京航空航天大学将走在最前面，现在已经提供买票功能。

说到误区，确实，一开始公众号推出之时，很多人蜂拥而至，但对公众号的理解有限，只是盲目追求订阅数，信息重复地发。微信在构建时没把它当作营销工具，我们能够理解商家的营销需求，但应该用优雅而不是粗暴的方式达到短期的目的。如果每天醒来都会看到公众号，就跟垃圾邮件差不多，已经偏离了初衷，所以才有了订阅号和公众号的隔离。

还有，有些企业进行恶意传播。就是诱导用户，让用户不断刷朋友圈，送什么东西或者奖什么东西，这对朋友圈生态有很大的伤害。微信连接着消费者和商家，我们的链接要良性、可循环可发展。

我们也提出新的微信认证体系，这些都为了保证开放平台的健康和安全。不过，这也让很多企业担心，公众平台是不是要收费了。要再跟大家重申一次，我们没准备要通过这种服务进行收费，这是开放平台的基础能力，认证费是第三方认证企业的成本。

《21 世纪》：目前，除了认证环节需要收费，其他都是免费，那未来生态成熟会怎么考虑赢利问题？

曾鸣：在这个平台还没建设好的时候，过早地考虑这个问题没有必要，对我们来说现在最重要的任务是把基础能力打造好，构建好整个生态，包括认证和开放能力等都需要不断加强。至于收费问题，还言之过早，暂时不会考虑这个问题。

回应"搭便车"现象

《21 世纪》：腾讯的强项历来在线上，因此在电商、团购等对线下能力要求比较高的领域都表现不尽如人意，微信在发展O2O上怎么规避线下的短板？

曾鸣：我倒不这样看，不管线下线上，如果能提供有生命力、有价值的东西，就能让商家接受商业方案和解决方案，关键还是产品自身的价值。为什么放着一个有价值的东西不用呢？我们完全有信心做好。

《21 世纪》：腾讯在 3Q 大战之后，一直强调开放平台，但微信在支付上用的是财付通、精选商品由易迅运营，游戏平台上都是腾讯自研产品。这可以被认为微信在开放上的局限性吗？

曾鸣：微信一直是完全开放的心态，可能前期或者现在你看到的只是一个点，很多东西都在尝试过程，你必须给我们时间和空间，把开放的能力和基础准备好。这个过程需要紧密配合，内部业务可能结合得更快，但我们开放的心态没有任何问题，微信开放的力度和决心大家可以看得到。

游戏是由腾讯移动游戏开放平台统一接入微信、手 Q、QZ 等多个平台，前期的游戏是腾讯自营的游戏为主，也是因为处于测试过程，现在已经有第三方游戏平台计划上线，"水果忍者""僵尸"都已经签约，即将上线。

《21 世纪》：现在，腾讯内部很多产品也在争相搭上这条大船，比如说支付、电商、安全等，这些产品在各自的细分市场未必都是第一阵营，这种"搭便车"的行为也可能影响微信的用户体验，腾讯团队是不是也很纠结？

曾鸣：微信做任何事情都以用户体验为重的，用户体验是腾讯，也是微信的核心价值观。刚才说的内部合作关乎公司的整体战略问题，很多都是在初步尝试过程中，我们不好讲结果，现在还在过程中，在不伤害用户价值和体验的前提下，很多尝试我们是可以做的。

第十章 支付江湖：波澜不断

2014年1月1日新年第一天，支付江湖再起波澜。当日，中国平安集团董事长马明哲亲自上阵，在平安旗下移动社交平台"天下通"上，发布语音消息推销被他称为"颠覆性的""神奇"的电子钱包"壹钱包"。马明哲还表示春节要通过"壹钱包"来给员工和客户发放利是。"壹钱包"可以说是传统金融尤其是银行系支付产品对互联网系支付产品的追随和反攻。"壹钱包"在1月16日的正式推出，令支付江湖的四大派系竞争更加白热化。

银联：放下身段加码移动支付

距离银联"在2013年12月31日前全面完成非金机构线下银联卡交易业务统一上送银联转接"铁腕政策的大限，刚过数日。对这份出台于银联第四届第六次董事会上、备受争议的铁腕议案，银联方面拒绝做出官方回应。银联公共关系室人员在反复强调"个人观点不代表官方意见"的前提下表示，"2013年12月31日这个时点并不存在"。

结合2013年12月上旬银联一反常态主动邀请快钱、汇付天下等六大第三方支付企业参加座谈会的"亲民"姿态，尤其银联新任掌门人时文朝提出的"银联要向市场化转型"等举动看，业内人士猜测，上述议案应该仅仅停留在试探层面，未曾变成强制性的行政手段。显然，由于时文朝的空降，银联换了打法，由铁腕收编转向怀柔招安。空降银联之前，时文朝最为人乐道的是在他的领导下，以注册制为核心的银行间市场变身债券市场主板。

银联的怀柔政策可归纳为"三化"：一是平台化，将业务、产品、接口、通道全部开放给其合作机构使用；二为服务化，转变以红头文件和处罚为主的行政逻辑，由管理转变为服务；三为市场化，保持银联制定的规则和标准为市场和行业接受，在沟通协调机制和利益分配机制上采纳来自银行、非金融机构、商户各方的诉求。

对银联新政，第三方支付机构普遍表示"十分支持"。快钱公关总监王钊表示，"我们与银联有很好的合作关系，也很支持银联往更市场化的方向转型"。

"银联的转型路径体现了银联监管创新的决心，有利于推动支付市场向着更健康、更公平、更有序的方向发展"，盒子支付创始人兼总裁韩森说，在有卡支付依然是主流支付方式的情况下，支付市场空间还很巨大，因此希望能与银联进行更深入和开放的合作。银联官方表示，截至目前，以间连或直连模式接入银联网络的非金融机构有60多家，这一数字在近期还会增加。对此，业内人士表示，"看起来大哥对小弟的笼络，初见成效"。但银联能否将未收编的弟兄招至麾下，则要看银联的新政能实行到哪一步，否则，银联阵营将很难壮大。

除了实施招安大计外，银联也在加码自身移动支付业务。

继2013年7月推出"卡乐付"（小型移动个人刷卡终端）和"银联钱包"（为持卡人提供优惠折扣、电子票券等个性化增值服务的支付应用）后，2013年12月银联联手中行、建行、中信等7家银联移动支付平台上的合作银行启动NFC（近距离无线通信）手机支付。

支付老兵："私人定制"企业支付解决方案

"其实我们和银联的关系没有那么剑拔弩张，我们的利益共享大过利益博弈"，快钱公关总监王钊说。这一句话意在扭转外界对双方"不共戴天"的认知。快钱现有与银行直连和由银联转接两条通道。在与银行直连方面，快钱目前已经与包括四大行在内的共 30 家银行形成了直连。"银联是我们很重要的合作伙伴，但我们将来仍然会保留两条通道并行，不会完全转接至银联"，王钊说。

像快钱一样游走于银联和银行两派之间的还有杉德支付、卡友支付以及富友支付，它们都是国内较早试水第三方支付，并占据一定市场份额的先行者。

但也有支付巨头选择完全绕开银联，如汇付天下和通联支付。汇付天下是国内首批拿到支付牌照的第三方支付企业，目前实现了与 33 家银行的直连；通联支付则与 12 家银行直连并且接入了维萨（VISA）、万事达（Master）这两大国际信用卡网络。

上述在银联和银行两派之间游走的 4 家支付企业与绕开银联的 2 家支付，都被银联总裁时文朝请到了 2013 年 12 月初银联的座谈会上。银联想笼络它们、结成同盟的意图不言而喻。在银联看来，互联网系支付公司在线上以零手续费的凶猛之姿已经残酷地挤压到了自身，以及第三方支付机构生存空间，这几大老兵应该与银联结成同盟抗敌。

"这样的联盟是否能形成还很难说。第三方机构与支付宝、财付通的主营业务方向还不大一样，不一定就会跟银联抱团"，上市公司中青宝旗下深圳中付通电子商务有限公司副总张英杰说。正如王钊所言，快钱与支付宝、微信支付的定位是差异化的。他进一步解释，支付宝定位于个人的财富管理中心，而快钱立足于解决企业流动性资金管理、理财和融资需求，帮助企业提高资金流转速度和财务工作效率。简而言之，快钱要做的是为企业提供一站式金融解决方案。目前，快钱的企业客户集中在商旅、零售、教育、电商、保险、数字娱乐几大行业。这与汇付天下的部分定位不谋而合。在企业端方面，汇付天下同样提出为行业客户提供订制化综合支付解决方案，并推出"钱管家"支付结算与资金链管理系统。

除了深耕行业应用外，汇付天下还将业务触角延展到了基金理财，推出了一站式理财平台天天盈。据了解，目前天天盈的实名注册用户数近 200 万，支持 48 家基金公司、33 家银行和上千只热门基金申购。

支付老兵们的野心已经不仅仅限于支付。在张英杰看来，快钱、汇付天下、通联支付等支付企业，近几年逐渐明确了以企业客户为主要目标客户，发展综合支付再做出延伸，线下销售点终端（POS）收单业务增长明显。"做支付的细分行业将会是趋势，围绕特定产业链的上下游，企业延展业务的空间会比较大。"张英杰说，"我们拿到牌照后，肯定也是基于中青宝在游戏领域的龙头优势来发展支付"。如此，与银联结盟似乎就变成了一件有最好、没有也可以的事情。

银行："微创新"中建立支付话语权

不管银联和第三方支付之间如何亦敌亦友，银行大可以摆出一种"任凭它们去"的中立姿态。凭借发卡行的强势地位，银行依然坐拥手续费的绝大部分利润。但银行还是被移动支付领域的利润空间给震惊了一下：央行发布的2013年第三季度支付体系运行总体情况显示，该季度全国移动支付业务4.98亿笔，金额2.9万亿元，同比分别激增300.97%和490.2%。这样的增长速度，已经大大超过了网上支付。

面对如此肥肉，不吃就是一种浪费。支付宝钱包、微信支付、阿里的手机声波支付（NFC支付的一种）、新浪的信用支付……互联网系支付企业推出什么产品，银行皆进行山寨，推出相应的微创新产品，于是就有平安集团董事长马明哲推销"壹钱包"这一幕。继2012年9月成立平安付后，平安在支付上又一步重棋就是将于2014年1月16日正式推出的"壹钱包"。阿里用"会赚钱的钱包"来定位支付宝钱包；马明哲则更进一步，用"会抓钱、赚钱、借钱、省钱的钱包"来形容"壹钱包"，并称这是一款将财富管理、健康管理、生活管理集成于一体的移动社交金融服务平台。简单来说，"壹钱包"其实就是在社交的基础上，添加存款、支付、转账、购买理财产品等功能。对此，业内人士表示，"壹钱包"与微信支付的功能高度重合，平安欲套用微信逻辑来抢占移动支付市场的野心可见一斑。

除了平安外，光大银行近日大兴时下尤为火热的近场支付概念，推出了NFC支付、"阳光e付"来圈占线下移动支付市场；工商银行则联姻银联，合作推出网银B2C（商家对顾客）多银行支付产品。中国银行亦不甘人后，2013年12月推出"中银移动支付"应用程序（APP）。这款应用并没有超出常规移动支付的范畴，主要亮点是试水信用支付。所有中行信用卡持卡人在无须开通手机银行业务的情况下，安装了"中银移动支付"应用后，即可享单笔1000元以下的移动支付额度。业内人士表示，上述这几大银行系支付，说到底皆是跟风互联网金融的支付形态。

互联网企业：以社交平台激发金融需求

以支付宝和微信支付为代表的互联网企业系支付，像一个天赋极高的新手，初入江湖却杀得各派高手措手不及。可以说，其他三大派系的连横合纵或多或少跟互联网派系的搅局有关。其实，互联网系也属于第三方支付，只是它们不愿意被银联收编与银行形成直连，它们打造了功能完善的支付闭环，圈占了大量用户而自成一派。2013年12月19日，易观智库发布的《2013年中国移动互联网统计报告》中的数字很直接地体现了互联网系广泛的市场：截至2013年12月，中国移动互联网网民达到6.52亿，参与移动购物的网民占13.3%。此前同样由易观智库发布的报告显示，2013年第三季度，第三方互联网支付平台转接交易额规模约达1.67万亿元，环比增长16%。

深圳中付通电子商务有限公司副总裁张英杰说，由于2012年第四季度各大电商都进行了年底促销，大批量的用户在2012年第四季度继续分流到支付宝和微信等互联网企业构筑的支付生态系统中。虽然具体统计还没有出来，但互联网企业的支付业务肯定会保持较高的增长。据了解，支付宝钱包目前打通了银泰百货、万达影城、金逸影城、3W咖啡、布丁酒店等零售、娱乐、餐饮、酒店巨头。并于2013年12月推出条码支付2.0版本，在便利店巨头美宜佳广东区的5000家门店内全线起用。微信支付则收拢了7天连锁酒店、海底捞、新世纪百货等线下实体商业，并于2013年12月更新了版本，增加了精选商品的种类。

在线下势力相对较弱的百度则在线上拼命追赶，百度钱包SDK试图以应用和游戏内支付为切入点进入移动支付领域，2013年12月推出了1分钱购买国美、乐峰、拉手网等优惠券的活动，以低门槛来圈占用户。显然BAT（百度、阿里、腾讯）三巨头皆把线上优势向下渗透，形成上下两线布局，要革实体银行卡命的意图明显。

除了 BAT 三巨头外，新浪试水信用支付，于近日推出了"信用宝"：用户使用信用宝付款时，不需要事先充值，也不用捆绑银行信用卡或储蓄卡，只要登录新浪微博账号或者输入手机号领取验证码，即可进行消费。这是国内首次基于社交征信数据来发放信用支付额度的尝试。互联网系推出的产品更迭迅速，易观智库认为：移动互联网工具类、商务类需求呈现明显的渗透趋势，即购物等需求以功能的形式嵌入社交、娱乐应用中，将有助于互联网企业培养受众支付习惯——这是互联网系真正的必杀技。

互联网系第三方支付对实体银行卡的替代能走到哪一步，着实令人期待。

第十一章　互联网金融：颠覆传统

一　余额宝暴富记

6个多月的时间，余额宝让名不见经传的天弘基金从年年亏损到资产规模国内第二，它不仅证明了中国草根网民的力量，而且证明了基金公司触网而带来的变革。现在，各家基金公司纷纷联系阿里、腾讯等互联网公司，要求合作，它们想共同戳破那张"纸"。

"穷"则思变

名不见经传的天弘基金管理有限公司（简称"天弘基金"）旗下的一只货币基金6月13日上线，截至2013年12月31日，余额宝客户数达4303万，规模为1853亿元，稳居国内最大基金宝座。这家成立9年的基金公司管理的资产规模也借此狂增，并且摆脱年年亏损上千万元的厄运，上半年净利润达850万元。根据彭博资讯统计的截至2013年12月底的最新全球基金规模数据，天弘增利宝基金的规模在全球货币基金中排名第2位。同时，余额宝的劲爆数据带动天弘基金公募资金管理规模跃至全行业第2名。

这背后的功臣，是 2013 年 6 月中旬天弘基金和支付宝合作推出的名为"余额宝"的产品，这个产品在支付宝账户内嵌入了天弘基金旗下名为"增利宝"的货币基金，如果用户将资金从支付宝账户转入余额宝内，即相当于默认购买增利宝货币基金。现在，平均每天有超过 30 万新用户开通余额宝，近百亿元资金在余额宝进进出出。

"我们太穷了。"在证券基金业做了 20 年的天弘基金副总经理周晓明直入主题：穷则思变。他说，大家把余额宝捧得挺高，但它本身没什么大不了：普通的货币基金，搭载到大家习以为常的支付平台，唯一的创新就是所谓嵌入式直销，把货币基金直接放到支付账户里，但也就是一张纸的距离。国外早已有类似做法：1999 年美国的网上支付公司 PayPal 设立了账户余额的货币基金，用户只需简单设置，原先存放在 PayPal 账户中不计算利息的余额就会自动转入默认的货币基金，2007 年规模达到 10 亿美元，到了 2011 年，由于美国连续数年实行零利率政策，货币基金整体业绩频降，PayPal 最终将该基金清盘。但不是谁都能想到打破这一张纸。大的基金公司用不着，它们日子过得挺爽，传统业务发展不错，品牌不错，员工薪水也不错。天弘基金则不行。天弘基金是小公司，2004 年成立，规模在行业一直处于中下游，最近几年年年亏损。

基金业要赚钱，规模是基础。做大规模要靠铺渠道，银行几乎垄断了基金销售的渠道，近百家基金公司，上千款基金产品，凭什么让银行优先卖你的产品？只能出高价。按照行业通行标准，基金公司付给银行的渠道费相当于基金管理费的三四成，甚至更高。天弘基金没钱可赔，也没空间先烧钱养客户和品牌。2011 年下半年，公司管理层更换，周晓明加入。新管理层想做直销。直销有两种方式，建实体网点或者做电商。实体网点没钱做，只能考虑做电商。做电商又有两个选择：自己直销，或者去傍大平台开店。周晓明先想到淘宝：他早年间的同事祖国明去了淘宝，负责金融理财业务。祖国明告诉他，淘宝在筹划推动基金公司开店，给他看了淘宝的首页浏览量、交易支付笔数等数据。2011 年 9 月 22 日，周晓明第一次去当时淘宝的总部杭州西湖国际，见了淘宝网总裁姜鹏，谈了 1 个多小时。

2011 年年底，周晓明就推动在公司成立电子商务小组，在那之前天弘基金的电子商务是三无：无人员、无系统、无客户。但后来，因为种种原因，淘宝的基金业务拖了一年多也没推出,同期接触的很多基金公司已经基本放弃。而且互联网卖基金的效果一直平平,2012 年下半年,时任中欧基金公司董事长唐步就此表示,互联网渠道就像鸡肋,成本不比银行低,效果没银行好,都说前景光明,但光明究竟什么时候来?看不清。

2012 年下半年,天弘基金开始考虑为支付宝量身订制产品,方案是货币基金,加上支付功能,正好能和阿里系的网上购物结合。"支付宝是最重要的流量入口,1.6 亿的实名用户数远超过其他互联网公司。"余额宝创始团队成员、天弘基金产品设计部副总经理李骏说,不去找它,就像线下放弃北上广,所以一定要抢占这个制高点。

天弘基金把和支付宝的合作当作头等大事,周晓明作为项目负责人,可以调动公司一切资源。光余额宝上线前的系统开发、服务器投入,就花了至少400 万元,这对天弘基金这样的小公司来说不是小数目。其实,也有其他基金公司收到阿里的邀请,但大多数公司望而却步。"在余额宝整个过程中,其实事情做不做得成,大家并不是有百分之百的把握,但天弘基金就愿意投入",彭蕾说。2013 年上半年余额宝立项后,天弘基金几十个人的团队在杭州做技术开发,没日没夜地干,让她非常佩服。再加上天弘基金自身的专业和严谨,以及他们对互联网的理解程度,彭蕾后来对郭树强说,余额宝这个事肯定要和天弘基金紧密合作,毫无二话。

为"草根"量身定做

天弘基金击中了支付宝的痛点。当时移动互联网的浪潮汹涌,腾讯凭借微信领先一筹。整个 2012 年下半年,支付宝的高管们都在考虑两个问题:怎样打造移动互联网的入口,怎样增加支付宝的客户黏性。德圣基金研究中心首席分析师江赛春说,余额宝为支付宝搭载了增值功能,而且利用的是风险较低、收入稳定的货币基金,对支付宝的客户黏性提升非常有帮助。

2012 年 12 月 22 日,天弘基金总经理郭树强带队拜会阿里小微金融服务集团(筹)副总裁樊治铭,樊治铭负责支付宝国内业务。晚上 6 点半,双方共 7个人在北京环球金融中心西塔 2 楼国锦轩吃饭。简单寒暄后,周晓明向樊治铭介绍他们的设想，当他说到天弘基金将为支付宝量身定制产品，支付宝可以采购这个服务，为其用户增值时，樊治铭立刻挥手打断他，"我明白了，这个事可以做"。其实和支付宝接触的基金公司不少，但大多数基金公司还是以自己的产品为中心，跟支付宝提的都是自己的投资管理能力，把支付宝当作销售自家产品的渠道。周晓明说，天弘基金是站在支付宝的角度考虑，谈自己能为支付宝的用户提供什么价值。

2013 年 3 月 14 日，天弘增利宝的产品方案正式上报中国证监会。3 天后，在杭州黄龙时代广场支付宝大楼 14 层春秋书院，140 多名支付宝技术人员开誓师大会，樊治铭等高管给他们鼓劲。每个团队曾获得的奖杯都放在前面的桌子上，樊治铭告诉他们，余额宝是集团 2 号项目，意义重大。接下来差不多两个月，春秋书院成为支付宝、天弘基金团队的闭关室，天弘基金负责技术的创新支持部总经理樊振华说，两个月里，他四分之三的时间在杭州，几乎每周都是周一去杭州，周五回北京，直到 6 月 13 日余额宝上线。

余额宝上线 15 天后，在上海陆家嘴金融论坛，清华大学五道口金融学院的常务副院长廖理谈到这款产品："我让我的学生体验了下，他买了 1000 块，结果第二天变成了 1000 块零 1 毛 8 分。"台下一阵哄笑，透着些看不上。陆家嘴金融论坛由上海市政府联合央行等机构主办，论坛上谈论的金额至少以亿元为单位。小小的 1 毛 8 分，自然入不了参与者们的眼。

余额宝后台绑定的天弘增利宝货币基金，主要投向银行同业存款、大额存单、短期国债、央行票据等风险较低的货币市场，每天每万份基金的单位收益长期维持在 1.2 元左右。按照目前余额宝用户人均持有 5000 份基金份额计算，人均每天获得的收益不到一块钱。但支付宝看重的，正是每天通过余额宝赚几毛钱的草根。彭蕾说，相比发行 50 亿元商业票据这样的大手笔，她对余额宝的 5 毛钱收益更感兴趣，因为更接近支付宝用户的生活。

25 岁的龙聪聪就是典型。他和妻子在北京东五环外的一栋居民楼开了个小便利店。一个多月前，他从弟弟那里知道余额宝，现在已经放了 1.2 万元，每天增值大约 1.5 元。更有意思的是，他开始在自己的便利店用支付宝钱包收款，然后直接转入余额宝。在此之前，他们夫妇没有投资过任何理财产品，所有积蓄几乎都存了银行定期。彭蕾说，每天早晨她睁开眼睛，第一件事就是拿手机查余额宝收益。实际上，余额宝已经超过转账和话费充值，成为支付宝钱包里最活跃的应用。

"余额宝已经成为支付宝非常底层的应用，所以我们一定要确保对它的绝对掌控。"樊治铭在 2013 年 10 月 16 日的媒体沟通会上毫不掩饰余额宝对支付宝的重要性。说这句话之前一周，支付宝的母公司浙江阿里巴巴电子商务公司宣布出资 11.8 亿元，收购天弘基金 51％ 的股份，天弘基金原先的三大股东天津信托、内蒙古君正能源化工股份有限公司、芜湖高新投资有限公司的股份各有不同程度的减少，天弘基金管理层则将成为第四大股东，持股 11％。樊治铭说，2013 年 11 月中旬开始，支付宝钱包会在全国大规模推广，余额宝会成为主推功能，不仅能花钱，还会赚钱，这将是支付宝钱包相对微信支付等竞争对手的独特核心价值。甚至马云也把余额宝与淘宝、支付宝并列，称为阿里系的"三宝"。据说，2012 年这位阿里系创始人去上海参加金融论坛，说到要做金融，周围的金融家们大多不以为然。但 2013 年他再去，直接被请到主桌，合影留念时被众位金融大佬众星捧月似地围在中间。

余额宝改变了一个行业

一个产品，改变了一个行业。似乎一夜间货币基金就成为理财市场的宠儿。由于方便程度与银行活期储蓄相差无几，收益率却普遍高出后者不少，各种名为"现金宝""活期宝""天天宝"的类余额宝产品相继出现，规模快速增加，东方财富网和华商基金公司合作的"活期宝"在 5 个月内累计销售额接近 100 亿元。

"银行、基金、券商都该感谢余额宝，因为它带来了颠覆性变化。"华宝兴业基金管理有限公司副总经理黄小薏说。该产品给整个行业带来了快速的改造和提升。由于余额宝的出现，货币基金实际上已经具有活期存款的功能，已经可以有条件和银行在这个品种上形成竞争。各家基金公司纷纷联系阿里、腾讯等互联网公司，要求合作。"现在大家都往两个地方'朝圣'"，华夏基金管理有限公司副总经理吴志军在 2013 年 7 月的一个基金业论坛上说，"一个是杭州的阿里巴巴，一个是深圳的腾讯"。周晓明说，余额宝的成功，是因为服务了传统体系中得不到很好服务的普通人，传统金融并非不愿意服务这些客户，但成本不划算。"想一想，如果银行物理网点每天接待几千个客户，每人存取几十块钱，一定支撑不了成本。"

互联网的特点则是边际成本递减，用户越多，成本越低，甚至趋近零。这让"余额宝"们能按一块钱的最低门槛服务那些小客户。不仅如此，海量客户、频繁交易、小客单价组合在一起，通过大数据技术，还形成了相对稳定的趋势。周晓明说，通过大数据技术，余额宝的基金经理可以准确预测第二天的流动性需求，偏离度不超过5%。在此基础上，基金经理可以更精准投资，也为用户提供更稳定的收益。

现在，几乎没有基金公司不在触网。南方基金和财付通合作，华夏基金和百度走在一起，易方达基金据传正和360接洽。2013年11月初上线的首批基金淘宝店，一下子涌入了17家基金公司。"双11"当天，不少基金公司投入大量资源，易方达基金公司的一款债券分级基金当天销量超过1.7亿元。但在货币基金这个选项上，作为目前国内最成功的基金销售渠道，支付宝的大门已经不再向天弘基金之外的公司敞开。彭蕾说，淘宝理财就像在一个商业街上开了好多店，用户可以去选有什么感兴趣的，而余额宝更像顺手而为，用户不需要刻意挑选。

简单，才是最好的

产品设计的极简，实质上是"殚精竭虑的简单呈现"。这是周晓明的原话。余额宝成功的要素很多，但多位支付宝、天弘基金及其他基金业人士均认为，最关键的是客户体验，再具体点，是简单。彭蕾说，这是余额宝给她的最大启示。"很多人把金融神秘化了，但互联网最核心的东西是，让用户很快看明白为什么要买这个，怎么操作。"

简单让人亲近；过于复杂，让人敬而远之。为人熟知的是苹果公司的平板电脑，没有任何说明，但三岁小孩都能用；再比如唐时白居易写诗，流传到日本，原因就是不识字的老妇人都能懂。用阿里小微研究院院长陈达伟的话说，就是衡量互联网金融产品的好坏，标准很简单，"我妈能买，就差不多成功了"。实际上，余额宝功能不少，是一个集合理财、购物、支付、转账、生活应用等在内的一站式解决方案——这让它不用彻底陷入与同类产品的收益率之争。这款产品不止能增值，还能直接向银行实时转账，缴纳水电煤气费，还可以直接用于网上或线下购物。但余额宝的操作和支付宝几乎一模一样，用户基本不需要重新学习。初次购买的用户四步成功买入，老用户三步操作完成。不仅简单，而且够快。"你直接一拉一转，上面（支付宝或者银行卡账户）少了，下面（余额宝账户）就多了。"李骏说，这就是所谓的"所见即所得，所得即可用"。用户转入余额宝的钱，可以实时在账户显现，也可以实时赎回或用于购物。而传统的 T + 0 货币基金，申购后还需要等 1 天，资金才能确认，进而支持消费或者快速取现，在这期间，申购基金的资金不能动用。

天弘基金还在客服团队设置了 3 个人的客户体验师团队，他们的任务是从用户角度"找茬"和提意见。除了余额宝自身的产品外，这个团队还尝试和体验市场上的其他同类产品，作为余额宝的借鉴。广发基金管理有限公司副总经理肖雯在中国资本市场学院的最近一个研讨会上说，余额宝出来的时候，他觉得可以做出更好的东西，但组织人员研究了很长时间后发现，"就客户的体验而言，我们已经没有办法为它再做优化了"。这些背后是技术上更多的投入。比如一个用户先向余额宝账户转入 1000 元，然后又通过余额宝消费了 500 元，余额宝就要做两个操作：撤回之前 1000 元的申购单，补上 500 元的申购单。每个用户的所有撤单和补单都要一一匹配，成本自然也要上去，后台服务器的带宽和存储都要因此相应增加 1 倍。再比如收益加速器。余额宝刚上线时，只有十几台服务器，过了一段时间，收益的发布速度越来越慢。天弘基金下定决心，要让客户早上起床就能看到收益，所以把服务器从 17 台升级到 450 台。这个投入不小，而且基金产品并没有这样的硬性规定，但他们觉得很值。后来的效果证明的确投入很值得：小小的改变，引起了广泛的口碑传播。

做社会化营销，参与感是灵魂。这个说法来自小米手机副总裁黎万强。天弘基金财富客户部副总经理蔡练刚刚组织同事学习了黎万强的文章。蔡练负责余额宝的客服团队，她说余额宝的客服早已不同于传统基金公司客服，已经开始尝试引导用户互动和参与。说起来，客服是天弘基金内部人数增长最快的团队。余额宝刚立项时，客服只有2个人，现在天弘基金内部专门为余额宝服务的客服是27个人，外包客服15个人，还有20个由普通用户兼职的"云小二"。云小二全称"宝粉云小二"。2013年8月，他们通过微博招募云小二，要求很简单：是余额宝的用户，并且有时间。第一期算尝试，选了20个，都在北京，大多20多岁，主要是学生和公司白领。负责管理云小二的郎华说，每个云小二每天最多工作2小时，每周不能超过8小时，原因是希望这个工作带给他们快乐而非太大压力。云小二也有工资，但几乎可以忽略不计。尽管如此，9月至今，没有一个人退出，相反很多人在反复向郎华打听，什么时候招募第二批，因为他们周围有不少朋友都想加入。26岁的北京女孩唐惠莹就是其中一员，编号016。她在一家公司做行政，晚上做云小二。唐惠莹理财经验不少，大一开始买基金。2013年6月她注意到余额宝，仔细研究后买了1000元，从此爱上这个"小家伙"。唐惠莹说，她喜欢做云小二，看中的是能学理财知识，接触其他用户，分享对余额宝的感受。

每个云小二上线，都要在QQ群说一句："我是云小二，我在云端准备好了。"郎华则会回复一个大拇指图标。这几乎成为固定仪式。唐惠莹说，每次她敲下这句话，心里总有股神圣感，觉得自己在做非常重要的事情。郎华说，有时候同时有好几位云小二说这句话，她感觉自己就像面对一队整装待发的飞机机长，在指挥塔台竖起大拇指，祝福他们在云端顺利翱翔。

现在，除了增加更多功能和应用外，周晓明考虑更多的，是打造余额宝的客户生态圈，营造一个小而美的微生态。他说，他们做的不是卖基金，不是玩电商，而是带着对这个微生态的尊重和敬畏，细心呵护它。在周晓明看来，任何一个产品深入人心，一定是有价值层面的东西。他希望余额宝带给用户的，除了每天显示的收益，还有信任和快乐。不指望余额宝让用户大富大贵，而让他们通过简单操作获得一些增量的幸福：早餐能把菜包换成肉包，七夕能给女朋友买束鲜花，和小伙伴去看场电影……

余额宝还在做一个叫"微快乐播报"的事，让用户自己播报余额宝净值，分享感受。迄今为止，参加过的用户，有港口工人、驻港部队退伍兵、农民工、养鸡场工人、幼儿园老师、机关公务员、在校学生，等等。

"双11"也没掉链子

"双11"那天，天弘基金的客服团队全部待命，还准备了二线梯队，随时准备应对可能出现的用户问询高峰。在刚过去的全民购物狂欢中，556万人使用余额宝支付共61亿元。零点后的10分钟内，余额宝收到156万笔支付请求，全天处理近1700万笔交易。但系统运行相当顺畅，用户问询量与往常比没有明显增加，客服工作量都没有饱和。

为了迎接这场预料中的交易高峰，2013年7～9月，天弘基金和阿里云的技术团队配合，将余额宝的直销系统全部转到阿里云的"飞天"平台上，成为第一家将系统放在云平台的基金公司。过去10年一直在天弘基金负责技术支持的樊振华说，系统上云的好处是速度快、安全可靠，而且同样的处理能力，使用云计算的成本比之前节约10倍。

天弘基金为余额宝的第一期IT部署投入了400万元，能支持每秒钟500个并发，每天可以支持1000万笔交易清算。这相当于传统基金公司的百余倍，传统基金的直销系统每天的清算量通常在数万笔。但这还远远达不到"双11"的要求。按照预估，余额宝的直销系统每秒要能支持5000～10000个并发请求，"双11"当天要能支持完成3亿笔交易，整个过程当中不能丢失数据，不能出现服务停顿。

不仅如此，传统基金公司的系统早上9点半到下午3点做销售，晚上做资金清算，两者不存在对IT资源的争夺，但余额宝是7×24小时销售，这对IT系统是相当大的挑战。而且为了让用户在第二天一早就能看到前一天的收益，最终的清算必须在2个半小时之内完成。阿里云金融云架构师白培新说，他们为此做了50个清算系统，把清算请求平均拆分，以便能够及时完成清算。上云的效果不错。支付宝发布的数据显示，"双11"期间，8%的购物交易通过余额宝进行，在快捷支付、支付宝余额支付、余额宝支付和网银等方式中，余额宝支付的速度最快，成功率最高。而经过11日晚上用户疯狂购物后，11月12日早上3点半，余额宝用户已经陆续可以看到前一天的收益了。

余额宝的规模仍在每天快速增加，海通证券银行业分析师戴志锋、刘瑞在此前的研究报告中预测，余额宝的潜在规模可以达到2000亿～3000亿元。很多人认为，现在看来，这个预测有点保守。但彭蕾和周晓明都说，规模只是结果。周晓明说，"关键是你到底服务了谁，有什么独特价值，你对用户很有用，也很好用，用户自然就用你。"

| 高端访谈 |

阿里彭蕾：小微金融对手只有一个——"现金"

侯继勇

《21 世纪经济报道》　2013 年 12 月 27 日

2013 年是阿里小微金融服务集团的破局之年，也是彭蕾的关键一年。目前，阿里巴巴旗下"三驾马车"即阿里集团、小微金融、"菜鸟"物流当中，马云让彭蕾独挑小微金融，担任阿里小微金融服务集团 CEO 一职。

2007 年 11 月，阿里巴巴 B2B 业务在香港上市。鲜为人知的是，那一年阿里巴巴开始二次创业——即"超越 B2B"，结果养大了淘宝、支付宝、天猫等非 B2B 业务。如今，阿里集团再次谋求上市。阿里系也将再次进行二次创业，养大金融与物流业务，重点是阿里小微金融。

2013 年，互联网金融发展迅猛，已经成为大佬们的香饽饽。阿里巴巴所扮演的始作俑者，成为推动行业发展的重要力量。但是，尽管阿里巴巴有先发优势，但围追者众多，彭蕾未来的压力不容小觑。10 月 28 日，百度金融中心正式宣布旗下的理财平台上线，推出百度首款金融产品"百发"。"百发"目标年化收益率将达到 8%，5 个小时成交 10 亿元。

如何理解阿里小微金融的未来？近日，彭蕾接受《21 世纪经济报道》（以下简称《21 世纪》）采访时表示，马云对阿里集团未来的发展有三个关键词，分别是平台、数据、金融。这是理解阿里小微金融未来的三个关键词。

大数据金融

《21 世纪》：通过大数据、互联网等技术可以给金融业务创新带来哪些想象空间？

彭蕾：信用和风险控制本身就是金融业非常重要的基础。基于互联网和IT技术发展带来的大数据，让数据的积累进入一个更深的层面，这给跟风险相关的金融创新提供更大的可能。而互联网跨空间、跨时间的特性，对各行各业提升用户体验，降低服务边际成本带来了可能。所以，大数据和互联网技术相结合，不仅能够提供更多全新的创新产品，而且能够帮助已有传统产品实现升级。

以阿里小贷为例，本来小贷公司在线下已经是一个比较成熟的传统金融业务。但是，为什么还会不断接到电话咨询要不要贷款？这中间的供需为什么无法打通？而通过以大数据和互联网为核心的微贷技术，可以创造出体验更好、覆盖更多小微创业者的信贷服务。我们没去想所谓的"想象空间"，今天阿里巴巴平台上已有3000万的小微企业，我们只想如何先服务好他们。

《21世纪》：余额宝对阿里小微金融以及整个金融业有哪些启示？

彭蕾：关于余额宝，最初我们只是想给用户留存在支付宝里的钱一个合法合理安全的收益，没想那么多，结果它的受欢迎程度超过我们的想象。它对我们最直接的启示是，互联网金融产品一定要足够简单，一定要有人情味。普通用户不懂什么叫7天年化收益，甚至不懂什么叫货币基金，我们就用最简单的方式让大家不要去考虑那些概念，只关注人。有人说余额宝是互联网思想、互联网技术和金融业务相结合的一个典型案例，说实话，我们真没想那么多。余额宝对支付宝有重要的意义，它真正让支付宝脱离了支付工具的概念，转型成"个人金融中心"。你可以更加方便地利用这个平台灵活调集资金，也可以作为一个资金归集工具。这对手机端用户的拉动作用是非常明显的。目前有超过300万用户每天在支付宝钱包内"查收"属于自己的收益，每天转入余额宝的资金中，约有一半是通过手机转入的。

《21世纪》：阿里金融的数据采集包括哪些渠道？

彭蕾：支付宝注册账户突破8亿，日交易笔数峰值达到1.058亿笔，日均交易额突破60亿元，日均交易额峰值突破200亿元；截至2012年年底，阿里金融已经为超过20万家的小微企业提供了融资服务，贷款金额超过500亿元。除支付宝外，截至2012年年底，仅阿里巴巴中国站就有5200万注册会员，企业会员800万，65万国际诚信通会员。入驻天猫企业超过6万家，淘宝卖家超过 800 万家。上述平台都是阿里金融进行数据采集的平台，支持数据挖掘信用提供贷款。

此外，阿里集团还推出了来往，在移动领域大规模收购，其中包括参股新浪微博、高德地图等，目的包括巩固移动的金融入口优势及电商入口优势。

"淘宝式"开放

《21 世纪》：是否可以这样理解未来的阿里小微金融集团，它是一个大数据平台，面向银行、证券、保险等所有机构开放，就像淘宝向所有卖家开放？

彭蕾：未来的阿里小微一定会是一个开放的平台。我们会把在互联网、数据方面的能力积累起来，逐步开放给各种金融机构，帮助它们实现更多创新。比如现在联合阿里云做的聚宝盆项目，就是开放云计算能力给 2000 多家很小的村镇银行。我们在数据安全体系上的积累，也会不断开放给很多的金融机构，大家一起来完善整个金融体系。

《21 世纪》：开放的第一步应该是阿里系开放，阿里小微金融与淘宝、天猫等兄弟公司的平台会如何进行数据打通？数据如何议价？如何利用兄弟公司的数据进行业务创新？

彭蕾：这方面，阿里小微金融已经有了一些探索，比如与阿里巴巴数据打通之后的小贷，与淘宝打通之后推出的乐业险、运费险等。光运费险在 2013 年的"双 11"当天一下子就卖出了 1 亿多份，是全球单日销售量最大的一个险种。

小微集团和阿里集团在数据方面会有很多合作，但肯定会保持各自的独立性。对敏感数据，比如小微方面的用户银行卡数据等，即使是兄弟公司之间也不会共享。小微集团与兄弟公司的实践会为未来的平台式开放提供经验。

《21 世纪》：在 O2O 方面，小微金融已经与银泰、万达合作，主要集中在零售方面。未来哪些行业会成为 O2O 重点突破的领域？声波支付等已经极大地拓展了 O2O 的想象空间，未来阿里小微金融还会推出哪些炫酷的技术？

彭蕾：关于 O2O，我一直觉得在今天已经是个伪命题，因为手机已经让我们时刻在线，我们今天已经无法区分什么场景是线上还是线下，人们正在从以前现实、虚拟分开，到现在现实与虚拟的融合，我们要考虑的就是在这样的情况下如何满足人们在这种环境下的需求。

在支付宝钱包的发展方面，我们希望跟着用户的衣食住行场景走，所以百货商场、连锁便利店、出租车、电影院、售货机、咖啡馆、包子店各种场景我们都会进入，我们会充分考虑在这些场景的用户需求，因此除了声波支付之外，我们在生物识别技术，比如指纹、NFC 等方面的技术一直都在研究中，在 2014 年可能就会有相关的技术推出，这方面欢迎继续关注。

让信用等于财富

《21 世纪》：马云此前表示，基于互联网金融，要建立一套全新的信用体系，基于这套体系进行业务创新，比如信用消费等。想明确两个东西，全新的信用体系包括哪些数据？除了信用消费外，还会有哪些商业模式创新？

彭蕾：以往金融行业的信用数据主要是一些静态数据，包括信贷类数据，比如贷款记录、是否有逾期等。网络交易可以帮助我们把用户的日常交易数据、行为数据等更好地积累下来。这对原有的信用体系会是非常好的补充，两者的结合可以帮助我们以及金融机构更好地对一个人做出判断。

对数据和信用的价值，大家都非常认可，在安全、小贷等业务上也已经有了应用，未来的商业模式创新我们今天还在做，具体是什么形式我想先卖个关子，大家耐心等待一下。

《21 世纪》：从事互联网金融，小微的优势包含哪些方面？应该如何理解马云提出的"数据、平台、金融"？

彭蕾：到 2014 年年底，支付宝公司就十岁了，在网络支付和信任的品牌方面已经有了非常好的用户认知，我们自己对小微的未来定位是利用互联网的思想、技术让金融数据自由安全流动。这个定位意味着对我们而言，互联网的数据化、平台化的做法是我们的根基。在此基础上，让信用等于财富，让金融不是经营风险，而是为用户服务。

基于电商生态系统，阿里可以发挥的互联网金融产品就非常多。比如商家的信誉、资金需求，商品的质量、物流，用户在购买环节中的信用贷款等。只要卖家和买家在阿里的体系内发生交易，阿里就比其他人"更懂"双方的信用。

移动端突围

《21世纪》：随着移动互联网、大数据的发展，互联网金融会不会成为类似资讯、通信、电商一样的互联网基础服务？其特点是无所不在、无所不包？

彭蕾：互联网金融2013年刚刚有了一个开始，我们看到有越来越多的互联网企业和金融机构关注到这个领域。金融本身就是一个基于数据，又不涉及实物的行业，是最适合跟互联网结合的，未来互联网金融不仅会是互联网的基础服务，也会是金融业界对最广大消费者的基础服务。

我们现在一直在大力做移动终端渠道，支付宝钱包的用户数已经超过了1亿，并且我们已经将它作为一个独立品牌发展，之所以这样，因为在移动端最能体现小额、随时随地发生、碎片化的特点。希望未来在手机上就能完成一笔保险的购买、理财产品的下单，让大家生活更方便。

《21世纪》：阿里金融未来最强大的竞争对手是谁？是现在的互联网公司，还是传统的银行？

彭蕾：小微的业务，比如支付宝、小贷等，都处于一个高速成长的时期，如何以创新的产品为用户和客户创造价值是我们最需要考虑的问题，如果一定要有一个竞争对手，我们的竞争对手就是现金，就是要最大可能地消灭现金。我们很重视移动端，自12月4日起，在电脑上进行支付宝账户间的转账要付费，0.5元起收，10元封顶。如果用户想要免费的话，可以用支付宝钱包。

阿里的优势是全产业链布局：支付宝、余额宝、基金、阿里理财、阿里保险、阿里小贷、阿里担保、金融云服务等。同时，阿里也是拥有"牌照"最多的互联网公司：第三方支付牌照、基金牌照、担保牌照和小贷牌照。

还有一个优势则是，阿里运营支付宝多年，积累了很多宝贵的经验。

二 P2P 行业洗牌

2013 年 P2P 行业忧甚于喜。据网贷之家数据显示，2013 年全国主要 90 家 P2P 平台总成交量 490 亿元，平均综合利率为 23.24%；另外，有 74 家平台出现提现困难，其中大部分集中在四季度。据了解，12 月倒闭的平台只有 10 家，倒闭潮已趋于放缓。此前 11 月为 30 家，10 月为 18 家。尽管如此，网贷之家 CEO 徐红伟认为，2014 年的市场环境将比 2013 年更加残酷，2013 年倒闭的 70 多家 P2P，2014 年将会有更多的、更大的 P2P 企业被淘汰出局。但行业整合期或将发生在 2015 年。

P2P 倒闭潮袭

截至 2013 年 12 月 31 日，网贷之家监测到已有 74 家 P2P 平台出现问题，民间借贷最繁荣的浙江、广东、江苏三省，同样也是 P2P 平台最多的地区。其中浙江 17 家、广东 11 家、江苏 9 家、占全国总数的 50%。在出现问题的平台中，仅有 3 家为 2012 年设立，其余均为 2013 年设立，有些甚至成立当月即出问题，如福建厦门的福翔创投于 2013 年 10 月成立，并于当月倒闭，留下 80 万待收金。

虽然成立时间较短，但出现问题的平台待收金额却是一笔巨款。网贷之家仅统计近 40 家问题平台，待收金额已达 11.51 亿元，其中广东深圳的网赢天下待收金额为 2 亿元，待收人数为 1372 人。仅有不到 10 家的平台被统计出待收人数，但人数已达 6065 人，其中安徽铜陵的铜都贷待收人数为 1742 人，待收金额为 1.1 亿元。真实标的不断拆标后导致资金断裂，项目逾期超平台承受能力，自融平台实体生意经营不善等成为平台出事的主要原因。前两种原因属于经营不善问题，而后者则是成立平台为解决大股东或者幕后老板的线下生意的资金短板。一旦实际控制公司出现问题，平台公司自然随之引火烧身。

　　这也引起了监管机构的广泛关注，监管红利期或将终结。2013年11月25日，在由银监会牵头的9部委处置非法集资部际联席会上，央行条法司负责人明确强调："应当在鼓励P2P网络借贷平台创新发展的同时，合理设定其业务边界，划出红线，明确平台的中介性质，明确平台本身不得提供担保，不得归集资金搞资金池，不得非法吸收公众存款，更不能实施集资诈骗。"12月3日中国支付清算协会互联网金融专业委员会发布"互联网金融行业自律公约"。12月26日，央行条法司司长穆怀朋公开表示，互联网金融要分类监管，对P2P等新业务的监管力度会更高。由此可见，P2P获得监管机构认可将只是时间问题，互联网金融监管真空期即将结束。

　　网贷之家的数据显示，出现提现困难的平台年化收益率普遍高于40%，更有甚者，浙江安吉的利率达到了66%，其待收金额为1.18亿元。以常规的商业逻辑判断，极少有企业可以承担这么高的资金成本。据称，1963~2009年，巴菲特累计45年复合收益率为20.5%。与之对应的是，运作正常的平台收益率大多处于较低水平，目前收益率已经进入一个比较理性的区间。2013年，全国主要的90家平台综合利率为23.25%。其中仍有大部分平台综合利率低于10%，如陆金所综合利率仅为8.61%；而一城贷综合利率较高，为41.42%。综合利率较低的平台，总成交量较高。合拍在线综合利率为14.54%，总成交量为32.25亿元；陆金所综合利率为8.61%，总成交量为25.96亿元；红岭创投综合利率为12.49%，总成交量为18.95亿元。三者总成交量占90家总成交量的15.75%。点融网创始人郭宇航表示，以P2P行业平均来看，规范的平台做小微企业的利率平均在15%~20%，未来应该在15%左右。但目前整个市场资金供给偏紧，民间借贷利率还在上升，平均借款利率在30%以上。

　　从行业发展角度来看，经历2013年4季度的洗牌，一些给投资者收益率较高的平台被淘汰出局，生存下来的平台大部分收益率比较低、比较稳健。投资者经历惨痛的教训之后，也开始趋于理性。虽然收益率降低，但投资者已有安全意识，预计随着互联网金融兴起的大潮，2014年会有更多资金进入网贷行业。

行业洗牌加速

最近 3 年里，网贷平台数量以 400% 的速度增长。2013 年更是进入一种不可思议的加速生长期，2013 年年初的时候，网贷平台每天增加 1 家或 2 家，后来每天增加 3~4 家，一个月要上线 100 家平台。到 2013 年年底全国网络借贷平台已突破 800 家，而 2010 年才仅有 20 家。

事实上，现在整个 P2P 行业，不管是上线的平台数量，还是贷款总量都在高速增长。平台总成交量以每年 500% 的速度增长，2010 年为 6 亿元，2013 年行业总成交量约达到 1000 亿~1200 亿元。P2P 的迅猛发展，重要来源是因为民间借贷"网络化"，利用互联网绕过了金融准入门槛的限制。随着这一股互联网金融的浪潮，符合条件的民间借贷机构可能借助互联网放贷。5 年后中国网贷的成交量可能会超过 10 万亿元。

在数量和贷款规模快速增长的同时，网贷平台的洗牌也在加速。随着陆金所的成功及行业的发展，越来越多的资金进入 P2P 行业。继融 360 获得红杉中国基金等 3000 万美元融资后，2013 年 11 月，有利网获软银中国千万美元融资。而招商银行早已于 2013 年 10 月闯入 P2P。随着市场的分化，专注于不同市场之间的 P2P 企业将在业务模式、业务流程、风险控制、市场策略等方面展现出更加明显的差异化。中国市场巨大，多年的金融压抑并非当前的机构所能满足，但行业的同质性势必削弱影响力。

不掌握核心技术很难操作平台。比如很多从事 P2P 的人既非来自金融机构，又非来自互联网行业，只是从模板商那里买来模板即开始从事业务，这是很危险的，如果黑客攻入其中一家平台，其他同模板的平台就会很危险，因此这些企业可能会被逐渐淘汰。

随着行业发展，行业内的相关机构，如资金托管、担保及评级机构正在逐渐建立。目前已有多家平台主动将资金纳入汇付天下、易宝支付等拥有央行牌照的第三方支付平台托管。资金放在第三方托管账户，投资人将资金放在账户里，借款人从账户里直接提钱，而平台在整个过程中不会接触到资金。

现在已有平台在线下与正规小贷机构合作，由小贷机构或者合作的担保机构提供一个本金连带责任的担保，然后推荐给平台，经过平台的审核，包括接入比较权威的第三方信用评估机构，以及调查其银行征信记录进行信用评估，之后再推荐给投资人。这种模式把风险控制和互联网的爆发性非常好地结合在了一起。

呼吁监管

事实上，这个正在野蛮生长的行业，存在诸多问题和风险。中国小额信贷联盟理事长杜晓山指出，P2P行业处于"三无"状态：无准入门槛、无行业规范和自律、无监管。杜晓山认为，国内对来自国外的P2P模式进行了创新，但这些创新也带来了许多问题：线下和担保等方式，削弱了P2P的优势，使交易成本和价格与民间借贷市场趋同；一些P2P平台直接提供担保，脱离监管的融资性担保会增加系统性风险；出现涉嫌非法集资的业务模式，形成汇聚众多陌生人资金的信贷资产池；各种传统民间借贷以P2P名义出现，给行业带来巨大系统性风险；出现庞氏骗局等集资诈骗活动的可能。

目前，P2P行业自身已开始试图建立行业标准。广东互联网金融协会（筹）会长陈宝国介绍，广东省互联网金融协会即将挂牌成立。而据知情人士透露，以互联网金融千人会为基础，北京市也在力争成立互联网金融协会，P2P行业即是其中的有效组成板块。杜晓山也表示，中国小额贷款联盟内部也已建立了P2P机构行业自律公约。在寻求自律之外，"外部监管的条件已经成熟"。杜晓山说，"现在监管当局在这个问题上正在密集商讨该怎么办，传来的信息还是比较正面的"。

事实上，近期，监管当局对P2P行业的调研正在密集展开。红岭创投董事长周世平说，央行相关负责人在调研时指出，只要P2P网贷平台不做违法的事，未来将可能产生像腾讯那样的大企业。而对未来可能到来的监管，行业人士多持欢迎的态度。杜晓山呼吁，尽快出台P2P机构的管理指导意见或暂行办法，确定监管机构，在适当的时候，立法或出台"网络贷款管理办法"。

"如果设定了相应的进入门槛，行业大洗牌后，给营销人员的不合理的返点就可以降低，这也有助于控制风险。"一位南京P2P公司老总说，这个门槛可以参照对担保公司融资杠杆的设定，根据贷款余额设定兜底比例。"号称不错的这几家P2P，每家的运营支出不会少于1000万元，从跑路的平台99%的老板进监狱来看，其实现在行业的门槛并不低。"翼龙贷CEO王思聪提醒后来者，P2P创业风险很大，不要想着赚快钱。前期的调研结果已经上报至监管层，未来国务院层面可能出台相关的监管政策。

ZOPA董事长Phillip Riese近期来华，见了不少P2P行业与监管层人士，他在对比英美的监管经验后称，监管过严的美国P2P行业呈现寡头格局，而英国则有众多的新公司可以加入，前者的行业创新能力不如后者。

上海首设准入门槛

痛定思痛，鱼龙混杂的P2P行业正在制度重构。针对2013年第三季度出现的P2P企业资金断裂现象，上海市信息服务协会会同上海陆金所、融道网、拍拍贷等网贷企业，近期制定了全国首个网络借贷准入标准，且已上报至上海经济与信息委员会和上海市金融办。"国内能够与全球进行平等对话和竞争的领域之一，就是互联网金融，但呵护苗头，也需要防范住风险。"上海市经信委主任李耀新2013年12月18日在上海金融信息服务业年度峰会上称。据其介绍，目前上海P2P企业数十家，第三方支付则占全国总量的1/4，上述网络借贷标准将首先适用于上海地区的互联网金融企业。"2013年9~11月，全国多地发生了逾40家P2P企业资金链断裂或关闭事件，主要原因之一就是P2P创业门槛过低，经营者良莠不齐。"融道网CEO周汉表示。

据了解，上述准入标准规定："网络借贷企业只为借款人和出借人提供信息发布、风险评估、信用咨询、交易管理、客户服务等咨询服务。"也就是说，网络借贷企业仅限从事金融咨询服务，不得直接参与借贷行为。在陆金所董事长计葵生看来，网络借贷平台作为独立第三方是基本要求，同时P2P企业也不能简单撮合交易，互联网金融核心还是风险管理，把控借贷风险。"基本的监管、广泛的接入征信、建立强有力的互联网银行体系，是国内做大互联网金融的三个关键。"计葵生表示。

作为"独立第三方"配套，上述标准规定"网络借贷公司必须建立自有资金与出借人资金隔离制度，出借资金由第三方账户管理，公司不得利用任何方式挪用出借人资金"。这主要是规避平台非法吸存，因为出借资金托管后，资金就可不通过 P2P 平台，平台只能收取管理费和服务费。另外，和央行此前表态一致，此次准入标准还限定"必须为借款人和出借人建立直接对应的借贷关系，网络借贷机构不得在匹配借贷关系之前获取并归集出借资金，不得以期限错配方式设立资金池"；"网络借贷机构的股东或工作人员不得以期限错配参与债权投资"。同时，包括计葵生在内的多位上海网贷负责人此前均表示，要严防通过 P2P 平台洗钱，行业内已存在诸多案例。上述标准也对此进行了限制，其中要求"如果客户涉及反洗钱调查，且反洗钱调查在五年最低保存期届满时仍未结束的，应将其相关资料保存至反洗钱结束"。不过，在 P2P 企业资金链断裂潮中，不少平台实质上为自融平台，为自己募集资金。据观察，此次行业准入标准并没有直接对此进行否决，回避了对这一现象的规定。

另一个值得关注的是，此次准入标准对 P2P 直接提出了信息公开要求，规定"网络借贷机构必须与至少一家符合《征信业管理条例》，具备个人、企业征信合法资质的征信机构开展基于数据报送的工作"。信息不透明是 P2P 行业的一大特征，此前，具有央行背景的上海资信有限公司推出了国内第一个互联网金融征信系统。不过，上海资信一位人士称，由于并非强制性征信，不少 P2P 企业对平台债权、不良等数据公开比较敏感，另一些 P2P 企业，如涉及资金池、虚假债权等，就更不希望披露信息。在上述标准公布后，上海 P2P 企业首先从报送逾期信息开始，逐渐过渡到全量数据，逾期率需要至少每半年通过第三方审计机构审计后向出借人公开。上述准入标准规定逾期计算标准也将统一，即 90 天以上计入逾期，逾期率"计算公式为当前已逾期 90 天以上的借款未偿还本金总额/120 天以前开户账户借款合同总额"。"网络借贷的标准化是一个方向。"李耀新称。2014 年，上海还将摸底区内网贷企业现状，2014 年第一季度走访企业，二季度将公布相关数据。

据悉，此次行业标准认定和处罚将通过上海网络借贷联盟平台进行。"（P2P 企业）违法了就通过公共平台处理，避免几个政府部门同时处理。如果政府处罚了，就相当于认定企业合法了；处罚的成本如果低，反而会助长违规。"李耀新表示。

对 P2P 或用负面清单管理

在 P2P 业界叫嚣着将颠覆传统金融业时，央行官员却表态，互联网金融不能脱离传统金融。"互联网金融本质是媒介和平台，而真正实现资金的转移，离不开现有的传统金融。"央行条法司司长穆怀朋在出席腾讯财经、腾讯科技主办的 2013 中国互联网金融盛典（以下简称"盛典"）时表示，互联网金融离了传统金融就坏了。穆怀朋同时指出，对 P2P 这样的类似民间融资的互联网金融，可能要采取"负面清单"的管理形式，即"规定其不能做什么"。

结合中国现实，P2P 行业演绎了不同的经营模式：以拍拍贷为代表的线上模式、以宜信为代表的线下债权转让模式，以及当下热门的"P2P 网贷平台＋融资性担保公司或小贷公司等"线上线下相结合的 O2O 模式等。采用 O2O 模式的有陆金所、有利网、积木盒子、爱投资以及万惠投融等。"我们与小额贷款机构进行合作，由小额贷款机构推荐审核通过优质小额贷款项目，并由合作小额贷款机构及担保公司提供全额本息连带担保，如借款人发生违约或者逾期，小额贷款机构将先行赔付。"有利网 CEO 刘雁南说。积木盒子创始人董骏则表示，在担保公司介绍项目之后，为核实借款人信用，其还通过该公司旗下的 76hui 对每一个项目都做实地的尽职调查，"平均每个借款人有 200 个证据点"。

2013 年 12 月 25 日，爱投资与中国金融认证中心（CFCA）达成战略合作，引入 CFCA 安全电子印章，CFCA 是央行批准成立的安全认证机构，这被其认为可以增加信用背书。而据万惠投融董事长陈宝国透露，其与相关的金融交易所合作的针对小贷、典当的资产证券化产品于 2014 年 1 月上线，未来资产包将在万惠投融平台上售卖。"通过与交易所的结构设计，也可以起到信用增加的作用。"因变相提供担保，这类平台增长迅猛。截至 2013 年 12 月 24 日，2012 年"双 12"上线的万惠投融累计交易额超过 10 亿元，2013 年 2 月上线的有利网累计交易额达到 4.4 亿元，3 月上线的爱投资成功完成融资对接超过 4 亿元，8 月上线的积木盒子累计交易额达到 1.5 亿元。不过，上述

"P2P 网贷平台 + 融资性担保公司"模式却被泼了一盆冷水。2013 年 12 月 2 日，浙江省经济和信息化委员会发布《关于加强融资性担保公司参与 P2P 网贷平台相关业务监管的通知》，指出严禁融资性担保机构控股或参股 P2P 网贷平台，也不得为关联方的 P2P 网贷平台的贷款业务进行担保。业内人士表示，有些担保机构直接做起了网贷，或者担保机构与 P2P 同属一家集团，自己担保自己，就使此类创新模式存在巨大风险。从这个角度看，不少机构或涉禁区。"通过和优质网贷平台的合作，传统融担公司的风险技术和经验对网贷平台的风险控制会有所提升，也会映射金融监管部门的监管意图和原则。这对 P2P 行业的规范发展会有正面作用。"安家世界银行 CEO 杨大勇认为，上述提示更多的是对传统融担与新型网贷互相股权介入的关联风险的警告。

那么，P2P 行业到底需要什么样的监管？银监会政策研究局副局长龚明华在盛典上表示，P2P 作为信息中介，应该是一种民间借贷的方式，而一些 P2P 公司转做担保、资金池、债权分拆等信用中介功能，已经偏离了民间借贷的范畴，因为"信用中介需要计提资本，没有这些方面的管理就容易出问题，目前还存在监管的空白"。穆怀朋介绍，金融始终在创新和发展，在监管上也会根据发展的不同阶段而定。对发展比较成熟的，例如，第三方支付，就已经出台了比较完善的规章制度。而对现在规模比较小、问题比较多的业务，"我们还要再看一下"。"互联网金融也不一定全部要像正规金融那样去监管。例如，对银行的监管主要是'正面清单'的方式，应该做什么有很具体的要求，而 P2P 可能要采取'负面清单'的形式，规定其不能做什么。"穆怀朋说。

不过，熟悉金融监管政策的安理律师事务所合伙人王新锐表示，"金融监管机构经常通过'划红线'的办法指明政策禁区，这也可以理解为'负面清单'。但金融监管需要考虑系统性风险，因此有审慎性原则，彻底转为'法无明文禁止即可为'（负面清单的核心精神）并不太现实。"

而 2013 年央行的频频调研，是否意味着继银监会喊话 P2P 之后，央行将出手监管？目前阶段，央行还是希望通过摸底调研了解具体的风险，而 P2P 调研是央行牵头、跨部委的，因此，未来的监管形式很可能是多部门联合发文。

P2P 网贷平台的风控体系亟待加强

上海联和金融信息服务有限公司董事、总经理 郭杰群

《南方都市报》 2013 年 12 月 20 日

　　风控是任何金融活动的关键。华尔街常说，赚钱的最佳方法之一是不亏钱。对 P2P 网贷平台来说，风险存在于公司运营的方方面面，从宏观的行业风险、法务风险、资金流动性风险，到微观的平台信用风险、金融产品设计风险、技术风险、违约风险，每一个风险都是致命的，同时这些风险之间都存在关联性。没有一个完善的风控体系，在市场转弱时，P2P 平台会面临一轮洗牌，并可能造成行业风险。

　　由于中国征信体系不健全的客观原因，试图完全搬用美国的 FICO 信用打分体系来消除违约风险只能说是在商业上对普通投资者的忽悠，也是不可能在中国生存的商业模式。国内企业财务报表不完整、财务信息质量不高，P2P 网贷平台必须有线下尽调团队才能有效规避风险。同时，担保行业鱼龙混杂，自身规范性差，仅仅有担保公司担保不能消除甚至也不能规避风险，加强对担保公司的审核不可忽略。此外，国内 P2P 平台运营历史短，大数据基本还没有什么帮助，当前 P2P 网贷更需要的是小数据、微数据，即针对借贷者资质的深度调查和分析。

　　P2P 网贷平台在 2013 年发展迅猛，不论是新建平台数目还是平台交易成交量都前所未有，是 2012 年的 4～5 倍。据网贷之家的统计数据，这些平台网页的浏览数目前已超过 30 万次/天，是年初的 10 倍。然而，任何熟悉中国金融发展史的人都知道，金融创新在最初没有政府监管下总是容易出乱子，20世纪 90 年代商品期货交易所的发展就是一个极好的例子。事实上，2013 年以来，倒闭、跑路的 P2P 平台有近百家，特别是国内业者相互抄袭、模式同质化的情况也为 P2P 网贷平台带来隐忧。

　　风控是任何金融活动的关键。华尔街常说，赚钱的最佳方法之一是不亏

钱。如何控制风险是所有 P2P 网贷平台发展的核心问题之一，也是投资者审视一个平台的基本条件。可以肯定地说，P2P 平台存活的根本在于风控的好坏。笔者认为，对 P2P 网贷平台来说，风险存在于公司运营的方方面面，从宏观的行业风险、法务风险、资金流动性风险，到微观的平台信用风险、金融产品设计风险、技术风险、违约风险，每一个风险都是致命的。这些风险之间都存在关联性。一些风险容易规避，如法务风险，只要诚实做事，不碰触法律红线，就没有问题；再如金融产品设计风险，如期限错配，也可以通过对金融产品的了解来避免。但另外一些风险，诸如流动性风险、违约风险等则较难规避。因此在谈论风控时，不能不分彼此地一窝蜂。

采用一定方法，P2P 网贷平台可以在一定程度上规避风险。欧美的主要 P2P 网贷平台仍在良好运作，即便在市场上信用等级最低、违约风险最高的借款者服务群体中，这些平台仍然保持稳定增长。这说明，风险不是不可控，关键是采用什么方法。

然而，对待风控，流行着不同的说法，不可控制论与完全控制论都存在。不可控论者认为，P2P 网贷平台不具有银行所拥有的特许经营权，因此融资成本高，风险不可控。完全控制论者提出，运用一定方法，譬如运用美国的 FICO 信用打分体系，能够消除风险———对不了解美国信用体系的人来说，这个说法好像很诱人，但事实上，任何金融风控措施都只是在规避风险，风险可控但无法消除。同时，由于中国征信体系不健全的客观原因，完全搬用美国的 FICO 体系根本不可能解决中国 P2P 网贷平台的风险问题。否则，金融界的"no risk，no return（没有风险就没有回报）"就是一句空话。

具体看下 FICO，这是网贷平台鼻祖之一的美国 Lending Club 运用的信用分数体系，也是当下国内业界部分人士在风控上选用的标准。但事实上，与美国非常不同，中国的个人、企业征信体系不完善。在美国，个人信用记录，包括对任何一个银行卡，以及车贷、房贷上的还款情况都会及时体现并且反映在信用分数上；甚至就连是否及时交纳房租的信息也会在打分卡中显示。公司在雇用一名员工前调查其个人信用记录是人力招聘中的常见程序。而在中国，信用体系的建立尚在初级阶段。征信系统还局限在银行体系内，各银行也缺乏及时主动向上级央行征信系统提交个人违约行为的动力；征信内容覆盖非常有限。此外，个人、企业征信体系也不公开，目前央行征信体系仅覆盖不到 2.8 亿人。与此相比，根据《美联储通讯》，在 2003 年美国个人征信已经覆盖了 66% 的人口。因此，在国内，个人信用记录并不全，也不准确，更没有形成市场化体系。在国内宣称完全运用 FICO、通过对数据的处理来消除违约风险，只能说是在商业上对普通投资者的忽悠。完全搬用 Lending Club 的商业风控方法是对中国实情的不了解，也是不可能在中国生存的商业模式。

此外，Lending Club 主要是针对个人借贷者的融资平台，而在国内，不少 P2P 网贷也在为中小微企业融资。FICO 是对个人信用的打分体系，并不涉及企业信用评估。事实上，即使是依据 FICO 来选择借款者，违约风险也依然存在，没有被消除——截至 2013 年 11 月，Lending Club 的坏账率仍有 1.9%。

因此，P2P 平台的风险控制必须在 FICO 上有所拓宽，利用西方的量化经验，再结合中国本土实际。举例说明，在西方，对企业的信用评级主要是基于资产、债务等财务信息，不论是大名鼎鼎的 KMV 的 EDF 模型，还是彭博的 DRSK 模型都是围绕企业资产价值、偿还债务能力来计算违约风险。但在国内这基本不可能，甚至有人认为，国内企业账面的好坏与企业违约可能成反比，账面越好，企业违约越有可能。这种言论当然有些过激，但国内财务信息的质量不高也是实情，完全运用海外量化模型是无法得到理想的风控结果的。再比如，中央财经大学中国银行业研究中心《2013 中国小微金融发展报告》显示，62% 的小微企业无任何形式的借款，而在剩余的 38% 中，超过 80% 的企业在最近一年中只有一两次借款经历。换算下来，约 92% 的小微企业最近一年内没有或仅有一两次借款的经历。但显然，这一数据低估了小微企业的真实借贷状况。据阿里巴巴平台调研，89% 的企业客户需要融资，87% 的融资额度在 200 万以下。如果以 92% 的小微企业一年内没有或者仅有一两次借款来做量化模型基础将严重高估企业还款能力，低估企业违约风险。

小微企业经营模式差异大，变数多，财务报表不完整是商业银行不能对其信用做可靠评估，以致无法开展有效批量服务的原因之一。因此，对小微企业的尽职调查一定不可能仅在线上完成。拥有一个独立的线下尽调团队是防范风险的必要前提。以 P2P 平台积木盒子的经验为例，其线下的专业团队在对企业的现场调查中发现很多问题，小到实际经营地址与营业执照地址不符；公司办公、经营环境、员工人数与实际调查人数不符，比如，企业标榜的年收入有上千万的贸易，但上门调查时发现，企业办公地只有 10 多平方米的一小间办公室，员工仅有一两名，且无库存情况；大到企业伪造银行流水，有意篡改合同和相关单据日期；实际纳税凭证、纳税申报表与纳税系统信息不符等，这些情况都有存在，而且常见。这些造假从线上的文件中根本看不出来，只有在实际考察中才能发现问题。因此 P2P 网贷平台必须有线下尽调团队才能有效规避风险。

此外，担保公司的可靠性需要审核。有些 P2P 平台完全依赖担保公司的担保，然而，国内商业性担保公司担保混乱的问题也普遍存在。担保行业鱼龙混杂，自身规范性差，比如温州民间借贷危机也与担保公司存在千丝万缕的联系；2011 年 4～9 月，一批涉足民间借贷的担保公司倒闭就是一个例子。在金融危机时，国内银行对担保公司的资质要求显著增加，但随着资金流通性的改善，口径又有放松。因此，仅仅有担保公司担保不能消除甚至也不能规避风险。投资者不能认为有担保公司担保就一定能收回本息。加强对担保公司的审核不可忽略。

目前，大数据对大多数 P2P 平台还没有什么帮助。大数据是这两年的热门话题。大数据的基本点是海量数据信息及信息的不对称。在对消费者消费模式理解和企业决策分析上，大数据的确有很多运用，但在 P2P 网贷行业中，大多数 P2P 平台运营历史短，目前数据量还远远不够。如果上述的个人、小微企业的数据还不透明、错误百出，那么利用对数据的开发而控制风险的言论就是空中楼阁。事实上，当前 P2P 网贷更需要的是小数据、微数据，是针对借贷者资质的深度调查和分析。

在当前，中国不少 P2P 网贷平台还主要处在一个简单金融产品设计、靠天吃饭的状态。在经济环境良好的情况下，企业违约低，P2P 网贷发展迅速，面临的挑战压力相对较小。可是一旦宏观经济转弱，在企业间相互投资、借贷下，极容易产生系统风险。

没有一个完善的风控体系，在市场转弱时，P2P 平台会面临一轮洗牌，并可能造成行业风险。特别是，P2P 网贷搭建投资交易平台后，借款者还款风险是由投资者直接承担的。但在这种直融模式中，国内绝大多数个人投资者对收益率过度强调，而风险意识淡漠。因此，P2P 网贷平台对上线项目的筛选非常重要，平台实际上在起着项目信用评估和项目风险管理的职责，因而又面临信誉风险。加强对风险的认识，建立数据库，强化数据的深度挖掘，在对违约风险量化建模的基础上，实行线上与线下相结合，设置多重控制措施，如平台风险准备金、借款者互保金等是 P2P 网贷平台控制风险的基本要求。

三 比特币的前世今生

无须与残忍的埃克特·巴尔博萨或约翰·西尔弗对决，亦无须直面飞翔的荷兰人、加勒比海的骇浪及亡灵的恐惧，只需撑起自己伊斯帕尼奥拉号的双桅横帆，循着"中本聪"所制的藏宝图，巨大财富便滔滔而来……比特币制造者及其追随者们为外界所描绘的这一美景，听上去相当美妙。

现实也确似所言。这一由神秘化名基于密码学匿名现金系统"制造"的电子虚拟货币，在各方的合力助推下，诞生 5 年，交易价格从 2010 年 6 月 1 日比特币兑 0.008 美元，2011 年 1 月突破 1 美元，到 2013 年 11 月 29 日最高触及 1242 美元，"价格直逼黄金"——当天现货黄金价格最高 1254 美元/盎司。其间，因拥有比特币而暴富、身家骤增千万美元的故事，屡有浮现。一个互联网虚拟世界的虚拟货币，展示着比金银岛上巨大宝藏还要致命的诱惑，吸引更多人加入这场挖矿热潮。

暴富梦想外，在不少业界人士眼里，比特币亦是互联网时代一个高效现金系统萌芽与成长的美好未来。美联储主席伯南克认为："这些创新或能孕育一个更快速、安全、高效的支付系统。"

尽管在另一些人眼里，比特币可能是又一个庞氏骗局。

2013 年 12 月，以中国央行要求各金融机构"防范比特币风险""不得为比特币交易网站提供支付与清算服务"为标志，比特币正式被纳入中国金融监管的范畴，亦因此引发公众更大的关注。"比起影子银行，比特币看上去是一种更难控制的金融交易方式"，清华大学－卡内基全球政策中心驻会研究员陈懋修博士（Matt Ferchen）评价说。

12 月 26 日，印度全国最大的比特币网站 buysellbitco. in 宣布，接受当局警示，暂停运营。住在美国加利福尼亚州的比特币持有者杰夫·霍夫曼（Geoff Hoffman）预测，在政府、银行与虚拟货币间，将有一场长期推挽，"政府能做的，最多是使比特币的流通变得非常困难，我不认为政府能阻止其发展"。

什么是比特币

比特币（BitCoin）是一种 P2P 形式的数字代码。比特币不依靠特定货币机构发行，它依据特定算法，通过大量的计算产生，比特币经济使用整个 P2P 网络中众多节点构成的分布式数据库来确认并记录所有的交易行为。P2P 的去中心化特性与算法本身可以确保无法通过大量制造比特币来人为操控币值。比特币是由一名刻意隐藏自己真实身份的化名为中本聪（Satoshi Nakamoto）的神秘人士于 2009 年 1 月设计的一种数字货币。中本聪鼓吹比特币能够让用户在一个去中心化的、点对点的网络中完成支付，不需要一个中央清算中心或者金融机构对交易进行清算。用户只需要互联网连接及比特币软件就可以向另外一个公开的账户或地址进行支付操作。

对普通人来说，抛开复杂的技术细节，理解比特币的运行理念并不难，而比特币设计者的初衷，也是创造一种结构简单，同时运行安全可靠的货币系统，因为，现实中的金融危机已经让人们为世界现行货币体系弊端担心，比如，货币增发导致的通货膨胀、各种复杂金融产品背后不可持续的崩溃风险等。想象一下，比特币电子钱包就相当于你口袋里的钱包，电子钱包里的比特币地址（一串数字）就相当于钱包里的银行卡，那么比特币呢，就相当于银行卡账户上的数字金额。现实生活中，刷卡消费就是通过银行进行交易支付结算，相当于在账本中修改你的账户，而在比特币系统里，账本是公开的，谁都可以成为银行。简单地说，所谓的比特币网络系统，就是利用计算机技术和加密技术建立的一个在网络中公开透明，同时又难以出现错误和弄虚作假的账本，所有的交易都通过在这个账本上记账来完成。而这个账本，不由某一个人或机构控制，而是每一个用户都可以拥有整个账本，并且能够竞争成为新账单的审核者，以及新账本的装订者，而且，一旦你击败其他竞争者，把收集到的新账单审核并装订成一个新账本、加入公开的大账本上，就能够得到系统的奖励。这种奖励也是比特币发行的方式，系统自动调节难度，使每装订一个账本都需要大约 10 分钟时间，10 分钟里唯一的成功者可以获得系统提供的 50 个比特币，奖励每 4 年减半，因此，目前装订成功一个新账本，奖励是 25 个比特币。系统设定总共产生 2100 万个比特币，到 2140 年全部发放完毕。这种设计使整个货币系统可以自动运转起来，如果你要支付给别人比特币，只要通过电脑或手机上的电子钱包程序，将这笔交易的账单提交到网络系统上，说明要支付给另一个比特币地址多少比特币，然后，网络上随时都会有人来收集账单并对照大账本进行审核，一旦审核成功、账单被装订成册，便不可更改，交易即生效。装订新账本除了可以获得系统奖励之外，验证他人账单也有手续费收入，因此，虽然系统发放比特币的数量在递减并最终结束，但装订新账本的动力仍在，而且，未来如果比特币成为被广泛使用的数字货币，手续费收入也将十分诱人，这保证了整个货币系统可以一直运转下去。需要指出的是，装订账本并不容易，它不但是收集、验证账单的过程，也是反复解密的过程，需要计算机付出极大的计算能力，解密运算速度越快，就越有胜出的可能。另外，用户们不断提升的计算能力也使比特币系统更加安全，因为攻击者没有一个银行金库可以去抢，要操控比特币，需要使自己的计算能力至少达到整个比特币网络的 51%，目前比特币网络全部计算能力相当于全球排名前 500 的超级计算机运算能力之和的数倍，可见，夺取比特币控制权的难度之大。这套系统原则简单，但细节十分复杂，在各个环节都不乏独到的设计，各种加密算法的应用也很出类拔萃，早期的比特币粉丝，很多是被其系统开放、民主、平等的思想原则，缜密的逻辑设计，以及精彩的加密算法所吸引，从而成了比特币持有者。在比特币业内，常用黄金来类比比特币，将反复运算、装订新账本获得比特币奖励的行为称为"挖矿"，早期参与者多将"挖矿"当作一种游戏，获得的比特币很多却无从使用，甚至出现过有人用 1 万个比特币换了一个比萨的事情，也有人将存有成千上万枚比特币的硬盘遗失。目前，系统一共发放了约 1200 万个比特币，以每个 5000 元人民币计算，总价 600 多亿元人民币。当然，在彻底成为被广泛认可和使用的数字货币之前，比特币系统都只是一个实验，存在失败的可能，比如，未来出现一种更加先进、高效、安全的数字货币，将比特币淘汰出局。

诺贝尔经济学奖得主弗里德曼曾设想，用计算机技术来建立比国家信用更可靠的货币体系，但在技术实现上存在很大的难题。20 世纪 80 年代，一群天才程序员在密码学邮件组不断探讨这一难题，陆续取得了一些思路和成功，在这些成果的基础之上，2008 年，一个叫中本聪的人发表了《比特币：一种点对点的现金支付系统》一文。2009 年 1 月 3 日，比特币网络诞生，一直发展至今。和目前的货币系统不同，比特币是一种去中心化的货币，也就是说，它没有中央银行来发行货币，也不需要其他银行或金融机构来协助完成支付交易，而在比特币网络里，这一切是通过网络中的各个用户自己完成的。

有趣的是，2010 年年末，创始人中本聪完全在网络消失，令比特币系统真正去中心化，此后比特币系统自行运转，平日由一个志愿者团队负责维护。

全世界比特币持有者最多的机构是谁？在这个地球上，持有单个最大金额比特币钱包的是哪一个庄家呢？往往很多人都想不到这个答案，竟是美国联邦调查局（FBI）。据报道，2013 年 9 月 FBI 关闭了 Silk Road 在线毒品市场，随后就开始获得属于该市场运营者 Dread Pirate Roberts 的比特币。目前 FBI 大约掌握着 144000 个比特币，都存在一个比特币钱包上，以目前的汇率来看，约合 3.46 亿元人民币，当然，这点钱对 FBI 来说真不算啥。另外还有消息显示 FBI 拥有另外一个比特币钱包，但只存了 30000 个比特币。

那么，这个世界上持有比特币最多的个人是谁？这一殊荣属于比特币的发明人中本聪。据估计，中本聪大约已经在这种虚拟货币诞生之初挖出了 100 万个比特币，但将这些虚拟货币分配到很多钱包中，多数钱包只有 50 个比特币。事实上，多数资深比特币投资者都采取了类似的方式，以免账号被盗。据估计，比特币社区过去一年大幅扩容，但真正持有至少 1 个比特币的人并不多，大约不到 25 万人——目前约有 24.6377 万个比特币钱包至少拥有 1 个比特币，一年前的这一数字为 15.9916 万个。

金本位的互联网试验

在 2013 年凤凰财经论坛上，监管层领导、银监会创新部主任王岩岫认为，互联网虽然有很多创新，但不见得称为币的就是币，比特币（见图 11－1）的特征不具有钱币的特征。传统银行也不会被互联网现有的支付手段颠覆。

图 11 - 1　比特币

注：图片来源于新浪。

诞生于国际金融危机后的比特币，是技术人员对货币的一种乌托邦实现。作为一个投资品，比特币让早期的投资者赚得盆满钵满，让如今的投资者一次次过山车，小小的风吹草动都让比特币交易风声鹤唳，像中国央行的"封杀"更是让比特币雪上加霜。不过，作为一个新鲜事物，各国对比特币的态度并不一致。这次扮演急先锋的是德国，2013 年 6 月底德国议会决定持有比特币一年以上将予以免税后，比特币被德国财政部认定为"记账单位"，这意味着比特币在德国已被视为合法货币，并且可以用来交税和从事贸易活动。在澳大利亚，多个商家表示愿意接受比特币支付，甚至一家众筹网站也接受比特币筹款。澳大利亚国立大学词典研究中心近日发表声明说，它们从一系列候选词汇中选择了"比特币"作为 2013 年澳大利亚年度词汇。在中国，也有一家餐馆宣布接受比特币支付，不过因为比特币汇率的波动性，真正用比特币支付的顾客还是少数。实际上，价格过于波动，使比特币在世界范围内无法做到自由流通兑换。货币是一种支付手段，如果无法进行流通，那么它就不能成为真正意义上的货币。即便如此，作为一次货币试验，比特币还是有很大意义的。自从 20 世纪

电商时代①

70年代布雷顿森林体系崩溃以来，金本位已经被现代经济学家和银行家扔进了垃圾堆，通过超发货币、通货膨胀刺激经济成为各国间开展的竞争，尤其是美国通过超发美元这种国际货币，享受了中国等发展中国家低廉的商品和服务。

2008年国际金融危机的爆发让人们看到了滥发货币造成的危害，一直有人提到重回金本位，但这并非国际主流声音，人们意识到重回金本位是不现实的。作为一个模仿系统，计算机技术专家们设计的比特币系统跟金本位其实有很多相似的地方。地球上的黄金储藏量是一定的，比特币总量也是一定的；黄金的开采取决于技术的发展和各大金矿的产量，各国政府和央行鲜有控制能力，比特币的挖掘也是依靠高性能计算机的计算能力，没有谁能控制其生产，而且挖掘难度越来越大，这跟现实中黄金的生产模式一致。

比特币和黄金一样，通过总量控制及分布式挖掘，杜绝了滥发货币的可能性。作为一种电子货币，比特币还有比黄金更多的优点。黄金的携带、兑换麻烦，流通中的损耗也不可避免，比特币完全不存在这些问题。一些人担心比特币会否成为地下经济和洗钱的工具，这个担心也是多余的。所有比特币交易的公开记录会持续更新，并且得到"挖矿人"的不断验证，后者会搜集新的交易记录，集合成块，并将之加在"总账"的最后。交易账目的公开形式让每一个货币单位都能够被追踪出持有者的历史记录。跟黄金一样的缺点是，比特币也无法跟上整个世界财富增加的节奏，而且比特币更容易被人为囤积，这就会造成通货紧缩，货币的总量赶不上实体经济的总量。

从目前来看，比特币暂时取代不了现实中有国家信用背景的货币，也很难成为一种流通世界的货币，但作为一个货币试验来说，却打开了人们的思路，货币是不是一定要被各国央行牢牢控制，是不是一定要靠滥发货币获得世界经济的虚假繁荣，弱势群体怎样应对通货膨胀下自己财富的缩水？比特币为什么没有做到振臂一呼，应者云集？这恐怕还是跟整个世界经济形势有关。

比特币诞生于2008年国际金融危机后，当时美国通过放出天量货币，客观上加重了世界的通货膨胀；但如今的世界形势是，整个世界处于通缩的通道，美国已经在2013年第四季度逐步退出QE，2013年11月，美国CPI环比零增长，10月环比下降了0.1%；黄金价格也从最高的每盎司1800美元，跌了近1/3，并有专家预测，未来黄金已经是下行通道。通缩状况下，试图解决通货膨胀的比特币自然用处不大，诺贝尔经济学奖获得者克鲁格曼认为，比特币是历史的倒退，这种关于货币的试验也并非什么新鲜玩意儿。

未来比特币会不会在波动中一直升值下去？这个问题很难回答，有可能因为比特币越传越广，玩家的增多让总量有限的比特币越来越贵。但在整个人类历史中，从来不存在只升不降的东西。

16世纪，郁金香从土耳其传入欧洲，这种稀有的观赏花卉很快成为人们狂热追捧的对象，郁金香脱离了观赏的特性而变成一种投资品，其价格也变成天价，一株郁金香甚至能购买一栋别墅，但这个市场泡沫很快崩溃，投机者纷纷破产。20世纪90年代日本房地产泡沫，以及2007年中国股市的大崩溃，都是典型案例，在泡沫破灭前，没有人认为自己会接最后一棒，当泡沫破灭时，几乎没有人能逃离。

从原理上看，无中心生产、分布式货币的比特币很符合互联网精神，崇尚自由平等开放，反对独裁和控制。比特币也是技术专家尝试通过技术改变世界经济和金融规则的产物，姑且不论各国政府的支持或反对态度不一，比特币想进入普通百姓的日常生活，现在看来，还有很长的路要走。

中国央行全面加强监管

2013年12月5日，中国央行联合多部门发布《关于防范比特币风险的通知》，要求各金融机构和支付机构不得以比特币为产品或服务定价。16日，央行约谈了包括支付宝、财付通等10余家第三方支付公司相关负责人，明确要求不能给比特币及其衍生币交易网站提供支付与清算业务。18日，总部位于上海的比特币中国在其新浪微博上称，由于众所周知的原因，比特币中国不得不暂时停止人民币充值功能，比特币充值、比特币提现和人民币提现不受影响。该公司还表示，会尽快提供其他充值途径。同日，另一家比特币交易平台OKCoin也公告称，根据央行要求，关闭第三方充值通道，所有提现不受影响。目前正与监管部门沟通，有结果后会及时通知大家。中国比特币网则表示，为了实际执行国家文件，各在线充值平台暂时停止服务，所以充值系统将转换到个人汇款充值模式，但提现不会受到影响。在央行出手后，比特币中国交易平台上流通的比特币价格大幅度跳水，3 日跌幅超过 50%。数据显示，截至 19 日中午 13 点，比特币价格为 2900 元，此前曾最低跌至 2000 元，而在 12 月 1 日，比特币中国平台上的交易价格一度高达 7300 元。而 18 日下午 4 点半左右，央行网站突然打不开，央行微博也出现大量水军评论，疑似被黑客攻击。有传闻称，央行微博评论冲入大量比特币水军，估计与近日央行监管比特币造成其市场大跌有关。

连番打击下，国内比特币投资者的投资热情也受到了影响。18 日 17 点，比特币中国官方微博公布："因平台提现笔数骤增，客服人员正在加紧处理，请耐心等待。"此外，国内比特币的交易成本正在逐步上升。比特币中国和 OKCoin 两大交易平台在 12 月 16 日相继暂停"零手续费"业务办理，转而对交易收取一定手续费。对此变化，两家交易平台的官方解释均称，零手续费优惠催生了大量投机者进入比特币市场热炒，收取手续费，是为了让投机成本变高，让比特币回归理性。据比特币业内人士指出，近期有国内的交易平台将提现的费率提升了几倍，由原来的 0.2% ~ 0.3% 提升至 1%。

在互联网金融专家陈宇看来，央行针对比特币的监管组合拳明确到位，釜底抽薪，一针见血。他认为，当前的比特币很难定义为虚拟货币，只能算是投机品，脱离了货币的核心定义。而第三方支付的关闭并不会让比特币退出中国市场，只是会极大地增加比特币的交易难度，同时也降低了比特币的交易活跃度，从而失去赚钱效应，使民众兴趣下降。

目前比特币交易网站的充值渠道为第三方支付、网银充值、银行汇款三大类方式，提现方式主要为第三方支付和银行卡提现。现在砍掉第三方支付方面的服务，目前的充值和提现渠道，仅剩下银行渠道。不过银行又处于国家严格的监管之下，想通过银行充值和提现难度非常大。失去了第三方支付的支持，国内对比特币的投机炒作终将落幕。

"我们现在既可以通过公司的银行账户转账也可以通过个人的银行账户转账，但是我们推荐，也是绝大部分投资者都选择的是公司账户汇款。选择个人银行账户的用户非常少，大约只占所有汇款金额的 2%。"火币网联合创始人之一杜钧表示，由于银行汇款需要后台人工处理，效率比较低，第三方支付关掉之后它们的客服团队已经从 20 人增加到了 30 多人。BTCtrade 创始人张寿松也表示，现在采用的是向公司银行账户打款的方式充值。"因为我们在用第三方支付前也一直是用银行转账汇款，所以有一些经验，现在等于是把这个方式重新捡起来，还算适应。"他说。除了银行划款外，一些交易平台也在寻求绕过银行，实现线下的现金交易。"前两天有个投资者经朋友介绍拎着一袋现金来我们办公室，要买比特币，我们也震惊了。"一家比特币交易平台负责人表示，虽然他们暂时还未决定是否要大规模接受比特币现金交易，但已经有投资者希望通过这种方式能够买入比特币。"收到现金也不敢存银行，怕以后万一政策有变化，把银行账户封掉就惨了。所以我们要配备点钞机，还要去买个保险柜放现金，刚刚签约了一名保安，近期就要上岗了。"上述比特币交易平台负责人表示，如果以后大规模接受这样的交易方式，小额的购买可能就不会在其服务范围之内了。

个人中介"撮合"这样的对策虽然听上去有点荒谬，却是许多交易平台在当前窘境下的无奈之举。与此同时，在资金进入公开交易平台的成本和风险都有所提高的情况下，不少圈内名声较好且掌握丰富信息的个人，开始琢磨自己做交易中介。这样做并不违背央行《关于防范比特币风险的通知》（下称《通知》）中所说"普通民众在自担风险的前提下，拥有参与相关交易的自由"的规定。不过，问津者虽多，上船者却甚少。从央行禁止第三方和比特币交易平台合作后十多天里，前来咨询的人很多，大部分投资者都还抱着观望的态度，等待政策的进一步明朗。实际上，在央行禁止第三方支付和比特币交易平台合作之前，就已经存在不少"场外交易"，即用现金购买，这样的交易通常发生在熟识的朋友圈里，有时候微信就是他们的交流平台。

针对比特币未来将退出中国的说法，比特国际中文网有关负责人认为，比特币如果可以以美元进行交易，就意味着可以兑换成为各国货币，只是未来可能会少一些投机的人，多一些真正了解比特币的人。

实名制注册推行

在央行 2013 年 12 月 5 日发放《通知》及 12 月 15 日召集十余家第三方支付公司开会之后，不论是比特币的线下还是线上市场，投资者的交易热情都明显冷却了很多。由于实行免交易费，火币网目前的交易量已经超过了比特币中国，成为全国最大的比特币交易平台。目前该网站的交易量大约为每天 4 万～5 万个比特币，在此之前，交易量为 10 万个左右，而没有实行免费交易的OKcoin，交易量仅为几千个。值得注意的是，火币网、OKcoin 都于 12 月 25 日晚开始实名制注册，在此之前，比特币中国和 BTCtrade 也实行了实名制注册，绝大部分用户也表示配合。"12 月 25 日晚上线后，短短一天内，完成认证的用户已经占总用户数量的 30%，目前，这一数字还在继续增长。"杜钧表示，完成认证用户数量较高的原因主要有两个。"首先，没有认证的用户虽然仍可以交易，但是无法提现；第二，目前的认证方式比较简单，只需要填写身份证号码，但是未来会接入身份证号码验证系统等。"他说。

业内人士指出，实名制有益于营造一个良好的交易环境，而目前比特币行业最渴望的是能有一个健康、有效的交易规则，特别是在断掉第三方支付通道后建立新的交易方式，因为从某种程度上来说，通过公司汇款也只是一个权宜之计。

多国警示风险

值得注意的是，除了中国央行加大力度"抵制"比特币外，美国、韩国、印度尼西亚等国家也开始公开表示要警惕比特币风险。美国财政部反洗钱部门在 2013 年 12 月 18 日也警告称，比特币相关业务必须遵守联邦法律，相关企业行为将作为货币转移业务受到监管。政府还要求相关企业进行注册，提交更多关于商业模式的信息。美国财政部金融犯罪执法网络（FinCEN）发言人Steve Hudak 在接受境外媒体采访时表示，FinCEN 已经向十多家企业发出"行业信函"，要求它们在进行比特币业务时遵守联邦的反洗钱法律，并到 FinCEN注册。美联储主席伯南克曾致函美国参议院称，比特币及其他虚拟货币"可能拥有长远的未来"，但他指出，虚拟货币会带来与"执法和监管"有关的风险，并表示美央行无意对此进行规范管理。

比特币基金会（Bitcoin Foundation）执行董事 Jon Matonis 表示，这些信函已经对经营比特币业务的企业起到了一定的威慑作用，信函警告称，如果违反法律将受到民事和刑事制裁。一家在美国犹他州经营比特币相关业务的公司在收到信件后就暂时停止了公司的运营。FinCEN 在信中还要求各企业提交更多关于自己商业模式的信息，并提醒称法律上存在"灰色地带"，所以它们"最好小心行事"，遵守 FinCEN 的规则。

印度尼西亚中央银行宣布，目前在印度尼西亚还不适宜采用比特币，因为这种用户自制的加密电子货币，至今还没有在印度尼西亚央行正式登记。印度尼西亚央行总裁阿古斯玛多瓦多约表示，央行特别设立小组调查比特币在印度尼西亚的交易情形，发现有两家设在爪哇岛以外地区的企业出售比特币，这违反了印度尼西亚规范流通货币的法令。

与此同时，挪威政府宣布，政府将会把比特币交易所得纳入监管范围，并将对通过比特币交易获得的利润征收资本利得税。挪威税务局局长霍尔特表示，比特币不属于正常定义的货币，将按照25%的企业税率征收资本利得税。

此前，韩国方面也已表示拒绝承认比特币及其他形式虚拟货币作为合法货币形式的地位。韩国金融管理机构日前表示，由于比特币等虚拟货币缺乏稳定性，因此并不具备"固定价值"。而且，比特币缺少可供衡量的金融结构和指标数据。

德国是比特币合法化比较前沿的国家之一。目前德国财政部对比特币的身份定义是：一种"记账单位"，既不是电子货币，又不是外币，而是近似于"私有货币"，可以被用于"多边结算圈"。但是德国财政部对比特币也有明确的限制：作为私人用途的比特币免税，用于商业用途的比特币则要交税。举例来说，如果某人在一年之内通过买卖比特币获利，则要缴纳25%的资本利得税，如果持有比特币一年以后再交易，则被视作私人用途，不用交税。而企业如果想要在交易中使用比特币，必须得到德国金融监管机构的许可。这意味着，比特币在被承认作为一种"记账工具"的同时，也被纳入了德国金融体系的监管中。事实上德国、比利时这种对比特币持开放态度的国家也面临金融安全的压力。就在几天前，德国警方抓获了两名利用非法手段谋取了价值100万美元比特币的犯罪嫌疑人。德国当局透露，这两名犯罪嫌疑人利用一款恶意软件，通过远程控制他人电脑的方式挖取比特币。而这已经不是首起通过非法途径赚取比特币的案件了。总而言之，比特币在德国能否成为真正的支付手段还有待商榷，因为目前这样基于匿名的商业模式还将持续很长时间。

THE ERA OF
E-COMMERCE

第 四 篇

大变革

第十二章　电子商务破解二元经济

"在异乡打工奔波，不如回村干淘宝"——这已经成为越来越多农民的共识。

2013年12月27日，在浙江丽水召开的首届"淘宝村高峰论坛"上公布的数据显示，2013年全国20个淘宝村、总计1.5万家淘宝网店实现6万人直接就业，浙江省义乌市江东街道电子商务协会会长刘文高表示，青岩刘村2000多家网店2013年销售总额已经突破20亿元。农村新经济浪潮正在通过淘宝展示其蓬勃发展的力量。

本届论坛是由阿里研究中心、淘宝网主办，浙江丽水市政府承办的。来自全国各省（自治区、直辖市）的"淘宝村村长"首次相约在浙江丽水，与政府、平台、学者共同探讨淘宝村发展、城乡一体化、农村电子商务升级等，他们代表的村落同时被授予首批"中国淘宝村"的称号。论坛上阿里研究中心发布了《淘宝村研究微报告2.0》。报告指出，淘宝村正在成为改变中国农村未来的新兴力量。截至2013年年底，国内已经发现的淘宝村数量增加到20个（2013年年中统计数量为14个），涵盖网店1.5万个，带来直接就业6万人，并且带来了物流快递、包装等服务业的大量间接就业。

此外，淘宝村的出现，对农村社会结构改善与城镇化的推动同样值得关注。淘宝村不仅吸引了一度外出打工的返乡创业和就近就业，带动当地经济和社会的发展，农村"空巢"现象而带来的老人赡养、儿童教育等问题也在淘宝村得到改善，"网店在一定程度上推动了乡土社会的重构"，阿里研究中心表示。

根据阿里研究中心的定义，"淘宝村"指的是网商数量达到当地家庭户数的10%以上，且电子商务交易规模达到1000万元以上。这些农村网商以淘宝为主要交易平台，形成规模效应和协同效应。从全球范围来看，中国淘宝村是独一无二的经济现象。

截至2013年12月，全国已发现各种类型的淘宝村20个，遍及河北、山东、江苏、江西、浙江、福建、广东7个省份，涉及产品包括家居、服装、箱包、农产品、小商品、户外用品等多个品类。全国20个淘宝村网店约为1.5万家，20个淘宝村带来直接就业为6万人，较2012年同比增长50%。其中浙江省义乌市江东街道青岩刘村2000多家网店2013年销售总额已经突破20亿元。

阿里研究中心认为，淘宝村之所以形成，主要源于以下几个原因。

互联网和电子商务开始加速向农村渗透。根据CNNIC统计，截至2013年6月底，我国网民规模达到5.91亿，较2012年年底增加2656万人，新增网民中农村网民占54.4%。我国农村网民规模达到1.65亿，占网民总体的比例为27.9%，比2012年增加约908万人。

以淘宝网为代表的第三方电子商务平台，为农民提供了低成本的网络创业途径。据阿里研究中心统计，截至2013年11月30日，淘宝网（含天猫）上正常经营的注册地在农村（含县）的网店为203.9万家，比2012年年底增长了24.9%，其中注册地在村镇级的为105万家，比2012年年底增长76.3%，净增了46万家农村网店，规模日益庞大的农村网商群体，是淘宝村形成的基础（见图12－1）。

此外，中国农村以"熟人社会"为特征的社会属性、农村基础设施持续改善以及农村电子商务带头人的存在，也是淘宝村形成的重要原因。

报告认为，与农村电子商务的其他模式对比，淘宝村模式更具有可复制性，对资源优势的依赖性更低。已发现的淘宝村中，45%是在没有相关产业基础的情况下从无到有成长起来的。对我国缺少资源优势的广大农村来说，淘宝村的可复制性具有重大意义。

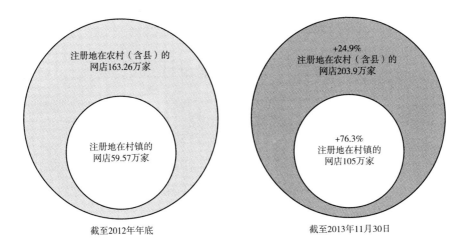

图 12 - 1　农村电商发展情况

　注：图片和数据来源于阿里研究中心。

　　淘宝村作为一种新兴的电子商务生态现象，在飞速发展的同时，也不可避免地遇到了一些困扰和问题，主要包括同质化竞争、人才缺乏、空间束缚和缺少组织等。部分发展程度较高的淘宝村，已经开始从完全草根式成长的"淘宝村 1.0 阶段"，进入"淘宝村 2.0 阶段"，集约化、品牌化、生态化、扩散化是其主要特征。

一　众多淘宝村纷纷建协会

　　在淘宝村 2.0 阶段，个体网商开始向企业网商转变，生产方式也从小作坊为主向以工厂为主过渡。在这个阶段，本地网商组成的协会、联盟等组织在协调和组织方面开始发挥实质性作用，网商抱团成长，淘宝村的发展有了相对清晰的规划。例如，江苏沙集镇东风村的孙寒、王跃等七股东成立了沙集网商中第一家股份制公司，7 家网商根据各自在生产、营销等方面的优势进行分工合作，实现了联合做大做强；山东曹县大集乡、广东揭阳军埔村、浙江松阳县大东坝镇等地都成立了电子商务协会。

二　淘宝村网商进军设计师品牌

随着淘宝村网商的整体经营水平和品牌意识不断提升，品牌化逐渐成为淘宝村2.0的重要特征。目前，在各个淘宝村中，发展最好的网商基本都注册了品牌和商标，并在网络上建立了一定的品牌知名度。如山东湾头村的网商贾培晓，把自己的产品定义为草柳编行业里的"中高端产品"，在2009年为自己的草柳编商品注册了"目暖"商标。现在，公司团队中有专门的设计师，负责设计产品、美化图片，客单价平均达到了300元以上，超出同类店铺2倍以上。

三　淘宝村推动第三方服务业业绩狂飙

生态化也是淘宝村2.0阶段的重要特征。在淘宝村升级转型的道路上，第三方电子商务服务商将成为影响淘宝村发展水平的关键要素。

淘宝村产业形成之后，服务业随之兴起，包括包装、配件、物流快递、代运营、培训等，形成由电子商务驱动的地方特色产业的新生态，带来了大量就业机会，进而形成良性循环的商业生态。物流快递、营销推广、培训、代运营等服务商的出现，不仅有效地提升了网商的工作效率、运营能力，也让整个淘宝村的产业链更加完整，增强了淘宝村网商的集体竞争力。例如，在江苏沙集镇东风村，当地的快递企业从无到有，截至2013年年底已经增加到37家，当地的德邦物流网点月均快递收入约100万元，全年可达1000万元以上，业绩已经成为德邦物流全华东区的第一名。

浙江义乌的青岩刘村创造了"网货超市"经营模式：他们库存了几千种货品实物，又将这些货品做好图片和文案。创业者入驻淘宝村后，可以直接把商品数据包传到自己的网店上，接到订单再来超市集中提货，解决了积压货品、占用资金的难题。

从注册网店到进货、发货，包括经验传授、网店美工，都可以在村里一站式完成。同时，该村引进文印店、广告公司、包装箱以及胶带供应商等电子商务的相关行业和餐饮行业，20多家快递公司进驻，淘宝创业者不出村就能满足工作生活的一切需求。

四　淘宝村上扩到淘宝县　产业集群效应明显

扩散化则体现了淘宝村的辐射效应。单个淘宝村成长起来之后，会带动周边乡村的电子商务创业，使淘宝村从"村"向"镇"扩散和蔓延，从而具有产业集群的雏形。例如，江苏沙集镇东风村带动了整个沙集镇发展家具网销产业，成为睢宁县的一个电子商务集聚区，甚至带动周边不远的江苏宿迁市耿车镇也诞生了一个新的"淘宝村"。类似的现象在浙江义乌青岩刘村、山东博兴县湾头村、山东曹县大集乡等地也开始出现。从镇再往上延伸，则有向"淘宝县"层次发展的可能，在江苏沭阳、浙江义乌、河北清河，淘宝村向县城渗透的趋势十分明显。阿里研究中心预计，未来几年内，随着电子商务对中国农村地区的影响日益加深，淘宝村的数量将会加速增长，其经营产品的种类也会更加丰富，从家居用品、服装、小商品拓展到更多的品类（见表12-1）。

表12-1　截至2013年12月全国已发现的淘宝村

淘宝村名称	主营产品
江苏省睢宁县沙集镇东风村	板材家具
江苏省宿迁市耿车镇大众村	板材家具
江苏省沭阳县颜集镇	花木
河北省清河县杨二庄镇东高庄村	羊绒羊毛制品
河北省保定市白沟新城	箱包
浙江省义乌江东街道青岩刘村	小商品
浙江省临安市昌化镇白牛村	坚果炒货
浙江省临安市清凉峰镇新都村	坚果炒货
浙江省缙云县壶镇镇北山村	户外用品
浙江省松阳县大东坝镇西山村	简易家具

续表

淘宝村名称	主营产品
福建省龙岩市小池镇培斜村	竹席、东饰、饰品
福建省安溪县尚卿乡灶美村	藤铁工艺品
山东省博兴县锦秋街道湾头村	草柳编家居用品
山东省博兴县博兴镇顾家村	老粗布
山东省曹县大集乡丁楼村	演出服饰
山东省曹县大集乡张庄村	演出服饰
江西省分宜县双林镇	服装、土特产
广东省揭阳市锡场镇军埔村	食品、服装
广东省广州市番禺区南村镇里仁洞村	服装
浙江省温州市永嘉县桥下镇西岙村	玩具

注：资料来源于阿里研究中心。

-------------------- | 八方说词 | --------------------

微观点：淘宝村去哪儿？留村还是进城

阿里研究中心　张瑞东

从 2010 年发现第一批淘宝村，到 2013 年 12 月在浙江丽水召开的首届淘宝村论坛上，阿里研究中心宣布，在全国范围内已经发现了 20 个淘宝村。淘宝村借着电子商务高速发展的东风，已呈星火燎原之势，迅速燃遍大江南北，改变着广大农村、农民的经济地位和精神面貌。

目前发现的这 20 个淘宝村，因所处地域、产品特性、起步时间的不同，经历了不同的发展和蜕变过程，也处在不同的发展阶段。有的已经相对成熟，完成了产品升级、品牌建设，甚至组织创新；而有的则刚刚起步，还处在村民不断涌入、变身卖家的阶段。

"随着淘宝村不断成长，网商们留村还是进城？"是整个论坛期间讨论较多的一个话题。根据同淘宝村代表的交流以及近些年的调研，我们发现淘宝村的"进城"大致有如下规律：生产型的淘宝村，网商们更多地会留村发展，村庄会朝着小城镇的方向演进；贸易型的淘宝村，网商们更容易离村进城，淘宝村更多地承担着孵化器的职责；网商的生产配送团队会依然留村发展，继续解决村民的就业；网商的客服运营团队则更可能进城上楼，创新出网络化组织。

（1）生产型的淘宝村中，一类是生产和销售工业产品的淘宝村，如江苏睢宁东风村，主营各式家具，在经历了 2008 年以来的高速发展之后，网商们也经历了产品升级、品牌建设的阵痛，进入了 2.0 的发展时期。据东风村代表孙寒介绍，前两年有几位网商也曾搬到镇上，但后来离不开厂子还是又搬回了村里。

还有一类是生产和销售手工艺产品的淘宝村，如山东博兴湾头村，发展草柳编的加工和销售。湾头村代表安保忠认为，湾头村的网商不可能进城，因为编工都是各家的中老年妇女，她们是不可能进城的。同样主营手工老粗布的博兴顾家村，因为粗布织机的笨重，也是不可能进城上楼，而城镇中工业化的机器会完全抹杀掉手工产品的特性。

浙江临安白牛村是为数不多的专营农产品的淘宝村，全村以售卖山核桃和坚果为主，在淘宝上占有极高的份额。白牛村代表鱼冰这样讲，鱼儿离不开水，农产品也自然离不开乡村，与农产品相关的淘宝村，更是会立根在乡村。

而今在东风村，我们看到，随着电子商务的发展，电商服务业和配套产业已形成，小村庄开始接纳越来越多的外乡人就业，进而也带动了其他服务业的发展，小城镇的雏形已然形成；同样在湾头村，我们看到村里已经拥有了各色商店，宾馆、加油站、银行、电信营业厅也是样样俱全，村民的生活更加便利并与时代接轨。

（2）贸易型的淘宝村，以浙江义乌的青岩刘村为代表，它是最早发现的淘宝村之一，因毗邻义乌小商品批发市场，成了外来创业青年的集聚地。随着城市扩张，村民们失地上楼，青岩刘村已经成为城市的一部分。据青岩刘村代表刘文高介绍，目前村里的网商，当销售额做到 1000 万元时，基本就会飞走，村里已经没法给他们提供更大的运营或仓储空间，他们会搬到城里或村外更宽广的地方去。如今村里的定位就是做好网商的孵化器，网商们不断长大飞走，新的创业者又会不断地加入，青岩刘村永远保持着年轻和活力。

浙江缙云北山村也是贸易型的代表，在淘宝销售的每 4 件户外用品中，就有 1 件出自北山村。在北山村，我们发现许多做淘宝的村民，家里已经是 3 代同堂，在狭小的起居环境里，还要做客服运营，甚至作为仓库，很多村民已经有了搬到镇里的打算。北山村电商的带头人吕振鸿，最初也是蜗居在村中，完成了最初的发展和积累。他们 2013 年搬到了镇上的产业园区，获得了更大的发展空间，交易额也上了一个新的台阶，达到了 5000 万元的规模。

（3）除了空间束缚外，人才缺乏也是这些淘宝村离村进城的主要原因。生产型的淘宝村受限生产，尽管不可能离村进城，但是当"招人难"越来越成为其发展的瓶颈时，一些网商会将团队拆分，生产配送的团队依然留村发展，客服运营的团队则选择进城上楼。如在河北白沟，由于招人困难，至少有30 家较大的网商，已经在保定市设置了客服运营团队。河北清河东高庄村有的网商甚至把运营团队设在了石家庄或者杭州。这些网商们充分践行了信息时代的组织创新，形成了新型网络化组织结构。

"淘宝村去哪儿"还将是个长久的话题，随着新的淘宝村的不断涌现和长大，相信它们会给出更多的选择和更精彩的答案。

第十三章　电商跨境贸易的突破

一　阿里打响国际业务战

阿里正在酝酿组建国际 B2C 事业部。据了解，这一事业部将整合阿里巴巴 B2B 公司的全球速卖通业务、天猫国际和淘宝网的国际业务，目前正在组建团队。这或许意味着，阿里的国际业务战线不久即将全面铺开。

阿里集团旗下的阿里巴巴 B2B 公司最早就是从外贸业务起家的，但服务对象都是国内外的企业客户，并且仅限于外贸信息展示，不涉及交易。2010年 4 月，阿里巴巴 B2B 上线了面向海外商家的"全球速卖通"（AliExpress）平台，向后者提供小额的快速批发服务。全球速卖通通过支付宝国际账户进行担保交易并用国际快递发货，因此被卖家称为"国际版淘宝"。可见，阿里集团此前的国际业务主要都集中在 B2B 领域。在 B2C 的国际布局上，阿里主要的动作就是 2013 年 7 月曝光的天猫国际（http：//www. tmall. hk/）。天猫国际只面向海外买家，提供海外直购服务。根据官网介绍，天猫国际平台上销售的商品 100％ 是海外原装正品，并且卖家 100％ 为海外商家。但天猫国际曝光后，阿里方面一直对这一业务的具体进展讳莫如深。

在国内，阿里的淘宝网和天猫分别在 C2C 和 B2C 市场占据明显优势，因此阿里有相对宽裕的空间布局国际业务。2013 年开始，阿里也被曝光了多笔国际投资交易，典型的包括领投美国电商配送服务公司 ShopRunner，以及投资美国体育用品电商 Fanatics。除了天猫国际外，阿里集团正在酝酿将全球速卖通、天猫国际和淘宝网的国际业务整合起来，成立一个国际 B2C 事业部。顾名思义，这一事业部将统筹阿里内部所有的 B2C 国际业务。淘宝网的国际业务有可能是指淘宝网在中国香港、中国台湾和东南亚地区的业务。据透露，阿里国际 B2C 事业部独立于阿里其余的 25 个事业部，阿里内部还未正式公布这一通知。

二 官方试水跨境电商平台

"跨境通"自贸区试点

一直处于灰色地带的"海淘"网购模式终于得到了市场的承认。在自贸区的政策扶植下，2013 年 12 月 29 日，国内首个"官方"跨境电商平台——上海自贸区跨境电子商务试点平台"跨境通"正式启动，消费者通过"跨境通"网站订购的进口商品，不仅配送速度更快，价格也比传统零售渠道低两成至三成。

跨境通是东方电子支付有限公司旗下一家经营海淘的进口平台，是目前上海唯一的国家跨境贸易电子交易试点。境外商家可在跨境通官网上发布信息，消费者可以在页面上看到商品价格、进口税等详细资料后下单购物。在通过海关总署验收正式上线之前，跨境通已经进行了两个半月的试运行。在业内人士看来，跨境通的上线有望将正规"海淘"购物带入国内，让海量身为海淘商家的杂牌军身份被扶正。

此前数年中，海淘一直因流程不够透明、产品质量及售后服务得不到保障而受到诟病。中国电子商务研究中心发布的《2012 年度中国电子商务市场数据监测报告》显示，2012 年中国海外代购市场交易规模达 483 亿元，较上年上涨 82.2%，2013 年海外代购的交易规模达 767 亿元，成为电商行业中的

"蓝海"。以跨境通为代表的"海淘"平台在进口关税方面有不小的优惠。如在传统零售企业中，化妆品以企业一般货物的形式进口的税率为150%，但跨境通可以以50%的个人物品申报税款，这让以跨境通为代表的海淘商品价格普遍低于传统零售商的20%～30%。

随着跨境电商的发展，国家政策法规也在紧随市场的脚步，对之进行规范与引导。2013年8月29日，国务院办公厅转发商务部等部门《关于实施支持跨境电子商务零售出口有关政策的意见》（以下简称《意见》），明确提出要支持跨境电商的发展，并力图解决电子商务出口在海关、检验检疫、税务和收付汇等方面的问题。业界普遍认为，《意见》将进一步推动跨境电商健康有序发展。而此次自贸区对跨境通网站的支持，进一步证明了跨境电商正逐步走向合法化、规范化的道路。

不过，登录跨境通后发现，该网站的建设不尽完善。网站分为自贸、直售以及中免专区，自贸专区内的商品为第三方购物网站销售。但自贸专区内部分第三方网购平台尚不支持支付宝、财付通、快钱等第三方支付平台支付，仅支持网银和自有支付品牌"东方支付"。

以往，海淘的主要市场集中在淘宝小卖家身上，但由于缺乏相关政策的指导，交易过程中出现大量偷漏税等不规范经营行为，跨境通借助上海金融优势和地理优势，可以将交易规范化、合法化，这对其他跨境电商平台的建立有积极的带动作用。但由于国际物流成本较高，跨境电商在与国外物流对接时，或许会遇到成本方面的压力。

"跨境通"的支付结算解密

上海自贸区启动中国首个跨境贸易电子商务试点平台，普通消费者可通过跨境通网站订购进口食品、化妆品等，平台网站上都是人民币标价，商户可以按照T＋1的实时汇率转换成商户期望的相应外币，根据商户的结算要求，直接付汇到商户的境外账户。目前，跨境通平台支付结算的第三方机构仅为东方支付，据知情人士透露，接下来应该还会有其他第三方支付机构与跨境通合作。

据悉，跨境贸易电子商务服务试点是国家发改委联合八部委组织开展的国家电子商务示范城市专项工作，也是上海自贸区 2013 年重点建设的任务之一。跨境贸易电子商务服务试点平台是面向跨境电子商务企业的开放性平台，包含导购门户网站、报关报检、跨境外汇支付等系统，目前均已完成建设。同时，位于自贸区（机场综合保税区）内约 5000 平方米的跨境电子商务物流中心已投入运行，其规划面积约 15 万平方米。

跨境通执行副总裁颜静在接受媒体采访时曾表示，传统进口贸易的环节加价要远高于关税成本，普通消费者通过"跨境通"网站"海淘"，虽然要支付关税，却是明明白白的合法消费，相关进口商品价格也仍然具有竞争力。目前，经测算，同样的国际品牌商品，在跨境通网站上的价格要比国内实体零售店优惠约三成。早前，有业界人士表示，目前跨境通网站上的商品品类太少，需要找到更多的商家合作，丰富其线上产品。东方支付相关人士则表示，目前产品的确还不算很多，但这是暂时的，之后产品将会不断补充上架。在中国电子商务研究中心分析师莫岱青看来，由于跨境通实行全程的电子化管理体系，其购物渠道都比较规范和透明，这样一来容易对从事海外代购的一批商户形成冲击。此外，也有业界人士认为，跨境贸易电子商务试点平台的启动最终或使消费回流。奢侈品专家、财富品质研究院院长周婷认为，跨境贸易电子商务服务试点平台几方面的作用非常明显。比如，相关部门在用另外一种方式让整个高端消费品的消费能有所下降，即通过口岸型的试验让关税能够从另一角度降下来；再如，国有企业将更多地参与到奢侈品的流通中。

东方支付董事长刘亚东 2013 年 12 月 28 日在自贸区跨境电商试点平台启动仪式上表示，试点平台系统建设主要包括跨境通平台和跨境通贸易电子商务物流中心两个部分。其中，跨境通平台包含导购门户网站、通关系统以及配套的行邮税网上支付系统。东方支付和子公司跨境通与东方网合作，完成了导购门户网站的建设。这个由政府参与的跨境电子商务平台被认为是近年来海淘平台中的"正规军"。从外表看，"跨境通"与其他电商网站大同小异，但"跨境通"背后实现了诸多创新和突破。除了跨境通电商平台正式上线给国内消费者带来了跨境消费的便利外，其支付结算手段也与其他"非正规"的海淘网站有一些差异。

目前，和东方支付进行支付结算合作的银行有中国银行、上海银行、民生银行、中信银行这几家银行在沪的分行。其他海淘平台结算方式有多种，有的通过个人信用卡，有的直接通过 VISA、万事达等双币卡，有些通过支付宝和直接以美元为主的外币等。有些海淘平台的结算是把资金先打到国内的账户，之后再把钱汇到国外。目前，各家跨境电商平台的支付结算业务并无明显的优劣之分。不过，央行此前发布的《中国人民银行关于金融支持中国（上海）自由贸易试验区建设的意见》中指出，可通过设立本外币自由贸易账户实现分账核算管理，账户资金可自由划转等政策突破。据了解，将有 7 家银行和匹配企业试点自贸区账户（即 FTA 账户）运行，FTA 账户几乎等同离岸账户，与境内区外的其他账户之间的双向资金流动实行不同监管标准。一旦此政策落地，将会给跨境通的支付结算业务带来哪些影响？"目前，商户还没有能用到自贸区内的分离账户，当然未来有可能，境外的商户在自贸区内开设相应的账户相当于境外账户，当然会让结算更加便利。不过，这还要看具体细则，现在还未落地。"上海跨境通国际贸易有限公司（负责运营跨境通网站）某高层表示。

其实，第三方支付提供跨境支付服务的时间并不久。2013 年 9 月底，包括支付宝等17 家第三方支付公司才获得跨境电子商务外汇支付业务试点的资格。"通过试点支付机构，网上个人卖家可直接与境外买家进行交易，无须再为个人结售汇等烦琐的手续而困扰。"一位业内人士表示，第三方支付机构跨境支付业务试点的铺开，不但直接利好参与试点的支付机构，还将利好境内的电商平台和网上卖家。

另外，这也为境内消费者在网上"海淘"带来巨大便利。"原来还需要通过 VISA、万事达等双币卡才能在境外网站上消费，现在则可使用单币种的人民币卡通过试点支付机构在境外网站上消费了。"在跨境电子商务的支付业务上，几家第三方支付平台可以说是在一个起跑线上的，大家都还在摸索。不过，目前跨境通平台支付结算的第三方机构目前仅为东方支付，支付宝、银联电子支付等第三方支付龙头还未与其合作。

三　中国电商转战海外渐成趋势

中国互联网零售商的根据地 2013 年已经成为全球第一大电子商务市场。

它们下一个目标瞄准了美国及其他所有地方。

京东商城披露的数据显示，该公司的国际网站过去一年已经实现了数百万元人民币的销售额。阿里巴巴 2010 年推出的全球速卖通也在新兴市场实现了迅猛增长，仅在俄罗斯就吸引了 70 万注册用户。中国企业之所以转战海外市场，在一定程度上源于本土市场的激烈竞争。"在中国，价格是最重要的因素，根本没有多少用户忠诚度可言。"京东商城出口业务负责人刘思军说，"而在中国以外，服务则更加重要"。京东商城在海外的毛利率大约为 40% ~ 50%，远高于本土电子商务公司 15% ~ 20% 的水平。

一些有探索精神的中国人很早以前就开始通过 eBay 等平台向海外销售商品。现在，大企业也开始试水这一领域。不过，这些中国公司也承认，它们目前无法对亚马逊等美国网络零售商产生太大威胁。不过，它们还是为消费者提供了某些细分领域的购物选择。兰亭集势最初销售结婚礼服，后来又拓展到根据水温变换光照颜色的水龙头等产品。京东商城表示，中文书在海外很畅销。酸奶机和中式面条机等海外市场难得一见的电子产品也卖得很好。2013 年上半年，接发材料和假发大约占速卖通美妆和健康类产品总销量的 68%。美国买家大约占 75%。

2012 年，中国电子商务市场的规模已经与美国市场相似。根据艾瑞咨询的数据，中国市场仍在快速增长，2013 年第三季度同比增幅达到 42%，远超美国电子市场同期 13% 的增长。在中国大陆企业走向海外的过程中，由于地理位置接近且语言相通，所以中国香港和中国澳门成了它们的首选目标。唯品会就于 2013 年 12 月在香港和澳门成立了网站。一年前，海外扩张还不在唯品会董事会的考虑之列，但他们现在已经开始探索这种选择。唯品会董事、红杉资本董事总经理刘星说："电子商务是一项全球性业务，很多中国电子商务公司都有国际野心。"

当某投资基金的管理合伙人季卫东准备为他的第一个孩子在香港装修一套公寓时，他的妻子在淘宝网上购买了三盏吸顶灯。他认为，同样的灯在香港的价格要贵上 10 倍。"中国电子商务网站为中国之外的用户提供了价值。"曾经担任摩根士丹利亚洲互联网和媒体研究部门主管的季卫东说。中国政府也希望为这一新的增长领域提供支持，认为这可以帮助小型出口商寻找客户。

电商@时代①

四　电商助粤企进军国际

庞大的经济基础、高度集中的生产制造基地、丰富的外贸人才储备、超前的电子商务和创业意识以及便利的物流基础设施成就了广东省居于大中华区跨境电商零售出口产业领军者的地位。

2013年11月，国际电商eBay在一份名为《大中华地区跨境电子商务零售出口产业地图》的调研报告中，对广东地区销售商品的特点描述为"品类齐全、产业链完整"。12月25日开幕的广东电商大会上，小米创始人雷军在演讲中称，制造业企业转型电商要用互联网思维，对产品要做到专注与极致。跨境电商交易额稳居全国第一的广东，商品更是在细分产品线上优势明显，许多制造企业都深耕某一细分领域。一些产品已从"价廉物美"开始向高端产品线进军。随着政策的利好，从珠三角到粤东，越来越多的制造业企业将目光聚焦在跨境电商上。

在12月26日广东电商大会的一个跨境电商论坛上，eBay中国业务运营部总经营承丹丹称，国内跨境零售电商业务范围正在进一步拓展，已经覆盖家居和汽配类产品在内的多种新品类。她认为，物流解决方案的持续创新和大数据技术的不断应用与发展，使跨境电商不再局限于电子、时尚等传统品类。承丹丹指出，庞大的经济基础、高度集中的生产制造基地、丰富的外贸人才储备、超前的电子商务和创业意识以及便利的物流基础设施成就了广东省居于大中华区跨境电商零售出口产业领军者的地位。"品类齐全、产业链完整"是广东跨境零售电商的突出特点。遍布广东全省的各类生产基地几乎囊括了大中华区所有畅销品类的完整供应链。

不过，多位业内人士估算，虽然各种品类的商品日趋增多，但整个产业中占比最大的仍然是数码3C产品以及服装、饰品等。国内知名电商阿里巴巴自从推出跨境电商零售平台速卖通以来，在国内的跨境电商销售渠道中也占据相当重要的地位。阿里巴巴相关人士介绍，速卖通平台上跨境电商销售的产品中，体积小分量轻，可以通过航空小包邮递，速度快且运费不高的服装、3C 消费品是速卖通平台上的典型商品。毕竟跨境电商的国际物流成本因素非常重要。由于北方的外贸出口偏大宗贸易，货品体积大、分量重，不适合 B2C 的消费特点。该相关人士表示，这种情况下，速卖通的产品货源集中在长三角、珠三角的消费品产业带地区，如广州、深圳、义乌等地。eBay 则以电子类产品为例，称广东省的生产链囊括了从计算机和移动电话整机、芯片与内存等核心部件到耳机和数据线等周边产品，使广东的电子类产品销售尤为突出。eBay 统计称，2013 年以来，大中华区跨境零售出口电商总交易额最高的三大产品品类依次为电子类产品、时尚类产品、家居园艺类产品。电子类产品中，尤以电脑、手机及配件等产品总交易额最高。随着业务的不断深入发展，跨境电商深挖本地优势资源、产业特征，形成了相应的特色和品类优势。不少厂商的产品在细分市场上颇具优势，甚至能在某些领域处于行业领先的地位。

2010 年，深圳锐爱科技有限公司研发生产的无线迷你键盘正式推向市场。这家公司由庞先勇和陈俊奎两位辞职创业的工程师共同成立。产品刚推向市场时，两人尝试生产了 1000 个键盘，但应该通过什么渠道销售，两人心里并没有底。庞先勇表示，当时曾找过多个销售渠道，直到数月之后，有跨境电商主动找上了门，要求代理销售这种无线迷你键盘。庞先勇尝试着通过该电商在 eBay 和亚马逊上销售这款产品，不料销量不错。

从此，锐爱科技旗下的多款产品都开始通过跨境电商向国外销售。庞先勇展示了目前在亚马逊上热销的无线迷你键盘产品"miniV3"。这款产品仅比一般的遥控器略大，除了有英文键盘之外，同时还带有一块触摸屏，可用于操作鼠标。这样的产品特别适用于客厅的智能电视、机顶盒产品或投影仪，如果连接一般的台式电脑或笔记本电脑，则并不方便。在国内市场，这类产品的需求相对还比较小众。

在 eBay、美国亚马逊等销售平台搜索发现，类似罗技、微软等生产键盘、鼠标的国际知名品牌，在无线迷你键盘的产品线上，也有一定涉及，但品类较少，而像 Rii 这样产品线齐全、有自主技术且价格略低的国内品牌，则趁机攻占了这一市场。庞先勇介绍，目前 Rii 品牌的无线迷你键盘在美国、英国、欧洲、港台等市场均有不错的销量，特别是在意大利市场，销量位居同品类前三。

致力于打造外贸电商人脉、资源整合平台的深圳海贸会负责人刘智勇表示，这种情况并不少见，广东的生产企业，在电子产品和银饰品的某些品类上，有相当的优势。深圳正白科技有限公司也是这样一家主打细分市场的企业。公司创始人阮小虎则表示，他的公司主打产品为数码产品的充电插座和充电电源线。其中一款带有两个 USB 插孔、电流可达 2.1A 的充电插座，在美国亚马逊上售价最高时近 15 美元。"2012 年代理商卖出了超过 20 万套。"阮小虎说。

随着市场的变迁，众多生产厂商也开始调整产品线，以更好地适应市场的需求，特别是新兴市场的需求。这一趋势，在珠三角的电子 3C 类制造商中又表现得特别明显。"功能机市场全面萎缩已经是大趋势了。"沈坚群表示，2013 年以来，他已经基本放弃了功能机市场，开始全面转向智能手机市场。深圳华强北的诸多手机生产商们也纷纷转型，手机业内人士估计，2014 年功能机只能销往海外如非洲、印度等欠发达市场，美国、欧洲等成熟市场以及巴西、俄罗斯等新兴市场将是智能手机的天下。

多位业内人士均称，当前国内的生产厂商，在拥有了技术和资金之后，已经不满足于再以廉价产品赚取较低利润，而是开始涉足更高端的产品线，并尝试大力推广自己的品牌。这一现象在电子产品中特别明显。服装、饰品等产品仍然主打价廉物美的产品线，而电子产品则已经出现了一些较高端的产品，以满足高收入人群及发烧友的需要。锐爱科技的 Rii 无线键盘在大获成功之后，目前正在不断开发更高端的产品线。该公司的一款无线键盘同时还集成了电器遥控器功能，并配备了话筒可以连接电脑拨打 Skype 电话。这款无线键盘售价约 60 美元。而正白科技的创始人表示，他的公司一直就致力于生产各种高品质的电源插座、线材，此前由于一些销售平台的中国商品大多走低价路线，他的产品显得格格不入，销量不佳，一直是由海外销售商代理的。"华强北的电源插头每个出货价只要一两元，我的插座严格按照生产流程生产，光生产成本就要 6 元一个。"阮小虎说，目前，他也在寻找合适的国内电商合作伙伴，希望能更好地推广他的优质产品。

与早期四处寻找销售商的情况相比，目前产品已经基本打开销路之后，

Rii 的无线键盘、鼠标已经有了一批固定的代理商,庞先勇也开始考虑控制渠道,并采取一些措施避免渠道代理商之间的恶性竞争。与此相反,一些刚进入跨境电商的生产企业,则往往四处寻找销售代理商。业内人士说,多年来,跨境电商在国内颇为低调,业务特点使它们也不需要面向国内市场进行推广,因此与国内的生产厂商之间往往存在信息不对称的情况。

深圳海贸会便是在这种背景下应运而生的。前述多家跨境电商企业和生产商都是海贸会的会员,负责人刘智勇称,除了会员年会之外,他还每个月举行两次会员活动,让会员之间建立人脉关系。同时,平时海贸会也会前往会员公司走访,帮助不同的会员企业之间进行沟通。12 月 13 日,锐爱公司的负责人陈俊奎便是在海贸会认识了正白科技的阮小虎,陈俊奎提出,他需要一种特殊的数码线材,双方准备就此进行合作。

除了海贸会这种类似行业协会的组织外,作为跨境电商的销售平台,无论是 eBay 还是速卖通,都在采取多种方式促进销售商、生产厂商之间建立联系。阿里巴巴相关人士介绍,速卖通平台每年组织逾 50 场的商家见面会,目的也在于此。

"最近半年来,想搞跨境电商的生产商已经越来越多了。"刘智勇表示。生产厂商除了积极寻找销售渠道之外,也有越来越多的生产厂商倾向于自建销售渠道。他分析,由于 2013 年以来,多项政策都利好跨境电商,令很多企业看好跨境电商前景。此外,作为供货商,这些企业经过与销售商的多年合作,也看好海外市场,特别是新兴市场。作为广州本土跨境电商平台,环球市场集团董事总经理胡伟权介绍,该集团准备将平台上 3 万家制造业企业规模扩大至10 万家,以吸引更多的制造业企业进入跨境电商行业。

除了珠三角地区之外,位于粤东地区的揭阳等地也开始注意到跨境电商市场。据揭阳市政府相关人士介绍,揭阳普宁市目前已有广东蔡氏宏冠织造制衣有限公司、仙宜岱股份有限公司和普宁市家华电子商务有限公司等一批企业开始部署跨境电商业务并进行尝试,取得初步成效,目前跨境电子商务的物流主要采用第三方集中报关出境的形式进行。不过,相关人士表示,目前这种报关方式对跨境电商所要求的快速物流反应有一定的影响,他们仍在盼望更有利的政策支持。

| 八方说词 |

中国电商巨头已到海外扩张的时候了

Travelzoo 亚太区 CEO　叶天成

《i 黑马》　2013 年 10 月 23 日

中国电商巨头阿里巴巴没想到，在新加坡和马来西亚有一大批淘宝的忠实粉丝，分别有 20 万用户以上，这是一些热衷网购且能使用中文的华人。值得一提的是，阿里巴巴从未在该地区进行任何广告宣传，据淘宝说来自新马两国的用户 2012 年销售额比上年增长 80%，特别是面向女性消费者的服装和箱包最为畅销。新马地区的用户一般利用聊天功能，同淘宝卖家商谈配送费等，虽然有时卖家会因为麻烦拒绝送货，但很多顽强的消费者在买到看好的商品之前绝不会放弃。从这一情况可以看出，像阿里巴巴这样的中国电商巨头在东南亚等地有很大的商机。

由中国最大互联网公司腾讯开发的智能聊天工具微信同样打破了中国互联网产品走不出国门的定见。2011 年推出以来微信不断升级，已经超过了 WhatsApp、Line 所提供的功能。目前微信有了英语、俄语、泰语等 8 个语言版本。微信以强大的功能、简便的操作，借助苹果 App Store 的开放渠道，快速占领全球市场。2012 年前三季度的下载数据显示，微信在东南亚增长最快，其他国外市场如俄罗斯、沙特阿拉伯也不错。单是在 2013 年 9 月，微信在美国的新用户便增加了近 10 万人。一位在杜克大学的中国留学生表示，他们中国学生都在用微信，逐渐也影响了周围的当地朋友。而更多的海外下载用户甚至不知道微信竟然来自中国。

在中国制造已经深入全球市场的今天，中国开发的互联网工具、应用和电商服务何时也能风靡全球呢？笔者基于多年在亚太市场上运营在线旅游业务的经验和观察，坚信一点：中国电商巨头，首先是 BAT 这三家，已经到积极主动扩张海外事业的大好时机了。它们完全有条件快速成为扎根于整个亚太市场而不仅仅是中国市场的全球性电商巨头，关键是如何找准业务突破口，找到市场的最薄弱环节，果断而持续地进行全球布局。

中国互联网公司一度有过走出国门的努力，却令人感觉雷声大雨点小，仅有的几例结局也并不美妙。2007年在国内搜索市场占主导地位的百度曾宣布进军日本。但到了2012年，百度却宣布日本业务已经亏损超过1.08亿美元。迄今为止，中国互联网市场与其他国家的分离程度如此之大，以致业内人士将其称为"加拉帕戈斯综合征"（岛上物种无法在其他地方生存）。中国互联网企业似乎只适合生存和发达于国内市场，却无法适用于全球的其他用户。

笔者最近参加了几个中国业界的活动，向一些电商高管做了随机调查，发现谈到海外扩张，普遍兴致不高。人们经常谈论到如下几个海外扩张的困难：①中国国内市场的空间很大，以在线旅游为例，到2015年在线预订市场还会在2012年的基础上翻倍，开发国内市场都有点忙不过来；②担心海外市场水土不服，缺乏合适的管理团队，语言障碍等；③投资成本巨大，收效难以控制，相对来说投资回报会有所局限；④之前没有可以借鉴的成功经验；等等。

笔者以为，海外扩张面临的困难，对中国电商企业而言一定很多，但是电商巨头们应该从愿景层面上早做思考和布局，否则悔之晚矣。日本电商在海外扩张的时候也有水土不服的问题，但是日本电商企业从一开始就不满足于日本本土市场，而是打算要做具有全球影响力的大企业，并以顽强的战斗精神持续在扩张。我们来看日本的电商巨头乐天（Rakuten），其扩张步伐明显要激进大胆得多。

乐天2008年左右在海外的品牌知名度和市场占有率几乎为零。但是这家公司过去五六年来一直试图通过合作、投资、收购等多种方式渗透亚太市场，目前基本上完成了亚太地区的布局。乐天在很多地区市场发展得并不顺利，比如在中国和百度的合作就不成功，最终无疾而终。进入中国台湾时也是和统一集团建立合资企业（乐天占51%，统一占49%）。由于日本企业凡事都照搬日本模式，连网站设计都是日本风格的，在台湾市场上的起步不被看好。但从2008年开始，乐天通过不断积累经验和改进，积小胜为大胜，如今已经在中国台湾颇为本土化。

乐天的海外扩张还有一个重要细节：说英文，其6000雇员中只有400位为非日本籍。但是乐天CEO三木谷浩史坚持要求日本员工学习英文，并在工作中尽量使用英文。他表示计划把业务扩展至27个国家和地区。估计最快到

2020 年，乐天来自海外的销售额将占总销售额的 70%。日本也是靠制造业立国的，电商服务并不是其长项，在海外扩张中也会遭遇种种困难和挫折，但是乐天仍然在坚持不懈地努力着。

我相信中国的电商巨头很有条件成为全球性企业，其成功条件并不亚于日本和美国对手。从哪里开始呢？一步跨进欧美、日本这样的成熟市场也许并不明智。笔者的建议是，从亚洲起步，从在线旅游业这种非实物交易的电商领域寻求突破。为什么是亚洲？全球电商市场最活跃、最有发展前景的一块就是亚洲。为什么是在线旅游业？暂且抛开物流、服务等复杂的、受国境限制的实物交易，在线旅游业这样非实物、轻资产形态的电商领域，由于近年巨大的市场潜力，正是中国电商巨头施展国际化的理想空间。

亚洲人均收入快速提升，互联网渗透率却相对较低（27.5%，相比欧洲为63.2%，美国为 78.6%），这使亚太地区的在线旅游市场具有很大的吸引力和想象空间。2012 年亚洲在线旅游销售额为 680 亿美元，占整体旅游销售市场的 23%。印度、中国和东南亚 30 亿人口中发展出来的庞大的年轻中产阶层，现在正在开始他们的第一次出境旅游体验。白领阶层的旅游消费升级，也就是说从低频次的观光式旅游上升到高频次的休闲度假旅游，在中国也刚开始露出苗头。

好消息是目前全球最大 OTA 的 Expedia 和 Priceline 在亚太旅游市场的渗透率只有区区 4%，也就是说海外旅游巨头在这个前景看好的市场并没有占据明显优势。但是据报道它们扩张的步伐正在加快，策略是和当地领先企业进行战略合作。Expedia 和 Air Asia 建立了合资企业，从而使 Expedia 在新加坡、泰国、菲律宾、中国香港、日本等地均具备了本地化服务的能力。近年来一跃成为全球市值最大的在线旅游平台 Priceline，先后通过收购酒店预订网站 Agoda、booking. com 进入亚洲市场。而更需要强调的是，Priceline 由于采取了更积极的全球攻势而得到投资者的看好，它如今的市值达到了惊人的 530 亿美元，Expedia 的 65 亿美元和携程的 72 亿美元加在一起也只是 Priceline 的 1/4。

相对来说，中国从 BAT 这样的电商巨头到如携程、艺龙这样的 OTA，更有机会将服务能力覆盖到亚太地区。中国不断壮大的富裕人群出境游，已经在亚洲各大主要城市和景点形成了蔚为壮观的人流。中国电商企业在涉及平台服务、支付、聊天工具，从网站到移动的服务已经形成完整的体系，将业务扩张到亚太其他地区已经是势所必然，需要的是走到线下，在各个核心国家和地区建立分部，负责当地的商务开发和运营。在这方面可以找到泛亚洲的平台，进行战略合作。

覆盖亚洲，是制胜全球的关键一步。在目前低网络渗透率的前提下，亚洲电商用户已经占全球用户的一半以上。笔者判断，亚太市场上，中国三电商巨头将会进行一场激烈的交锋和决战。谁最有机会赢，中国！中国电商巨头的谦让和迟缓已经给美国和日本同行创造了机会。是到了进攻的时候了，中国电商巨头应及早走出国门。

深愿中国制造之后，下一波风行全球的是中国电商服务。

第十四章　政策：为电商保驾护航

一　2014：电子商务立法元年

任何一部法律的制定和出台，背后都有着不同利益之间的角力和博弈，电商立法同样不可避免。

中国电子商务发展十多年来，很长一段时间，这种角力和博弈并不明显，至少还没有深入影响整个经济生活的秩序，所以，电商立法一直以来，讨论多，但真正进入立法程序的并不多，即使有些涉及电子商务的法律出台，但由于缺少落地的配套法规和制度，也不过是给予了一份法律上的名誉和地位而已，对现实生活的影响仍然有限。然而，2013 年，中国电子商务的蓬勃发展彻底改变了这一情况。中国 10 亿手机用户，6 亿互联网用户，2013 全年社会消费品零售总额预计将达 23.8 万亿元，如果以电商占比 10% 来计算，电商交易额就有 2 万多亿元，相比 2012 年的 1.3 万亿元又有大幅增长。

伴随电商对传统零售产业的冲击，以及传统零售产业向 O2O 模式的转型，电商交易有望在 2014 年再攀高峰，同时，交易的复杂性以及互联网技术对整个实体经济领域的重构，极大地改变着人们的日常生活及商业交往习惯，电子商务已经成为社会经济生活无法剥离的细胞。在这种情况下，利益的博弈及博弈的激烈程度也倏然上升。2013 年两会，电商纳税成为热门话题，同时，有效规范电商的假货问题、偷漏税问题，异地经营导致的监管不力问题也浮出水面。同时，技术变革带来的商业模式的嬗变，也使电商知识产权问题日益突出。

长期在守法环境下成长的传统企业要保护自己的利益，创新者也要保护自己的利益，来自不同层面的利益冲突，让电商法律的缺位开始显示出前所未有的尴尬。同时，利益的角力和博弈的激烈程度，也让人们，尤其是监管者更能看清楚哪种利益更代表未来的发展趋势。客观地说，立法虽然会受到利益主体的影响，但从一个良性社会发展来考虑，立法的角力和博弈，恰恰让法律有了它的适时性和适度性。

哪些利益需要在哪些时候给予保护，这样才能更有助于社会的有序性；哪些行为需要在哪些时候得到规范，这时候才不至于影响行业的创新和生长的动力；一项权力，需要保护的度在哪里才不至于威胁到整个产业链或生态圈的发展，所有这些涉及时空交织的线条，都需要人们的辩论、讨论乃至争议，最后让一部法律最大限度地发挥它的效率。

国内知名电子商务法律专家张延来表示，"电商规范不适合规定过高的门槛。反之，应该通过规范鼓励广大电商去实现网上交易"。中国人民银行前副行长吴晓灵更是提出对互联网金融要适度监管的理念，这似乎暗示着当前电商立法需要考虑的问题更加全面，需要更具全局性和前瞻性。

网络欺诈、电商价格战、虚假促销、售后服务不当、个人信息被泄露，电子商务引发的合同问题、知识产权问题、信息安全问题、纳税问题，以及围绕互联网支付、理财发展越来越热的互联网金融问题，伴随中国网购市场的高速发展，正变得越来越突出。

在此背景之下，2013 年 12 月 27 日，全国人民代表大会财经委召开电子商务法起草组成立暨第一次全体会议，首次划定中国电子商务立法的"时间表"，即从起草组成立至 2014 年 12 月，进行专题调研和课题研究并完成研究报告，形成立法大纲。2015 年 1 月至 2016 年 6 月，开展并完成法律草案起草。此举标志着中国电子商务法立法工作正式启动，同时也意味着 2014 年成为中国电子商务立法"元年"，这一年也被人们寄予期望，这种期望绝不是解决哪个具体问题，而是一个新的体系和秩序的建立。本书同时结合中国电子商务发展的未来趋势，提出中国电商立法的九大空白地带。

电子商务税收立法

急迫性等级：★★★★☆

影响范围：具有广泛性和普遍性，几乎涉及所有网络经营主体，而对征税对象、税率等以及何时开征问题，更具有极大的关注度，它同时也是所有电商立法中关注度最高的问题。

艾瑞咨询的统计数据显示，2012 年中国电子商务市场上的网络购物交易额达到 1.3 万亿元。其中，又以 C2C 为运营模式的淘宝网的交易额最占优势，保守估计为 8000 亿元，假设以 3% 税率征税，仅增值税额就将达到 240 亿元。

现状问题及立法需求：2013 年两会期间，苏宁董事长张近东、步步高董事长王填提出的对电商征税的提案、呼吁，将电商是否应该纳税的问题推向舆论的风口浪尖。随后，美国国会参议院通过的《2013 市场公平法案》要求企业通过互联网、邮寄产品目录、电台和电视销售商品时，必须向购买者所在地政府缴纳销售税，这反过来也让国内看到了对电商征税的可行性。中国电商交易发展迅猛，近十年来中国电子商务零售交易年均增速高于 40%。2012 年我国电商交易额突破 8 万亿元，同比增长 31.7%。同时，据统计，我国电子商务年交易量的 90% 是以 C2C 的形式从事 B2C 的交易，大量交易游离于现有的法律监管之外。2013 年两会分组讨论期间，有来自安徽的从事实体零售的全国人民代表大会代表就表示，"一些线下经营的实体通过将交易转移到线上，或者虚假分配计算线上线下的交易金额，从而达到偷逃税款的目的"。

2013 年 4 月 1 日，国家税务总局实行《网络发票管理办法》（国家税务总局令第 30 号）为电商征税提供了法律技术上的支持。随后，财政部等 13 个部门联合发布《关于进一步促进电子商务健康快速发展有关工作的通知》（发改办高技〔2013〕894 号），明确将继续加强电子商务企业的税收管理制度研究。虽然我国尚未建立专门的电子商务税收法律制度，有关征税的对象、税率等问题也未明确，但相关部门早在 10 年之前就已经开始对电商征税进行调研。

全国律协财税法专业委员会副主任、北京华税律师事务所主任合伙人刘天永指出："电子商务交易隐蔽性、交易地点不确定性以及交易对象复杂性，导致电子商务税收征管模式、手段和流程面临很大挑战，比如传统税收征管是建立在对凭证、账册和报表审查的基础上。电子商务在互联网环境下，进行产品订购、支付甚至数字化产品的交付，记录交易流程的订单、合同、作为销售凭证的各种票据都以电子形式存在。电子凭证可被不留痕迹地修改，导致传统的税收审计失去基础。"刘天永表示："从各国对电商征税的发展来看，各国普遍明确在不征收新税的前提下对本国的电子商务进行税收控制，这同样适合中国的情况，即为促进电子商务的发展，应对电商征税采取税收中性原则，禁止开征新税和附加税。"在立法层面上，刘天永认为，我国可以将电子商务征税纳入现行税收征管体系，比如同样享受对小微企业的减免税优惠，同时对发展初期的电商实行减免税的优惠政策。

电子认证及电子签名的配套立法

急迫性等级：★★★★★

影响范围：由于该法对电子商务能否有效运转拥有否决权，所以它在所有立法中是最为急迫也最为重要的。

工业和信息化部信息安全协调司赵泽良提供的数据显示："数字证书的数量在2012年大概是8000多万张，2013年就已经达2.6亿张的规模，发展速度相当之快。"中国电子信息产业发布研究院的张春生副院长提供的数据显示："2005年国家颁布《电子签名法》和《电子认证服务管理办法》，此后电子认证进入快速发展阶段。2012年，我国的电子产业认证服务达到了31.3亿元，产业规模是2008年的3倍多，电子认证在网上银行、网上交易日益广泛应用，在确保网络身份支持系统方面越来越突出。"

现状问题及立法需求：区别于电子商务税收立法需要一部更高层面的大法进行支撑，我国电子认证的立法已经初现雏形，至少上位法的支持力度已经很大，它更需要的是一些落地的法律法规的支撑。

正如国家信息中心电子司法鉴定中心的张羽指出的，"目前从法律角度来考虑，整个电子签名在应对各种矛盾纠纷时，签名的法律效力证据能力的实现当中存在很多的障碍，在司法使用中也经常受到质疑"。"2005 年 4 月 1 日，《电子签名法》正式生效，第一次提到了电子证据的概念，但是电子证据这个概念在当时的诉讼法和证据法当中，并不是一个法定的证据类型，也就是说你把电子数据的相关信息作为证据信息提交到法庭，肯定是不会被采信的。"体现在司法现状上，由于《电子签名法》上位法的支持，电子签名的法律效力的地位是毋庸置疑的，但是在实际使用时，法院的采信和支持率都不是很高。

2013 年 1 月 1 日，我国正式实施的新的《刑事诉讼法》和《民事诉讼法》，首次将电子证据纳入法定证据种类，使电子证据的法律地位首次得到明确。但是即便如此，电子签名法律地位落地的渠道仍有待进一步顺畅，包括后续法规和标准的跟进并不到位。值得注意的是，电子证据种类形式包括很多种，包括文本、图片、音频或视频文件及网络、数据库中的电子信息等。同时，移动互联网的发展，云计算和大数据的应用，正在打破原有的网络边界，让原本边界责任清晰的工作模式和理念发生颠覆性的变化，这也直接影响立法及司法的实践，司法鉴定及认证的难度越发困难，这也使后续更加落地的法规和标准显得极为必要。

虚拟财产保护立法

急迫性等级：★★★☆☆

影响范围：同样具有高度普遍性。伴随国内 C2C 网店的发展，网络店铺的信誉越来越成为一项重要的无形资产，加上网游的发展，虚拟游戏装备、网游账号等虚拟财产量值越来越高。当这些无形资产或虚拟财产的所有人遇到自然生命结束、离婚、合伙解散甚至侵权等情况时，这些财产的保护和处置就成为一个热门话题。

现状问题及立法需求：2013 年淘宝网推出网店"过户"引发普遍关注，因为它开始着手解决电子商务时代公民虚拟财产的保护问题，从而为这一领域的立法探索踏出了有益的一步，填补了法律局限性和滞后性，值得肯定。但同时，也暗示了我国在这一领域的法律缺位。

现实的情况是，随着 O2O 模式的发展，很多电子商务企业都在向社会化企业转型，同时，大量实体店铺向线上平移，网店虚拟财产的保护越来越成为经济社会发展不可回避的问题。

浙江天册律师事务所姚小娟律师就指出，"淘宝网店集虚拟财产和物质财产于一身。一方面，网店所积聚的高信用、高好评率对投资者来说具有很高的价值；另一方面，网店虽然是虚拟的，但其出售的货物是实物，具有切切实实的价值，这与其他虚拟财产如游戏账号、游戏装备等具有明显的区别。因此，网店所积聚的无形资产和有形资产，具有经济价值"。

目前，我国并未将虚拟财产纳入公民财产的保护范围，但在司法实践中，对虚拟游戏装备、网游账号等虚拟财产的保护已经屡见不鲜。下一步，在中国电商大法的立法中，是否会确认网店的财产属性，值得关注和期待。

电子商务知识产权立法

急迫性等级：★ ★ ★ ☆ ☆

影响范围：在电商纠纷和侵权行为中，电商知识产权的问题最为突出，这也意味着，电商知识产权立法的缺位同样存在广泛而深远的影响。

2013 年年初，中国电子商务研究中心发布了国内首份电商法律报告——《2011—2012 年度中国电子商务法律报告》，在电商企业对电子商务法律类别需求调研中，七成以上的企业表示，对网络不正当竞争和垄断、知识产权问题高度敏感。

现状问题及立法需求：电子商务知识产权主要包括网络作品以及计算机软件等数字化作品的著作权人、表演者、录音录像制作者的著作人身权与著作财产权。

中国电子商务研究中心特约研究员、国内知名电子商务法律专家张延来指出，"实践中电商面临的纠纷，很多涉及的是知识产权、侵犯商标权、销售假货、随意使用其他商家的展示图片等问题。另外，因为网络上价格比较透明，一些商家通过发软文等诋毁竞争对手的现象大量存在，涉及不正当竞争问题"。

不仅如此，伴随移动互联以及 4G 技术的发展，我国电信运营正从话费运营向内容运营转变，国内几大电商企业也纷纷在内容领域进行布局，视频、网游、电子商务将成为未来电信运营及电信消费的主体，这也暗示知识产权产品将成为电子商务交易的主要对象。由此未来电商知识产权的保护问题重要性仍将进一步提升。中国社会科学院法学研究所研究员李顺德指出，"电子商务立法不可避免地会涉及知识产权的修改"。而更多的电子申请商标权、专利权的行为也应该受到关注。

同时，电商的知识产权问题不可避免地会与不正当竞争有关。张延来律师就表示："电商行为多种多样、十分复杂，如果要囊括到一部法律中是有相当难度的。比如，仅制定对价格战的规范，可能新的不正当竞争行为的出现取代了价格战，很难给价格战定义。所以，我们应该分析该行业的类型、本质，制定相对稳定、可以长远地规范该行业、有前瞻性的法律。"

互联网金融立法

急迫性等级：★★★☆☆

影响范围：2013 年，中国互联网金融大幕拉起，一方面，传统金融企业在切入互联网领域，另一方面，电商企业借由支付业务也在切入金融领域，互联网金融正凸显"两翼"发展的模式，并表现出突飞猛进的状态，几乎成为每个人都想咬一口的"奶酪"。

互联网金融的规模，以 P2P 网络借贷平台为例，虽然在国内仅经过短短 7 年的发展，但可统计的线上业务借款余额已超过百亿元。

现状问题及立法需求：互联网金融是指借助互联网技术、移动通信技术实现资金融通、支付和信息中介等业务的新兴金融模式，既不同于商业银行间接融资，又不同于资本市场直接融资。互联网金融包括三种基本的企业组织形式：网络小贷公司、第三方支付公司以及金融中介公司。当前商业银行普遍推广的电子银行、网上银行、手机银行等也属于此类范畴。

从全球范围看，互联网金融正出现三个重要的发展趋势：第一个趋势是移动支付替代传统支付业务，第二个趋势是人人贷替代传统存贷款业务，第三个趋势是众筹融资替代传统证券业务。由于互联网技术带来的创新模式及监管空白，一些人借机渔利，导致行业鱼龙混杂，比如不乏个别公司违规经营，大搞线下业务，违规发行理财产品，甚至触碰非法吸收公众存款、非法集资的底线，积累了不可小觑的金融风险。同时，即使经营者不存在主观恶意，互联网金融在运营和系统上也存在多重风险，比如遭遇黑客袭击、个人金融信息被盗取等。

电子商务合同立法

急迫性等级：★★★☆☆

影响范围：具有一定的普遍性，伴随电子商务合同的广泛使用，电子商务合同立法的重要性正日益提升。

现状问题及立法需求：这涉及电子合同的成立、签署和生效，电子合同的履行，电子合同的证据效力等。它与电子签名和电子认证法律有关，又与现行的合同法、证据法产生交叉，涉及很多实践层面具体问题的规定。

互联网纠纷立法

急迫性等级：★★★☆☆

影响范围：具有一定的普遍性和相关性。

现状问题及立法需求：这包括实体法方面的修改和完善，比如现有民法通则、合同法、证据法对纠纷的处理方式有了普遍性的规定，但对具体的电商纠纷，可能由于一些具体细节上的模糊，需要法律做出进一步的指引；也包括程序法方面的制定和考虑，比如在互联网上发生纠纷时管辖权方面的规定等。

网络欺诈立法

急迫性等级：★★★☆☆

影响范围：具有一定的普遍性。

现状问题及立法需求：主要体现在两个方面：一方面是商家欺诈，如虚构或提供不实的商品质量、材质描述，这需要消费者保护法对其惩罚做出有力度的规定，当前《消费者权益保护法》修改已涉及这一方面的问题。另一个方面是商家被欺诈，比如网站对这种未达成付款的欺诈威胁目前尚无保护机制。

信息安全立法

急迫性等级：★★★☆☆

影响范围：具有一定的普遍性。

现状问题及立法需求：一方面涉及电商交易信息安全，另一方面涉及国家对相关电子信息安全的立法。

二　网购后悔权将实施

2013年10月经第十二届全国人民代表大会常委会修订的新版《消费者权益保护法》（以下简称《新消法》）于2014年3月15日正式实施，其中首次对网购后悔权有了进一步规范，这让电商企业与消费者对2014年的新政策颇为期待。

退换货政策五花八门

网络购物缺乏线下实体体验，这为消费者带来了一定的购物困扰，而在获得商品之后，如何退换货维权一直是消费者最为关心的话题之一。在现有的电商售后政策中，无论大小电商网站要求都不够统一，五花八门的规定让消费者疲于应付，只能被动地听从商家安排。而在《新消法》的要求下，消费者有权自收到商品之日起7日内无理由退货，但消费者订制产品、鲜活易腐产品、数字化商品、交付的报纸期刊以及根据商品性质不宜退货的商品除外，这被业界称为"网购后悔权"。国美在线的退换货规定，包括手机、相机、大家电、食品、化妆品和奢侈品在内的20类商品均不能无理由退货。事实上，这也成为多数电商退换货规定的一个缩影。

紧急修改退换货政策

2014年已来临，不少电商企业开始针对《新消法》紧张修改退换货政策。大部分电商现行的退换货政策均与《新消法》有出入：1号店规定"同一用户一单购买两件以上同一商品时，不再享受无理由退换货"；酒仙网要求"商品退换货时要保证其外包装完整、无污染"；有的电商则规定"大家电类属于特殊商品，一经签收非质量问题概不退换货"。其中八成表示会根据《新消法》的相关规定对退换货政策做出调整。分析人士表示，《新消法》对"其他根据商品性质不宜退货的商品"并未出台明确细则，这导致企业对《新消法》的解读不一，如何在保护消费者权益的同时也能维护经营者的利益，成为《新消法》执行的难点之一。

盼新法保护双方利益

酒仙网相关负责人表示，酒类商品也在"网购后悔权"范畴内，但如果产生商品被消费者恶意调包后退回的现象，会对企业产生恶劣影响。聚美优品方面也表示，在推出"30天拆封可退货"政策后，的确出现过个别消费者将使用后的化妆品进行劣质填装退回商家的现象。有业界人士指出，尽管利用退换货政策进行过度维权的行为实属个例，但商家也应在《新消法》下保护自己的合法权利。

参与《新消法》修订的中国消费者协会律师团团长邱宝昌表示，《新消法》进一步保障了消费者的合法权益，增加了经营者的违法成本。与此同时，消费者也应谨慎使用自己手中的"后悔权"，不能滥用消费者权利而给商家带来不利影响。

三　政府的大数据试验

在上海举行的各色有关信息化的论坛上，"大数据"三字不绝于耳。而作为中国的经济中心，上海的数据资源之丰富亦让"大数据"在这座城市的应用留有更大的空间。

2013 年 7 月，上海发布《上海推进大数据研究与发展三年行动计划（2013 ~ 2015 年）》（下称《三年行动计划》）。《三年行动计划》称，上海已经积累并将继续产生庞大的数据资源，例如，上海拥有世界最大的医联数据共享系统，有 4800 万张交通卡，有亚洲第二的证券交易额等，这些数据基础使上海在城市治理中已经尝试运用大数据进行决策。例如，世博会期间通过对天气、交通等综合因素的数据分析而进行的人流预测，以及在医疗资源管理和居民健康管理方面进行的尝试。但这还只是起步。上海市科学技术情报研究所研究员缪其浩指出，对上海而言，目前大数据的推进需要的不仅仅是在技术领域的推进，"还应当全面推进各个领域数据驱动的创新，而当务之急是解决数据安全以及数据应用人才的问题"。

上海医改与大数据试验

医疗卫生是被《三年行动计划》列入公共平台建设重点选取的领域之一。《三年行动计划》称，将会针对临床质量分析、医疗资源分配、医疗辅助决策、科研数据服务、个性化健康引导的需求，建设全民医疗健康公共服务平台。根据"居民健康管理信息平台"运营方万达信息股份有限公司提供的资料显示，这一主要包含慢性病防治、老年人保健、健康教育与健康促进、建立重点管理人群/保健人群健康档案、完善一般人群健康档案等功能的平台已经覆盖上海及外省区市 7 个区县 23 个社区，并可以实现与上海医联工程对接。而通过对上述数据的分析能够实现居民的远程医疗管理服务、健康预警等功能。"这一服务能够有效促进家庭医生责任制度的推进，居民的自我健康管理意识和健康素养明显提升。"万达信息方面的负责人说。一位长期对上海医改进行研究观察的人士称，除了这样在普遍意义上的健康信息的收集和分析以达到技术在医疗诊断以及健康管理方面发挥优势以外，上海医疗卫生领域大数据推动的另外一层意义在于强大的技术支撑着上海对公立医院的管理强化。

2013 年 6 月，上海的医联网将覆盖全市所有层级的全部医院，医院的任何经营管理和诊疗业务将被纳入实时监控。上海卫生局副巡视员、医改办副主任许速介绍，上海一直没有放松卫生信息化建设，申康先从旗下 24 家医院开始，逐步把网络联到"复旦大学系"的 6 家部属三甲医院、本地的 3 家部队医院，以及上海国际妇婴医院；此后又逐步把网络扩大到 6 个区、8 个区，直至全覆盖。上海市分管副市长沈晓明在 2013 年年初获得继任后，曾提出 2013 年要着力控制自费药品和自费耗材带来的医疗费用。这部分费用因为不进入医保系统的数据网络，一度难以监管，而延伸到医院全部运作的医联网将成为政府的得力助手。让技术系统真正发挥威力的，正是"大数据"的思想，多部门联动展开对数据的收集、分析和运用。上海某三甲公立医院院长表示，人社系统开始实施医保总额预付后，医院通过网络对诊疗业务进行实时监控，不会漏过任何一张可疑的门诊处方，"现在不是以月或者周为单位来盘点警示，而是时时刻刻都不能放松"。上海市有规定，即使让病人到院外采购药品耗材，也必须经医院备案，"不纳入医院管理体系的都算违规"。在医改领域，上海的强政府特色体现在改革步骤的周密部署和环环相扣上，前述政策和技术方面的改革动作，无不为接下来的几大重点工作任务做了必要的铺垫。

"大数据"怎么推？

尽管在医疗领域的推动已经有些成效，但一些医改和数据信息领域的研究者都不约而同地指出了目前大数据推动中遇到的制度层面的阻碍。缪其浩认为，单从医疗领域来看，信息安全问题解决到什么层面，医疗领域的大数据运用才会推动到什么层面。上海另一家三甲医院的医务处人士也认为，此前酒店登记入住信息的泄露引起了社会热议，而医院的数据涉及更多患者的个人信息乃至隐私，有关部门能够实时调阅，但是对这些数据的流向和使用却缺乏监管，信息安全如何能够保证？且不谈信息的使用，政府有关部门对这些数据的征集，首先就必须经过一定的司法程序。"仅靠行政力量来征集和调阅数据不仅存在程序瑕疵，而且在产生纠纷的时候更缺乏可执行性"，因此，在缪其浩看来，在目前信息安全问题尚存在许多复杂问题的前提下，交通领域可能是未来上海大数据应用进展较快的领域。

2013 年 5 月，上海市经信委主任李耀新曾表示，上海正在研究运用大数据缓解交通拥堵问题，将通过建立一系列基于数据的交通管理系统，建立应对流量研判、道路疏导、楼宇规划、道路管制应急响应、特征车辆检索等一系列应对措施，在交通拥堵时疏导交通、提醒用户。而根据上海市科委提供的资料，上海方面进行桥梁隧道安全预警平台关键技术的研发，将使拥有多座跨（黄浦）江桥梁和隧道的上海未来可以通过整合城市桥梁隧道的海量监测数据，运用物联网和大数据智能分析等方法，研究桥梁隧道结构变化发展的规律和机理，提高桥梁隧道未来状态评估的准确度。而缪其浩认为，技术领域的研发固然重要，但就大数据在各领域的推动来看，更重要的是能够在政府及各行业间培养更多的具有"数据素养"的人才，"他们懂得自己的行业，有能力和数据分析专家对话，会提出问题、理解分析结果，对这类人才的需求可能会十倍甚至更多于对'数据科学家'的需求"。

此外，除了政府能够运用大数据进行决策以外，"混杂着部门利益"在内的政府管理数据如何沿着安全的渠道向行业和产业公开，这也是目前政府管理向社会让渡的重要渠道。

--------------------------------- | 八方说词 | ---------------------------------

电商的真正繁荣需政府发力

清华大学法学硕士、管理学博士　吴胜武

《新浪专栏·意见领袖》　2014 年 1 月 2 日

2013 年"双 11"，支付宝订单交易额超过 350 亿元，快抵得上 2012 年国内百货单体店销售额排名第一的北京新光天地 5 年的销售额了，活生生地演绎了一场全民皆疯狂的网购大战。"双 12"，264 万的淘宝卖家在这一天实现了成交，规模之大也是空前。

根据某报告统计，省时省力、比实体店更便宜、不需出门产品送到家是中国居民网购的前三个原因。过去 12 个月，北京平均网购金额达 8508 元，位列中国各地区之首，浙江年均网购金额为 7786 元，江苏为 5127 元，分列第 2

位、第 3 位，其他年平均网购金额超过 4000 元的地区还有辽宁、上海、湖南、天津和江西。由此可见，中国电子商务消费的实力和潜力不容小觑。

一边是大众不断膨胀的网购消费需求和熊熊燃烧的购物热情，一边是蓬勃发展欣欣向荣的电子商务行业和产业，从表面上看需求和供给在同步发展和跟进，但细细一分析，电子商务从面上的繁荣走向实质的繁荣仍有一段距离。目前来看，电子商务要真正发展壮大并成一定气候，仍需要政府、行业和企业的共同努力。

政府需要扶持和规范

从政府层面来讲，要做好扶持和规范两件事，一个都不能少。首先，政府需要加大对电子商务的培育和扶持。电子商务的发展现已被提到国家战略高度，但具体扶持工作的深化和落实还需要进一步跟进，尤其是 B2B 业务，它是电子商务市场的第一推动力和骨干，可以为广大传统企业降低运营成本、增加贸易机会、拓展国内外市场，所以政府应花更大的力气推动 B2B 发展。

美国电子商务的迅猛发展就与政府扶持密不可分。1996 年美国财政部就颁布了"全球电子商务选择税收政策"白皮书。我们宁波市海曙区，将建设电子商务集聚区作为巩固中心商贸商务区地位、提升产业转型升级的重要抓手，针对中小企业发展电子商务的需求，制定了鼓励电子商务发展的相关扶持政策，努力为涉足电子商务的企业提供最强的网络服务和最优的资费支持，还通过承办全国中小企业电子商务大会等活动，扩大海曙电子商务的影响力。

其次，引导规范电子商务健康、可持续发展也很重要。用制度规范行业发展，这一点在电子商务发展领域尤为重要，比如与其相关的税收政策、电子支付系统、互联网安全、个人隐私、消费者权益保障等标准需要及时修订和完善，如果标准不一、各行其是，对整个电子商务行业的发展非常不利。

早在 2000 年 6 月，美国国会众议院就通过"电子签名法"，使电子签名与书面签名具有同等法律效力，此举大大推动了电子商务的规范化进程。已实施的《消费者权益保护法》规定了 7 天无理由退货、第三方网络交易平台先行赔付制度等，从表面上看是给商家更多的约束和限制，其实却促进了电子商务更健康有序的发展。

电商@时代①

电子商务需要后续配套

从电子商务行业本身的发展程度来讲，现在还是初级阶段，因此相关的后续配套服务也要及时跟上。就像马云说的，天猫和阿里要的不是数字，而是健康的数字，阿里有意控制交易规模，是希望不给金融物流体系造成大的压力，从而带动整个行业链条健康发展。

电子商务配套服务本身不是交易，却是整个交易环节中的重要组成部分。从 2013 年上半年开始，13 个国家部门就着手研究政策措施，希望从可信交易、移动支付、网络电子发票、物流配送等方面支持电子商务发展。比如在移动支付方面，我觉得要研究制定移动支付发展的具体政策，引导商业银行、各类支付机构实施移动支付的金融行业标准；又如在物流配送方面，可以探索电子商务快递服务新模式，健全电子商务配送保障措施等。

企业需要找准定位

从企业的角度来讲，关键还是自身要在电商市场中找准定位，主动出击、顺势而为。党的十八届三中全会提出要使市场在资源配置中起决定性作用，这一点在电子商务发展中尤其重要。当前不少以传统实体店销售为主的企业已纷纷抢滩电商市场，看到哪里的商机最大、哪里的资源配置效率最高，就顺应规律去实现价值。

电子商务作为一种新型商务模式，必须要有良好的市场环境，这包括适宜的社会环境、竞争环境和服务管理环境等。因此，一定要以市场为主导，充分发挥企业在电子商务发展中的主体作用，鼓励企业积极适应市场变化调整经营策略，引导建立自律性产业规范与规则。

当然，市场也绝非和"唯利是图"画等号，就像我曾经说过的，电商企业需要找到与客户共同成长的道路，这条道路就是与客户共享发展成果，而不能仅停留在从客户那里收多少费用，赚取多少利润。

2014：电商走向何方？

2013 年，融资、价格不再是电商的热点，服务受到关注，"练内功"、开放成为主流。随着 O2O、移动互联网、大数据、C2B 反向订制等模式的"渐入佳境"，2014 年究竟谁会拔得头筹？就此，本书总结了电商发展的十大趋势，试图来勾勒 2014 年的行业轮廓。

1. O2O 模式真正落地

2013 年，O2O"很忙"，但无论是阿里巴巴"双 11"主打 O2O 引发线下商户"抵制"，还是京东与太原唐久连锁试水的双向整合 O2O 样本，都透露着2014 年 O2O 将摆脱概念真正进入发酵期。原因何在？电商发展到了一个临界点，线下渠道互联网意识也开始增强，只有取长补短、互补协同，才能给用户带来更便捷、更个性化的服务。

2. 移动电商走向成熟

2013 年前三季度，移动互联网的交易金额统计约 6.55 万亿元，同比增长52%。2014 年，4G 网络商用，智能手机普及，移动购物、支付、二维码等技术的成熟，将推进移动互联网的发展进程。目前，京东移动客户端用户突破 1亿，订单比例近 20%，形成了突前"抢人"的架势。2014 年，移动电商会走向成熟。

3. 互联网金融体系化

2013 年，阿里巴巴推出余额宝，百度推出百度理财，京东在对公业务方面实现突破，推出 3 分钟融资到账的"京保贝"。可以预见，2014 年在扭转中小企业贷款难、手续多、环节复杂等现状方面，将出台更优质的解决方案，2014 年互联网金融将形成对公和对私业务两翼齐飞的局面，银行、保险、证券基金等金融机构也将主动参与进来，推动整个生态圈的繁荣。

4. 跨境电商与国际化起步

中国电子商务研究中心监测数据显示，2012 年跨境电商交易额达 2 万亿元，同比增长超 25％，高于线下传统外贸交易额增幅，加之跨境电商可有效缓解我国严峻的进出口形势，因此，2014 年跨境电商在境外本地化、外贸进出口两种模式上或将有所起色。2013 年京东已在新加坡试水体验店，相信2014 年跨境电商会更活跃。

5. 反向订制（C2B）不再是概念

在大打国际牌的同时，电商在国内还有一片蓝海亟待开发——"反向订制（C2B）"。无论是阿里聚划算，还是京东 JDPhone 计划，都是电商依托技术优势从用户需求出发订制产品的做法。2014 年，电商将更充分地释放消费需求驱动力，让 C2B 模式走出概念范畴，形成体系，为用户带来更个性化的产品。

6. 本地生活服务大行其道

近年来，本地生活服务市场因更"接地气儿"，更贴近区域消费群等优势逐步升温。艾瑞咨询数据显示，2013 年通过网络购买或预定本地生活服务的用户预计达到 1.85 亿，市场规模有望突破 1200 亿元。2013 年年底，B2C 巨头京东上线"京品惠"，意图以买断模式聚焦重点城市和商家抢占市场；阿里巴巴则在生活服务类领域建立移动产品家族，打造集团优势；大众点评、腾讯微信等也争相出手布局。可以预见在 2014 年，这个战场将成为互联网大佬们的"兵家必争之地"。

7. 大数据打开电商新空间

在产品推荐、洞察挖掘用户需求、分析购买行为等环节，大数据帮了电商企业们的大忙。电商企业在后台可以对海量用户数据进行挖掘分析，针对不同用户推荐最佳产品，在增加销售额的同时，极大地提升了用户体验。从京东618到天猫"双11"，两大网购狂欢节到处充斥着大数据的影子。2014年，大数据热潮仍不会冷却，它将成为电商运营的主引擎，并在电商营销、互联网金融等方面产生更大推力，最终成为电商竞争的重要指标。

8. 智能物流升级

2014年，智能化物流系统将是发展王道。谈到这一点，就不得不提京东在物流、配送上的大手笔投入，以及推出极速达、夜间配等多样化服务，在面临订单激增的情况下，仍然能够为平台保驾护航。未来，无论是阿里巴巴的"菜鸟网络"，还是京东的"亚洲一号"，结合大数据、云计算、GIS等技术的智能化物流的对抗将成为电商竞争的主旋律。

9. 智能硬件兴起

硬件能否回归？环顾已推出的智能手表、手环、眼镜等产品，虽还处于初期阶段，但其背后的商业价值已涌现。2014年，互联网巨头大举进军智能硬件，会是一个重要趋势。如京东在数月前改版了其网站的商品分类，专门增加了"网络盒子"板块，并对外透露加速智能硬件布局的意向。正如行业分析所指出的，结合互联网服务和云计算，互联网公司通过智能硬件这枚武器来争夺家居、健康等市场的入口战，已悄然打响。

10. 电商城镇化突围

随着一二线城市网购渗透率接近饱和，电商城镇化布局将成为2014年的重点，三四线城市、乡镇等地区将成为电商"渠道下沉"的主战场。阿里巴巴20亿元投资日日顺，打通区域配送落地；京东贵阳投建综合性物流园、发展订单农业等举措，都是看中了城镇消费能力释放后的巨大能量。

| 八方说词 |

王孝华：电子商务和电商物流的发展趋势

辞旧迎新之际，由亚洲物流双年展主办，嘉民集团、中国电商物流研究中心协办的主题为"物流，让我们在一起"的亚洲物流双年展·北京物流年度沙龙在京成功举行。在年度沙龙中，前阿里巴巴副总裁、中国电商物流智库理事长，王孝华先生总结了 2014 电子商务和电商物流的发展趋势。

一　中国电子商务市场未来发展预测

到 2015 年，电子商务的发展规模会达到 18 万亿元。其中 B2B（企业对企业，如阿里巴巴）占据 15 万亿元、B2C（企业对终端消费者，如京东商城）和 C2C（个人对个人，如淘宝网）占据 3 万亿元的规模。从发展趋势来看，未来 B2C 的规模会越来越大，超过总量的 40%。这个数据说明未来的传统行业，如零售业、制造业，会越来越多地上网销售。而这个趋势会倒逼供应链、制造业、服务业改革。

二　"双 11"改变了中国零售业格局

目前，电商零售占到整个社会零售总额 7% 左右，未来的目标是要达到 10%。目前的电商零售分两大块格局，第一是 C2C 领域，这个领域目前体量最大的是淘宝，地位不可撼动。在 B2C 领域，目前天猫占 50% 多的份额，剩下的份额是京东商城及其他零售电商。这个格局 2012 ~ 2013 年没有太多的实质变化。这说明未来的电商平台仍将会三分天下。"双 11"作为一个电商发展的重要里程碑，促使网上零售超过线下零售。仅以 2012 年"双 11"为例，淘宝天猫全网总交易额 191 亿元，包裹量 7000 多万件，80 余万人参与其中，这一天网购对传统零售冲击的意义深远。2012 年，天猫、京东等八家电商零售总额占全国百强的 39%，而预计 2014 年，在中国百强零售商的销售额中，网络零售将要超过 50%。

三　电子商务和电商物流的发展趋势

电子商务C2B（消费者对企业）是未来发展的一个特点，电商的未来是社会化电商，从现在单一的聚众模式，逐步走向分众式的社会化模式。个性化订单、柔性化生产和社会化物流将是电商未来发展的三大趋势。未来的生产型企业承接到的订单将会根据消费者的偏好越来越向个性化、小批量方向发展，企业柔性化生产必不可少。而若要将这种柔性化生产迅速反应到市场，必须是经过社会化物流平台，由不同形式、不同功能的物流公司协作，才能满足消费者的需求。

社会化电商以后，电商物流也会演变成社会化物流，不同的物流公司、不同的区域、不同的专业、不同的物流形式协同地发展。物流将变成公共设施，不单独局限于某一家。不同专业领域和不同地域内所有的物流形态将整合在一张网上，无论什么订单进来，平台系统都会根据产品属性、客户要求进行自动匹配，列举提供相应服务的物流公司方便客户选择。而不是像现在的模式，各电商都需要依靠各自指定的物流渠道完成配送。所以，分众式的社会化电商模式是下一步电子商务发展趋势，社会化物流资源会更多走向协同发展，形成社会化物流体系。

未来的经济形态和商业模式是这样的。一是新空间将引发系列大转型、大变革。新的基础设施，以前基础设施是仓库、码头，未来不是，未来是互联网引导的战略转型，包括商业模式的转型。二是个性化回归。以前是生产什么、宣传什么、销售什么，现在必须尊重个性化，否则企业的产品不能适应市场。三是专业化。因为个性化是属于个体的，只有专业化才能适应个性化的需求。四是经济形态从现在主流的工业经济的特点"大规模、标准化、低成本"，向"大范围、个性化、高价值"转变，从"规模经济"向"范围经济"转变。以前规模越大越好，未来是覆盖的市场越大、覆盖的资源越多，就越有话语权。五是最终的商业格局将会形成"小前端、大平台、富生态"。比如阿里巴巴，属于小前端，可以做旅游、做酒店，但一定是大平台，基于大数据的沉淀，最终是一个生态体系。未来是在一个"富"的生态体系下积累互联网数据生成大平台，大平台打通产业链，前端有无数个小前端，快速对应个性化的需求，只有这样的商业格局才属于未来。

四 2014年电商物流行业发展趋势

第一，电商物流自营B2C逐步走向开放，未来会变成第三服务商，但会面临内外的运营博弈。

第二，电商快递"通达系"等公司在低端市场竞争加剧，行业整合在进行中，资本积极参与。

第三，电商落地配企业生存艰难，从电商快件转本地化生活配送，行业内部整合困难，外部资本或战略资源整合中，区域公司配送实力在加强。

第四，传统物流公司3PL进一步往电商物流领域渗透，但短时间难有作为。

第五，互联网技术创新式物流运力整合平台发展前景巨大。像卡行天下、安能等通过互联网技术来做物流整合的模式，大家都关注，是一种创新。这种平台自己不去自营，而是通过互联网技术体系运营，体系很大。上万亿元的平台，无论是支付，还是管理，这个互联网创新，我们的物流会有。

第六，电商物流从快递往供应链管理转变。未来快速、准时、满足个性化将会是主要目标，需要差异化的物流服务产品，由消费者根据性价比自由选择。

第七，行业整合大势所趋。单一物流企业很难解决中国电商难题，需要平台整合各种资源，形成网络密度大、服务能力强，既保证标准化配送，又满足个性化需求的高效配送网络体系。包括仓储、上下游供应链、干支线、配送、最后100米等。

第八，服务差异化的标准化建立行业门槛，电商C2B自费者导向，个性化订单，电商物流从免费包邮等走向差异化产品的标准化配送，性价比和服务是竞争力。

第九，物联网和大数据的使用加快行业发展，衍生出更多新的产品和服务。

（以上文字摘编自王孝华在亚洲物流双年展·北京物流沙龙上的演讲。资料来自"中国物流与采购网"，http://www.chinawuliu.com.cn/zhxw/201402/20/281724.shtml。）

附录　2013年电商大事记

1月7日，京东商城宣布对团购业务进行战略升级，未来将分拆独立运作。这也是继满座网、窝窝团、美团等宣布团购实现赢利后，又一电商巨头看好并大举进入团购市场。

1月10日，阿里巴巴宣布，集团根据现有业务架构和组织进行相应调整，成立25个事业部。这距离上一次架构大调整仅半年的时间。阿里称，基于构筑商业生态系统的需要，原有业务决策和执行体系亦将发生变革，新体系由战略决策委员会（由董事局负责）和战略管理执行委员会（由CEO负责）构成，后者成员中的姜鹏、张勇等人代表集团层面，分管相关联的事业部。

1月10日，团购网站24券已正式关站，网站地址显示为"无法找到服务器"。24券创始人杜一楠未对此事置评，而公司投资人之一KK则表示，需要向董事会请示后再向媒体说明。暂不清楚24券的债务等后续问题将如何解决。

1月14日，曾经在天猫属于TOP100的库巴网，已经悄然退出天猫，而这一举措源自国美集团对库巴网及国美在线的重新定位及整合：国美在线为原国美网上商城与库巴的自营业务，库巴网则专注于平台业务发展。

1月15日，高朋网、QQ团、F团正式合并。据悉，合并后，F团将不会存在，域名直接跳转至高朋网；QQ团页面将与高朋一致，域名更换为gaopeng. qq. com，由高朋网独家运营。

1月15日，阿里巴巴集团CEO马云的内部邮件称，将于2013年5月10

日起，不再担任阿里巴巴集团 CEO 一职。

1 月 16 日，阿里巴巴集团旗下的音乐事业部收购音乐网站虾米网，继腾讯、京东等巨头外，阿里巴巴布局数字音乐领域。

1 月 20 日，苏宁 - 红孩子"2013 年百万孕妈宝贝爱之旅"活动在北京启动，这是苏宁在 2012 年 9 月以 6600 万美元并购电商红孩子以来，首度举行联合市场活动。

1 月 21 日，麦考林宣布，将把美国存托凭证（ADS）对普通股的比例进行调整，由原来的每 ADS 代表 7 股普通股，调整为每 ADS 代表 35 股普通股。麦考林将继续在纳斯达克全球精选市场进行交易，代码"MCOX"不变。

1 月 21 日，大众点评网宣布开放平台，正式上线国内首个 O2O（Online To Offline，即把线下商务的机会与互联网结合在一起，让互联网成为线下交易的前台）开发者平台。

1 月 22 日，家居流通业巨头红星美凯龙电商项目"红美商城"上线半年后爆发人事震荡，更换了电商负责人。

1 月 23 日，阿里巴巴与行业企业、资本及金融机构进行系列闭门会议，并计划联手银泰、复星、四通一达、顺丰等公司和机构投资千亿联手建立"菜鸟网络"（智能物流骨干网络）。

1 月 24 日，温家宝在中南海主持召开三次座谈会，听取各界人士对《政府工作报告（征求意见稿）》的意见和建议，点名请马云来参加。

1 月 25 日，国美电器旗下 B2C 电器商城国美在线突然启动内部大裁员，波及部门包括采销中心、技术中心、客服中心、物流中心与财务中心等，约涉及 200 人。

1 月 30 日，团购网站拉手网在对公司架构、人员进行调整之后，正式对外公布 2013 年千人招聘计划，招聘员工达 1176 人。拉手网投资人金沙江创投朱啸虎对此表示，在渡过阵痛期之后，将通过新一轮招聘提升效能。

1 月 31 日，京东商城宣布了首批内部高管轮岗计划：京东市场部原高级副总裁程峻怡调至负责京东 POP 开放平台，而百丽旗下优购网原 CMO、京东创建后的早期员工徐雷，回归京东，任市场高级副总裁一职。

2 月 4 日，维络城与嘀嗒团正式合并，新公司名称为维络城，但嘀嗒团名字仍会保留。合并后，原嘀嗒团 CEO 宋中杰出任新公司 CEO，NEA 全球合伙人、中国董事总经理蒋晓冬出任董事长。

2 月 16 日，沙特亿万富翁阿尔瓦利德王子（Prince Alwaleed）控股的王国控股集团（Kingdom Holding Co.）宣布，王国控股已出资 15 亿里亚尔（约合 25 亿元人民币）购买中国网络零售商京东商城的股权。

2 月 17 日，电商企业京东商城宣布已确认完成第四轮融资，金额达 7 亿美元。在外界不断质疑京东可能会资金链断裂的情况下，这笔资金无疑给京东注入了一针强心剂。刘强东在发给公司内部员工的邮件中称京东商城目前最多已经有超过 150 亿的现金储备。

2 月 17 日，苏宁董事长张近东在年度春季工作部署会上表示，新的一年，苏宁要为中国零售业的春天做出贡献，做线上线下的零售服务商，"店商 + 电商 + 零售服务商"就是苏宁所要倡导的中国零售的云商模式，并将苏宁电器更名为苏宁云商。

2 月 22 日，唯品会发布了截至 12 月 31 日的 2012 财年第四季度未经审计财报。报告显示，唯品会第四季度净营业收入为 2.996 亿美元，比 2012 年同期增长 184.8%；归属于普通股股东的净利润为 630 万美元，2012 年同期归属于普通股股东的净亏损为 6350 万美元。

2 月 22 日，盛大游戏与淘宝宣布，双方将在互联网领域展开全方位的战略合作，打造集网游与电商于一体的 B2C 模式新形态。

2 月 26 日，上线接近一年的顺丰电商业务顺丰优选，宣布开通上海、广州及深圳三地常温类食品配送，这也意味着顺丰开始发力电商业务。

3 月 1 日，凡客诚品并购初刻网正式完成，初刻品牌会继续保留，凡客将进行多品牌尝试。

3 月 4 日，支付宝发布了酝酿已久的"支付宝钱包"业务，在原有支付功能的基础上提供了声波支付、超级转账等高级服务。用户在手机上安装该应用后，可以在手机上获得类似钱包一般的功能与体验。

3 月 4 日，天猫宣布将联合达能和雀巢，启动双方旗下六大品牌在天猫上提供海外原产地直供销售，让国内消费者能够买到放心的进口奶粉，缓解"奶荒"问题。

3月5日，继阿里巴巴后，又一家电商2013年公开宣布架构调整。腾讯旗下电商易迅网发出内部邮件，宣布新成立电商经营本部、物流本部、企业发展本部和新区管理委员会。

3月11日，阿里集团宣布，集团董事局决定任命陆兆禧担任阿里巴巴集团CEO，接任马云的CEO职务，全面负责除阿里小微金融服务集团（筹）以外的所有业务，并于2013年5月10日淘宝十周年之日完成所有工作的交接。

3月18日，易迅网推出家电城频道，正式进军家电电子商务市场，并将携手海尔、格力等国内家电巨头发起全国促销活动。

3月20日，1号店宣布将进军生鲜领域，并将在四座城市建分仓。

3月22日，京东商城宣布对公司研发系统的组织架构进行调整，同时任命高级副总裁李大学负责整个研发系统。

3月26日，同属腾讯电商旗下的电商网站QQ网购和QQ商城将合二为一，新平台将统一以QQ网购的品牌出现，走精品购物路线。

3月27日，京东商城新域名（www.jd.com）投入使用。

4月2日，苏宁易购宣布，红孩子母婴网和缤购网将全面并入苏宁易购平台，届时红孩子将全面共享苏宁易购仓储物流系统、供应链管理系统以及会员管理系统。

4月8日，阿里巴巴旗下团购网站聚划算上线香港版网站，迈出向港澳台市场扩张的重要一步。

4月10日，继新任CEO人选公布之后，阿里巴巴集团再度宣布了新的CFO和CPO人选。蔡崇信将出任集团董事局执行副主席，负责集团战略投资，其此前担任的首席财务官（CFO）职务将由武卫接任；彭蕾将不再兼任阿里巴巴集团首席人才官（CPO）一职，戴珊将会接任阿里巴巴集团首席人才官。以上任命自5月10日起正式生效。

4月16日，支付宝宣布向所有快捷支付用户免费赠送一份资金保障险。该保险由中国平安财产保险股份有限公司承保，用户今后使用快捷支付付款如果发生被盗，平安财产险均将进行100%赔付，所有投保费用均由支付宝承担。这也是国内第三方支付行业首次引入保险机制来保障用户的资金安全。

4月24日，天猫携手万科第一大盘达成战略合作，通过电子商务和地产商的结合打造从线上到线下的家装预售，实现用户购房、装修、家居订购的一体化服务。

5月7日，当当网"尾品汇"名品特卖频道正式上线，产品3折封顶，首日参与特卖品牌包括Lee、Levis、MO&Co.、ZARA、歌莉娅以及阿迪达斯、耐克等鞋服大牌。

5月10日，马云在杭州宣布，彻底抛开阿里巴巴CEO头衔，投身另一个领域——公益与环保。随后，他的新工作是接替经济学家胡祖六，出任下一任TNC（大自然保护协会）中国理事会理事长。

5月28日，京东商城同医药零售企业九州通的合作结束，原京东好药师CEO崔伟将负责京东医药商城，九州通线上业务目前已经交由李彩芬负责，好药师回归九州通。

5月28日，由阿里巴巴集团牵头的物流项目"菜鸟网络"（中国智能骨干网）在深圳正式启动。阿里巴巴和银泰集团、复星集团、富春集团、顺丰速运等物流企业组建了一家新公司，阿里巴巴董事局主席马云担任公司董事长，并给公司命名为"菜鸟"，阿里旗下天猫出资21.5亿，占股43%。

6月2日，国内女性导购分享社区蘑菇街CMO、联合创始人李研珠已于近日因身体健康原因离职，或因淘宝对导购网站的截流。

6月7日，外贸电商公司兰亭集势（Light In The Box）登录纽交所，开盘价为11.23美元，盘中最高触及12.66美元，最终报收于11.61美元，较IPO发行价9.5美元上涨22.21%。

6月8日，苏宁双线同价正式实行，苏宁全国200多家分公司、8000多名管理干部举行"线上线下同价誓师大会"。

6月16日，微信为一部分公众账号开通了在线购物功能，用户可以在微信公众账号内进行购买并完成支付环节，支持财付通和银行卡直接支付。

6月19日，中国互联网公司腾讯正式参与投资美国闪购网站Fab。

6月25日，阿里巴巴集团与腾讯、百度、新浪、盛大、网易、亚马逊中国等21家国内互联网企业在杭州召开第一届互联网交易安全峰会，成立"互联网反欺诈委员会"，形成了电子商务生态圈联防联打的战略合作框架。

7月9日，阿里巴巴成功融资80亿美元，这笔80亿美元的贷款分为25亿美元三年期定期贷款、15亿美元三年期循环信贷和40亿美元五年期定期贷款。

7月11日，凡客诚品官网进行了改版，改版后的凡客与天猫的相似度极高，引入了第三方品牌，表明凡客逐渐转型为综合B2C商城。

7月19日，淘宝无线正式启动对本地服务商家招商，以"生活圈"的方式面向区域性线下门店和服务网点，进而推动本地生活向移动电商的战略转型。

8月1日，阿里官方发表声明，以"安全"之名，停止淘宝与微信的一切数据链接。声明中指出："为了保障淘宝消费者的用户感受和控制交易风险，我们暂时停止了与微信相关的应用在服务市场的订购。"

8月1日，董文标、刘永好、郭广昌、史玉柱、卢志强、张宏伟等七个大佬联合成立了一家电商公司"民生电商"，认缴资本金30亿元，注册地为深圳前海。

8月1日，国泰基金上报证监会的国泰淘金互联网债券型基金在8月1日获批。

8月14日，天猫对部分商品类目不再招商，也不再与经营上述类目的卖家续约。同时天猫将于2013年12月31日24时整正式关闭上述类目。

8月19日，京东对外宣布，将与新加坡iKnow集团结成战略合作关系，携手后者共同经营和推广京东新加坡站业务。这也意味着京东国际化进程加速，公司2012年定下3年内海外业务收入1亿美元的目标。

8月20日，腾讯旗下综合购物网站易迅网全面接入微信支付，迈出了在移动电商领域的重要一步。

8月29日，苏宁云商公告称，公司拟与关联方苏宁电器集团有限公司共同出资发起设立"苏宁保险销售有限公司"。根据公告，苏宁保险拟定注册资本为1.2亿元，主要业务为代理销售保险产品、代理收取保险费等。其中，苏宁出资人民币9000万元，苏宁电器集团出资人民币3000万元。

8月29日，民生电子商务有限责任公司（下称"民生电商"）在深圳注册成立，经营期限为"永续经营"，注册资本为30亿元。

8月30日，京东停用了腾讯的支付工具财付通，并同时宣布将禁止用户用支付宝账号登录京东。

9月2日，东方航空全资子公司东方航空物流公司，正式推出电子商务网站"东航产地直达",打出"产地采集,新鲜保证"的口号,主要经营的品类为生鲜,尤其是进口产品居多。

9月11日,阿里旗下天猫宣布启动"品牌旗舰店升级"计划,从简单的线上销售模式,向"社交商务"模式转变。

9月16日,阿里巴巴集团与民生银行宣布达成战略合作,双方将携手打造金融开放平台,着重为小微企业和草根消费者提供服务。

9月17日,兴趣社区豆瓣今日上线导购频道——"东西",通过用户间分享某款商品及其评论或使用体验,帮助用户发现适合自己的商品。

9月20日,由马云联手李连杰开设的阿里巴巴"太极禅苑"正式在杭州西溪湿地开业。当天影视大腕李连杰、陈氏太极拳第十九代传人王西安亮相太极禅苑。

9月23日,当当网原副总裁、摇篮网CEO高翔将出任国美在线CEO。

9月24日,支付宝等17家第三方支付公司已获得跨境电子商务外汇支付业务试点资格。

10月10日,阿里巴巴集团CEO陆兆禧对外界"阿里赴港上市"传闻做出评论,称"决定不选择在香港上市"。

10月11日,阿里巴巴宣布拟出资11.8亿元认购天弘基金51%股权,将成为天弘基金的最大股东。

10月16日,雅虎宣布和阿里巴巴集团就股份回购和优先股出售协议的修订达成一致,将原先雅虎承诺阿里巴巴集团在正式IPO时,优先出售给阿里集团的股份数量由原定的2.615亿股减少到2.08亿股。根据数据推算,雅虎在阿里上市后将得以维持大约13%左右的阿里巴巴集团股份。

10月31日,国务院总理李克强在中南海主持召开了他就任总理以来由专家学者和企业家代表参加的第三次经济形势座谈会。轮到马云发言时,这位淘宝网创始人的建议直来直去,李克强的回应则坚定温暖,称淘宝创造了一个消费时点。

11月1日,首批基金淘宝店上线。

11月12日,阿里公布了"双11"全天的交易数据:支付宝全天成交金额为350亿元,比2012年的191亿增长83%。"双11"全天,支付宝达成的交易笔数为 1.7 亿笔。

11 月 12 日，在"天猫双 11"活动全天 24 小时内，小米天猫旗舰店总共收获了超过 102 万的关注，销售总金额达 5.53 亿元人民币。

11 月 14 日，余额宝后端的天弘增利宝货币基金规模突破 1000 亿元，开户数超过 2900 万户。从成立至 11 月 13 日，该基金为投资者实现了 7.88 亿元收益。

11 月 22 日，继微信封杀来往链接以后，手机淘宝确实已经关闭了从微信跳转到手机淘宝的通道，用户不再能从微信的类似链接来进行购买。

12 月 9 日，海尔集团公开宣布获阿里巴巴集团战略投资。此次合作中，阿里巴巴集团对海尔集团子公司海尔电器注资 28.22 亿元港币（折合 22.13 亿元人民币），其中阿里对海尔电器打造重要开放物流平台日日顺物流投资就达 18.57 亿元港币，双方将设立合资公司。

12 月 22 日，经过 63 次加价延时，马云自创的"马体墨宝"昨天在来往"淘宝官方拍卖"扎堆落槌，最终拍出了 242 万余元。这个金额在艺术品拍卖领域并不算多，但对首次泼墨画画的马云来说，这场半开玩笑式的公益拍卖已算是"天价"成功。

12 月 27 日，京东宣布将启动个人消费贷款业务"京东白条"，该项业务将于 2014 年 1 月 1 日至 1 月 15 日开启内测。在京东购物的消费者可以采用申请个人贷款的方式进行结算，随后的 3 个月至 1 年内分期付款，贷款额度最高可达 1 万元。

参考文献*

[1] 李芏巍:《电商的战国》,社会科学文献出版社,2013。

[2] 崔西:《刘强东美国游学归来:京东 2014 年将如何发展》,《新浪科技》,http://tech.sina.com.cn/i/2013 - 12 -23/17109032618.shtml,2013 年 12 月 23 日。

[3] 屈丽丽:《董明珠 PK"雷布斯"谁动了他的奶酪》,《中国经营报》2013 年 12 月 28 日。

[4] 张吉龙:《比马云更应该担心微信的人是刘强东》,《新浪专栏·创事记》,http://tech.sina.com.cn/zl/post/detail/i/2013 - 12 - 30/pid_ 8439796.htm,2013 年 12 月 30 日。

[5] 叶丹:《2013 年电商前瞻:回归理性盈利成主旋律》,《南方日报》2013 年 1 月 17 日。

[6] 鼎宏:《谷歌 2014 年展望:创造全新生活方式》,《新浪科技》,http://blog.sina.com.cn/s/blog_ b9cc87bc0101ddxi.html,2013 年 12 月 30 日。

[7] 孟鸿:《MIUI 的 1314:从工具到生态,从小米到更多》,《新浪科技》,

* 由于本书涉及内容广泛,在此感谢本书所有参考资料的作者及其单位的支持和帮助。若本书参考文献标注有所遗漏,请有关人员与单位谅解,并及时与我们取得联系,我们将通过其他媒介方式及时补救,谢谢。

http：//tech. sina. com. cn/i/2013－12－24/01559034157. shtml，2013 年 12 月 24 日。

[8] 李娜：《小米公司筹划在珠海建海外销售服务机构》，《南方日报》2013 年 12 月 17 日。

[9] 鼎宏：《小米联合创始人林斌：MIUI 和巴拉是海外扩张关键》，《新浪科技》，http：//tech. sina. com. cn/i/2013－09－09/17188721840. shtml，2013 年 9 月 9 日。

[10] 书聿：《小米征战海外市场：将借力当地"米粉"》，《新浪科技》，http：//tech. sina. com. cn/t/2013－12－18/09589016994. shtml，2013。

[11] 侯继勇：《雷军：小米不只是互联网营销的成功》，《21 世纪经济报道》2013 年 12 月 28 日。

[12] 崔西：《盘点 2013 电商行业：垂直、移动以及 O2O》，《新浪科技》，http：//tech. sina. com. cn/i/2013－12－31/01309055311. shtml，2013 年 12 月 31 日。

[13] 冀勇庆：《小米，该跟"闪购"说再见了》，《新浪专栏·创事记》2013。

[14] 卢旭成：《王采臣，史翔宇. 去哪儿：与巨头共舞》，《创业家》2013 年 1 月 31 日第 2 期。

[15] 王峥：《唯品会遭遇中国式围剿还能"妖"多久?》，《钛媒体》，http：//www. 175886. com/41932. html，2014 年 1 月 5 日。

[16] 于盟：《58 同城姚劲波：当机会屡屡降临》，《21 世纪经济报道》2013 年 12 月 30 日。

[17] 贾敬华：《悬崖边上的 58 同城：要用户体验，还是效益》，《新浪专栏·创事记》，http：//tech. sina. com. cn/zl/post/detail/i/blog/2013－12－19/1157539917/44fea84d0102edji/pid_ 8438924. htm，2013 年 12 月 19 日。

[18] 董军：《虚拟运营商发牌：电信市场秩序重构》，《中国经营报》2013 年 12 月 28 日。

[19] 韦夏怡：《侯云龙. 2013 互联网金融入侵元年 2014 抢点布局》，《经济参考报》2013 年 12 月 23 日。

［20］杨井鑫：《民生电商董事长闪电离职考问银行系电商出路》，《中国经营报》2013 年 12 月 22 日。

［21］张欣然：《恶补基因短板：互联网券商迈入 3.0 时代》，《证券时报》2013 年 12 月 18 日。

［22］林巧：《国金证券牵手腾讯尝鲜触网》，《21 世纪经济报道》2013 年 12 月 28 日。

［23］金错刀：《2013 年：中国电商行业的洗牌之年》，《金融时报》2013 年 12 月 12 日。

［24］王晓宇：《互联网金融渐行渐近：证券业盈利模式迎挑战转型在即》，《上海证券报》2013 年 3 月 20 日。

［25］支玉香：《资管行业的长尾市场电商：得屌丝者得天下》，《21 世纪经济报道》2013 年 12 月 28 日。

［26］陆慧婧：《基金电商规模冲量背后深挖客户成新考验》，《每日经济新闻》2013 年 12 月 16 日。

［27］杨倩文：《保险网销大势所趋电子商务是否成险企混战江湖待解》，《第一财经日报》2013 年 2 月 26 日。

［28］崔启斌、陈婷婷：《国寿豪掷 10 亿要当保险电商老大》，《北京商报》2013 年 12 月 30 日。

［29］绿竹巷：《互联网，能拯救保险业的臭名声么?》，《新浪专栏·创事记》，http：//tech. sina. com. cn/zl/post/detail/i/2013 － 12 － 10/pid ＿ 8438428. htm，2013 年 12 月 10 日。

［30］张勇：《苏宁云商集团董事长张近东：转型者之梦》，《21 世纪经济报道》2013 年 12 月 28 日。

［31］黄远、王心馨：《苏宁：重构互联网经济延展 CSR 生态圈》，《第一财经日报》2013 年 12 月 16 日。

［32］冯秋瑜：《国美：线上线下齐拓展》，《广州日报》2013 年 12 月 31 日。

［33］朱平：《互联网如何影响资本市场》，《证券市场周刊》2013 年 12 月 30 日。

［34］姜川：《腾讯电商门前摔了一跤："QQ ＋"模式失效》，《第一财经日报》

2014 年 1 月 8 日。

[35] 林海：《当当的危机：欲双线作战反遭虎狼夹击亚马逊情结太重》，《腾讯科技》，http：//tech. qq. com/a/20130912/005343. htm，2013 年 9 月 12日。

[36] 拿铁君：《凡客那些年：资本青睐与高额欠款相随战略屡调整》，《腾讯科技》，http：//tech. qq. com/a/20131015/002868. htm，2013 年 10 月 15日。

[37] 雷建平：《凡客拖欠供应商货款遭抵制内部正调整应对》，《腾讯科技》，http：//tech. qq. com/a/20131011/016786. htm，2013 年 10 月 11 日。

[38] 相欣：《凡客回归草根特质挽回颓势有点难》，《腾讯科技》，http：//tech. qq. com/a/20130908/000534. htm，2013 年 9 月 8 日。

[39] 雷建平：《陈年谈雷军刺激：凡客将小米化调整裁员达 20%》，《腾讯科技》，http：//tech. qq. com/a/20131017/004249. htm，2013 年 10 月 17日。

[40] 魏蔚：《团购格局落定昔日高朋难满座》，《北京商报》2013 年 12 月 18日。

[41] 魏蔚：《团购三甲垄断八成市场》，《北京商报》2013 年 11 月 27 日。

[42] 邵蓝洁、魏蔚：《团购老大首度实现全年盈利》，《北京商报》2013 年 12月 31 日。

[43] 彭甜甜：《"被革命"与"自我革命"家居卖场陷电商难题》，《第一财经日报》2013 年 12 月 31 日。

[44] 张业军：《电脑城"温水煮蛙"危机：退租转租潮再袭》，《每日经济新闻》2013 年 12 月 31 日。

[45] 杨阳：《变革漩涡中心的马云：一统阿里"江湖"》，《经济观察报》2013 年 12 月 28 日。[6] 姜蓉：《马云退而不休：史玉柱任志强等称其为马王堆》，《中国经营报》2014 年 1 月 4 日。

[46] 李蕾：《O2O 取代服装"渠道＋营销"模式》，《第一财经日报》2013 年12 月 31 日。

[47] 林明：《微淘联合商家谋 O2O 转型：会员统一是首要难题》，《新浪科

技》，http：//tech. sina. com. cn/i/2013 - 12 - 30/11459053721. shtml，2013 年 12 月 30 日。

[48] 张瑾：《陈从容："O2O"把门店都搬到顾客手上》，《理财周刊》2013 年 12 月 30 日。[53] 刘筱悠：《支付江湖再起波澜：银联放下身段加码移动支付》，《证券时报》2014 年 1 月 6 日。

[49] 贾晓涛：《余额宝暴富记："穷"则思变为"草根"量身定做》，《彭博商业周刊》2013 年 12 月 3 日。

[50] 侯继勇：《阿里彭蕾：小微金融对手只有一个——"现金"》，《21 世纪经济报道》2013 年 12 月 30 日。

[51] 徐伟：《日日顺张子宽：O2O 需要克服的 8 个困难》，《天下网商》2013 年 12 月 27 日。

[52] 胡群：《P2P 倒闭潮袭：行业待收金高达数十亿》，《经济观察报》2014 年 1 月 4 日。

[53] 乔加伟：《国内首设网贷准入门槛上海 P2P 须报送数据》，《21 世纪经济报道》2013 年 12 月 19 日。

[54] 郭杰群：《P2P 网贷平台的风控体系亟待加强》，《南方都市报》2013 年 12 月 20 日。

[55] 邓娴：《监管层定调：对 P2P 或用负面清单管理》，《中国经营报》2013 年 12 月 28 日。

[56] 欧阳晓红：《阿里腾讯等共建网络财产保险"众安在线"获批》，《经济观察网》，http：//tech. sina. com. cn/i/2013 - 03 - 04/09448109402. shtml，2013 年 3 月 4 日。

[57] 苏向昊：《腾讯卖保险引险企泄密恐慌财险公司封杀 QQ 微信》，《证券日报》2013 年 12 月 19 日。

[58] 汤浔芳：《支付战争打响：支付宝补贴商家 商家补贴微信》，《21 世纪经济报道》2013 年 11 月 25 日。

[59] 施建、姚咏浩：《微信产品部助理总经理曾鸣：打造传统企业的移动互联网"水池"》，《21 世纪经济报道》2013 年 12 月 28 日。

[60] 吴敏：《第三方支付"桥断"：比特币交易回归银行汇款》，《第一财经

日报》2013 年 12 月 30 日。

[61] 李然：《比特币的疯狂与思想购买者不知比特币为何物》，《北京青年报》2013 年 12 月 16 日。

[62] 杨新亚：《耽视比特币》，财经网，http：//tech. caijing. com. cn/2013 - 12 - 30/113751799. html，2013 年 12 月 30 日。

[63] 阿里研究中心：《淘宝村研究微报告 2.0》，http：//www. aliresearch. com/？m - cms - q - view - id - 75840. html，2013 年 12 月 27 日。

[64] 张瑞东：《微观点：淘宝村去哪儿？留村还是进城》，http：//www. aliresearch. com/？m - cms - q - view - id - 75856. html，阿里研究中心，2014 年 1 月 4 日。

[65] 董军：《阿里巴巴 IPO 悬念待解上市信息被过度翻炒》，《中国经营报》2014 年 1 月 5 日。

[66] 叶锋：《中国快递业"野蛮生长"下的危与机》，新华网，http：//www. sh. xinhuanet. com/2014 - 01/03/c_ 133016447_ 2. htm，2014 年 1 月 3 日。

[67] 李香玉：《物流：电商对决的王牌》，《新金融观察》，http：//tech. hexun. com/2013 - 11 - 17/159756799. html，2013 年 11 月 17 日。

[68] 张苗：《菜鸟网络全国首个物流基地落户金义都市新区》，《钱江晚报》2013 年 12 月 30 日。

[69] 王勇：《马云进军河南物流业受重视程度等同富士康》，《中国经济周刊》2013 年 12 月 17 日。

[70] 安丽芬：《海尔"务虚"阿里"做实"张瑞敏虚实融合》，《21 世纪经济报道》2013 年 12 月 10 日。

[71] 庞丽静：《张瑞敏：建立一个生生不已的系统》，《经济观察报》2013 年 12 月 27 日。

[72] 侯继勇：《海尔张瑞敏谈互联网思维：这是制造业最好的时代》，《21 世纪经济报道》2013 年 12 月 29 日。

[73] 谭楚丹、吴爱粧：《解密顺丰》，网易科技，http：//tech. 163. com/13/1202/07/9F2R79NG000915BF. html，2013 年 12 月 2 日。

[74] 王卫坚:《顺丰的"零售帝国梦":王卫抢抓电商第3波"蓝海"》,《中国经营报》2013年5月27日。

[75] 高江虹:《顺丰做电商跨界虚实:借道顺丰优选构建冷链物流》,《21世纪经济报道》2013年3月18日。

[76] 绿竹巷:《微信电商:为何犹抱琵琶半遮面》,《新浪专栏·创事记》http://tech.sina.com.cn/zl/post/detail/i/2013-12-26/pid_8439629.htm,2013年12月26日。

[77] 陈硕坚:《解困生鲜电商"最后一公里"》,《二十一世纪商业评论》2013年9月25日。

[78] 田方:《电商立法核心是权益保护》,《新闻晚报》2013年12月31日。

[79] 卢亦:《网购后悔权将实施:电商紧急修改退换货政策》,《北京商报》2014年1月2日。

[80] 李芃、胡欣欣:《大数据试验之上海样本:有应用才有动力》,《21世纪经济报道》2013年12月28日。

[81] 吴胜武:《电商的真正繁荣需政府发力》,《新浪专栏·意见领袖》,http://finance.sina.com.cn/zl/china/20140102/103517821731.shtml,2014年1月2日。

[82] 云芳:《阿里打响国际业务战:或组建国际B2C事业部》,新浪科技,http://tech.sina.com.cn/i/2013-12-23/18319032919.shtml,2013年12月23日。

[83] 鼎宏:《中国电商转战海外:毛利润远超本土业务》,新浪科技,http://tech.sina.com.cn/i/2013-12-23/09359031524.shtml,2013年12月23日。

[84] 卢亦杉:《自贸区试点官方跨境电商平台扶正"海淘"》,《北京商报》2013年12月30日。

[85] 袁君、蒋佩芳:《解密跨境通背后支付结算:东方支付暂时独享蛋糕》,《每日经济新闻》2013年12月31日。

[86] 张俊杰:《电商助粤企进军国际细分市场》,《南方都市报》2013年12月30日。

[87] 汤浔芳：《京东商城董事局主席兼 CEO 刘强东：极致者之梦》，《21 世纪经济报道》2013 年 12 月 28 日。

[88] 郑雯莉：《2014 年电商发展大趋势剖析》，阿里研究中心，http：//www. aliresearch. com/？ m－cms－q－view－id－75816. html，2013 年 12 月 21 日。

[89] 屈丽丽：《电商立法首次明确时间表：2014 年将成其元年》，《中国经营报》2014 年 1 月 12 日。

后　记

　　中国电子商务铿锵前进的步伐，承载着华夏儿女们的梦想，挥洒着龙的传人的豪情，它所收获的希望和喜悦也让人心潮荡漾。这本《电商大时代①》是2013年《电商的战国》一书的续篇，是对2013年中国电子商务全面详尽的梳理。书完稿的那一刹那，不自觉地对着自己微笑，闭目回想这一过程，品味着，感慨着，梳理了电子商务这非同一般的历程，自己感悟亦是良多：是见证并感受中国电子商务从萌芽发展到成熟的这一程；是感受到创业的巨大刺激与无比欣慰这一程；是感受到中国电子商务从无到有、感叹不已的这一程；是感受到中国电子商务从摸索到知识扩充再到增长见识的这一程；也是更多了解到中国电子商务发展中创新、努力与顽强拼搏的这一程。

　　从《电商的战国》到《电商大时代①》，我们了解到各个不同时期电商创业者和行业领袖心怀的激情和梦想，他们对新生事物的敏感和实践探索，让我们更好地理解和关注电商的昨天、今天和明天。

　　从著书至完稿，不断与相关人士交流，得到了很多建议和鼓励，得到了诸多帮助，借此机会，向他们致以衷心地感谢。

　　感谢国务院参事、中国物流策划研究院和中物策（北京）工程技术研究院院务委员会主席任玉岭研究员，国务院参事、中国物流策划研究院和中物策（北京）工程技术研究院院长李庆云教授，住建部稽查特派员、中国物流策划研究院和中物策（北京）工程技术研究院副院长苏是媚高工给予的帮助、支持和莫大的鼓励。

感谢广州大学副校长禹奇才教授、广州大学工商管理学院谢如鹤教授、广州大学建筑设计研究院院长沈粤教授、广州大学建筑设计研究院书记宁艳教授等对本书给予的帮助与支持。

感谢中国物流与采购联合会和中国物流学会会长何黎明、副会长贺登才给予的帮助与支持。

感谢广东省经济与信息管理委员会生产服务处处长黄建明、副处长曾海燕给予的帮助与支持。

感谢国内行业专家们给予的支持与鼓励，他们是：中国物流学界的泰斗王之泰教授、中国著名流通经济学家丁俊发研究员、国务院发展研究中心研究员魏际刚博士、西安交通大学管理学院院长冯耕中教授、北京交通大学物流研究院常务副院长王耀球教授、电子商务与供应链专家张铎教授。

感谢中国物流策划精英团队优秀成员给予的支持和帮助。他们是：日本海归博士后李家齐教授，教授李弘博士，副教授易海燕博士（德国博士后），副教授秦进博士（赴美国访问学者），副教授杨京帅博士（赴美国访问学者），副教授黄远新博士，副教授刘仁军博士，副教授刘鹏飞博士，副教授刘广海博士，物流工程与管理硕士许行、付夏莲，规划设计硕士甘盖凡、薛战雷、徐来、占广玺，经济管理硕士冯志祥，研究员、市场部主任李峻磊等。

感谢广东省采购与供应链协会魏祈蔚秘书长、昭咪咪干事，感谢广州李芏巍工作室赵春洁、李鸿酉、马兰、李慕妍等给予的帮助和支持。

特别感谢国务院参事室、中国物流策划研究院、中物策（北京）工程技术研究院、广东省采购与供应链协会、广州大学建筑设计研究院、广州大学物流类专业教学指导委员会、广州大学工商管理学院、广州大学物流规划设计研究院、广州大学物流与运输研究中心、广州李芏巍工作室和李芏巍物流之星奖助学金等对本书给予的帮助与支持。

特别感谢中国物流与采购联合会、中国物流学会、中国物流学会研究室等对本书给予的支持。

感谢社会科学文献出版社及陈凤玲编辑对本书付出的心血和所做的辛苦工作。

在本书写作过程中，参阅了相关媒体和互联网媒体的报道，这些也是本书

后 记

的动力与来源之一，有原作出处的，本书已经注明，并表示感谢。由于传播的特性及特点，有些未有出处的，在此一并致谢。由于本书涉及信息来源广泛，鸣谢所有参考资料的作者及其单位的支持与帮助。若本书中标注遗漏，在此先说声抱歉，请有关人员与我们取得联系，我们将通过其他媒介方式及时补救，谢谢。

感谢所有对本书给予帮助与支持的朋友们！谢谢大家。

更多关注：网址：www.56cehua.cn；新浪微博—李芏巍；交流咨询请联系作者助理电话：010 – 5807 6783（北京）；020 – 8623 7961（广州）。

李芏巍

2014 年 3 月

图书在版编目（CIP）数据

电商大时代. 1/李芏巍著. —北京：社会科学文献
出版社，2014.6
ISBN 978 - 7 - 5097 - 5930 - 1

Ⅰ.①电…　Ⅱ.①李…　Ⅲ.①电子商务 - 研究 -
中国　Ⅳ.①F724.6

中国版本图书馆 CIP 数据核字（2014）第 078366 号

电商大时代①

著　　者／李芏巍

出 版 人／谢寿光
出 版 者／社会科学文献出版社
地　　址／北京市西城区北三环中路甲 29 号院 3 号楼华龙大厦
邮政编码／100029

责任部门／经济与管理出版中心（010）59367226　　责任编辑／陈凤玲
电子信箱／caijingbu@ ssap. cn　　　　　　　　　责任校对／白秀君
项目统筹／陈凤玲　　　　　　　　　　　　　　　 责任印制／岳　阳
经　　销／社会科学文献出版社市场营销中心（010）59367081　59367089
读者服务／读者服务中心（010）59367028

印　　装／北京季蜂印刷有限公司
开　　本／787mm×1092mm　1/16　　　　　　印　　张／19.75
版　　次／2014 年 6 月第 1 版　　　　　　　　字　　数／318 千字
印　　次／2014 年 6 月第 1 次印刷
书　　号／ISBN 978 - 7 -5097 -5930 -1
定　　价／49.00 元